基礎教学書

日蓮大聖人の仏法

冨士大石寺顕正会
会長　浅井昭衛

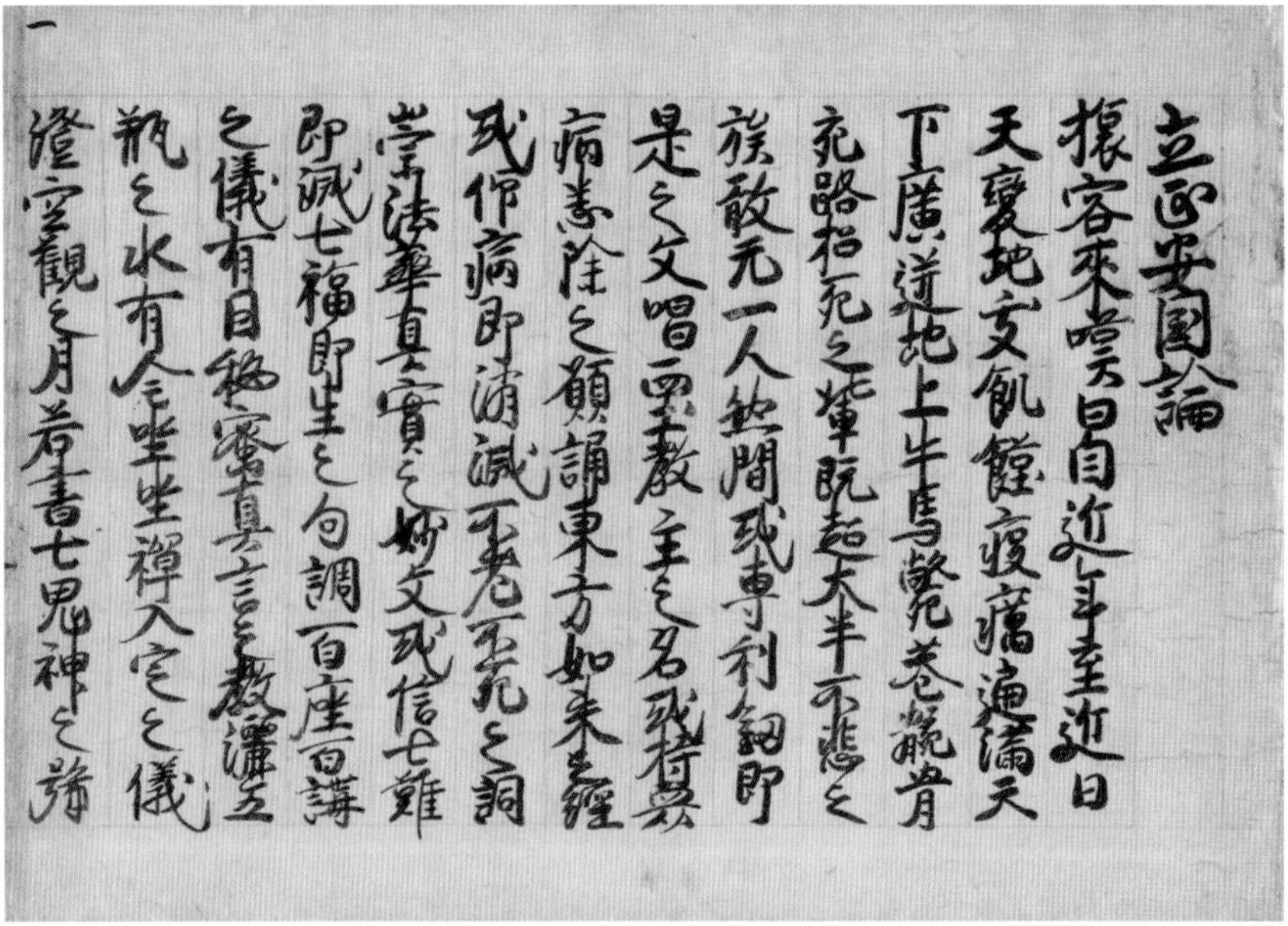

立正安国論（第一紙・御真蹟）

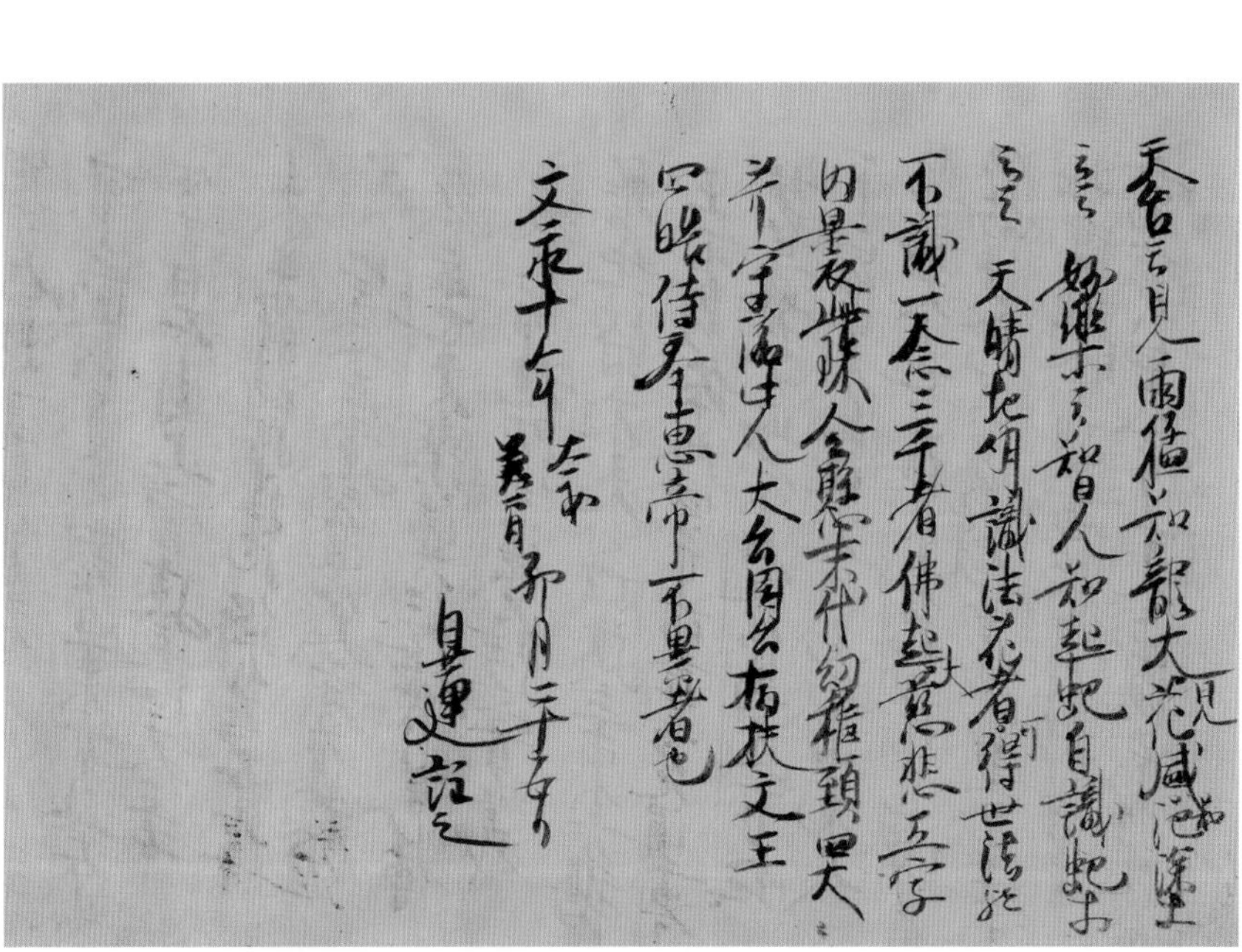

如来滅後五五百歳始観心本尊抄（末文・御真蹟）

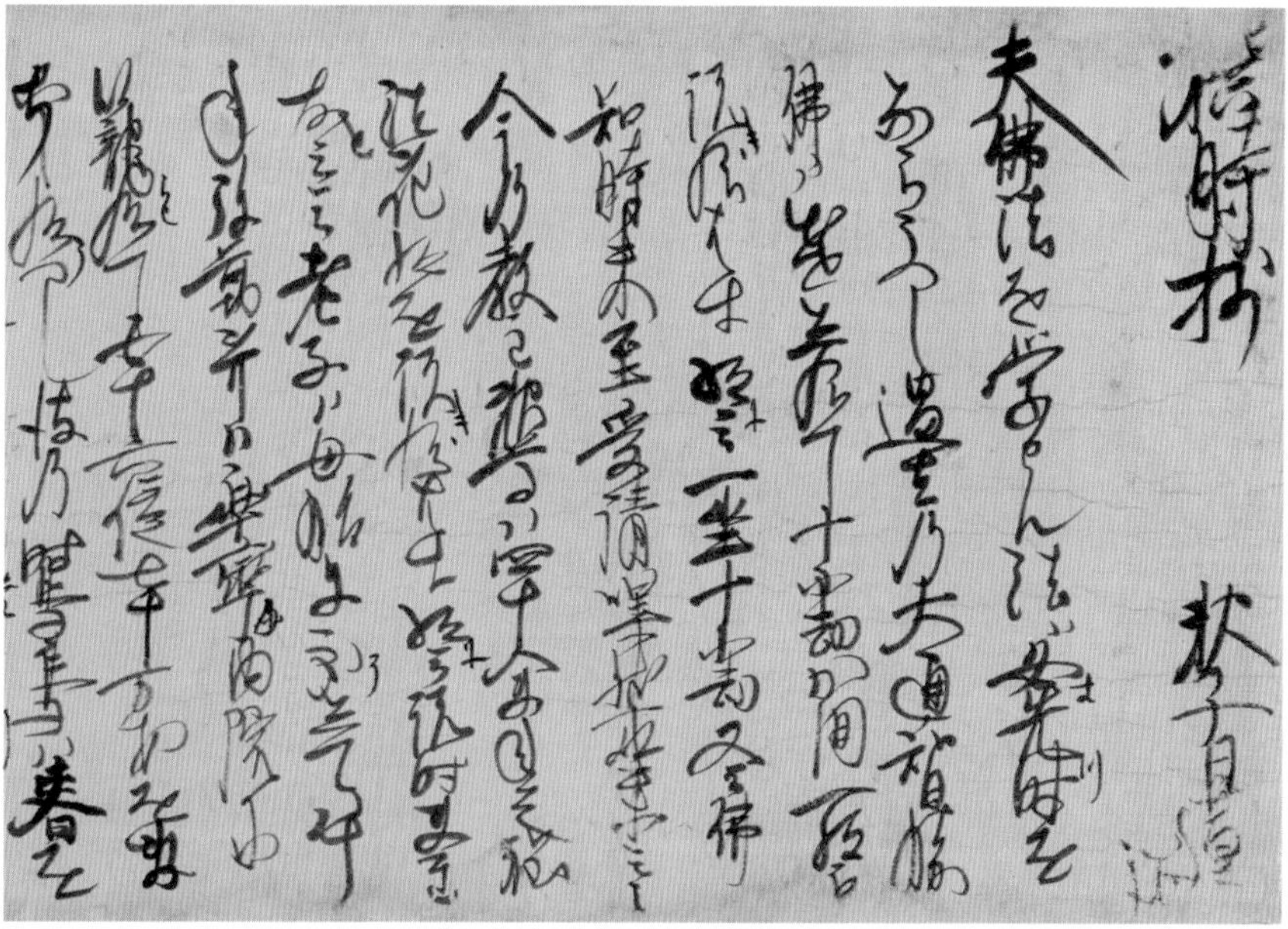

撰時抄（第一紙・御真蹟）

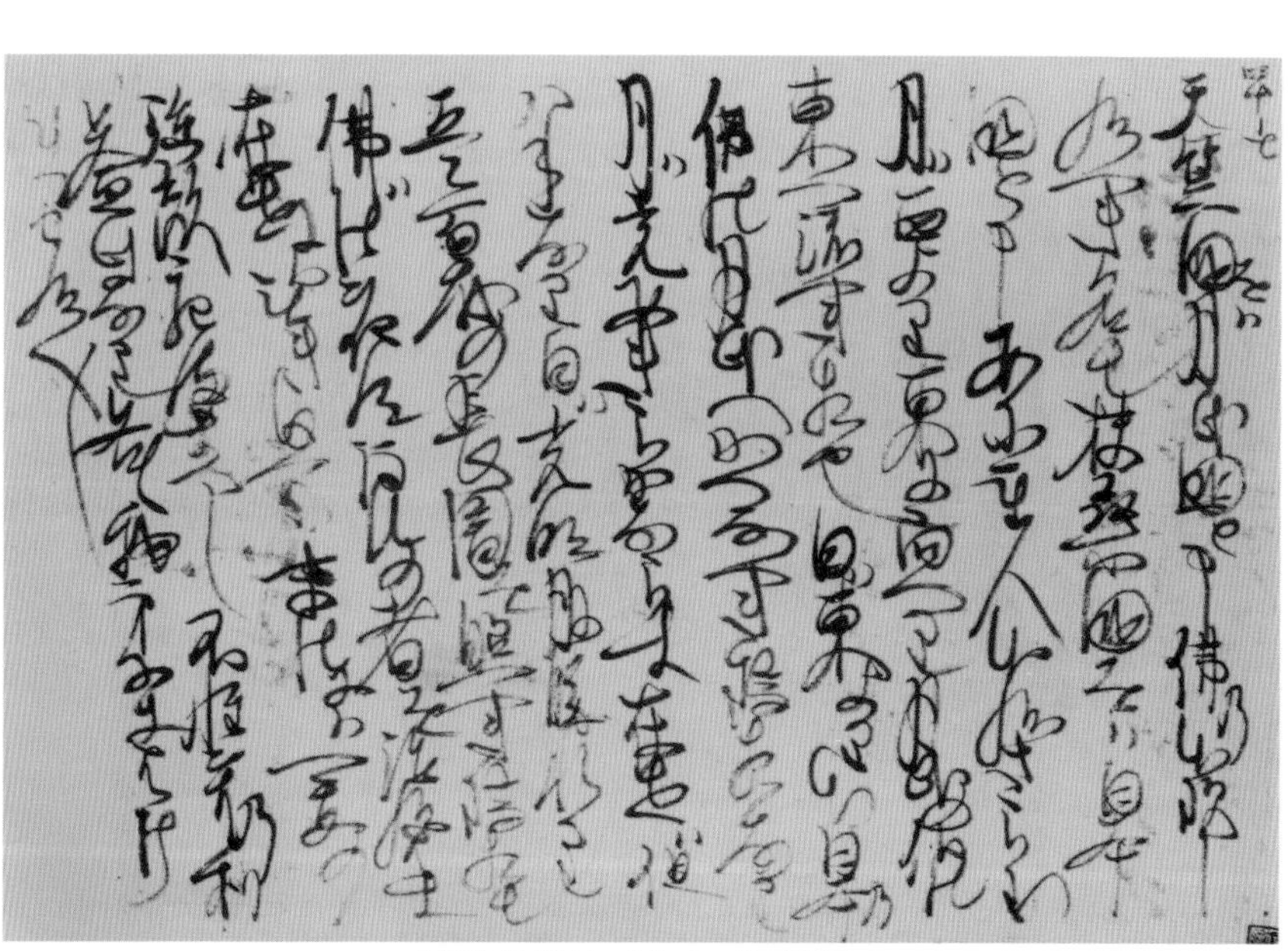

諫暁八幡抄（末文・御真蹟）

序

日蓮大聖人は、三大秘法という根源の仏法を以て、末法の全人類を現当二世《げんとうにせい》（現世と来世）にお救い下さる、大慈大悲の御本仏であられる。

末法とは、釈迦仏の滅後二千年以降の時代を指す。この末法について、釈迦仏は重要な予言をされている。それは「闘諍堅固《とうじょうけんご》・白法隠没《びゃくほうおんもつ》」とて、人々の心が荒み大戦乱が打ち続く濁世となり、釈迦仏法も人々を救う力を失うということ。さらに法華経・神力品《じんりきほん》には、この末法に、三世十方の諸仏の根源たる本仏が出現して、人類を破滅より救済し給うことが、明白に予言証明されている。

日蓮大聖人こそ、この予言証明に照らされて末法の日本国に出現された久遠元初の御本仏であられる。

日蓮大聖人の仏法は、人と国を根底からお救い下さる――。

個人においては、凡夫を仏にして下さるのである。すなわち、すぐ崩れるような小さな幸福ではなく、永遠に崩れぬ「成仏」を得させて下さる。もし、大聖人が大慈悲を以て顕わして下さった御本尊を信じ南無妙法蓮華経と唱え奉れば、いかなる人も一生のうちに必ず成仏が叶う。その証拠に、現世には宿命が変わって幸せになり、臨終には成仏の相を現じ、死後の生命も守られる。

また、日本一同が三大秘法を受持して御遺命のままに国立戒壇を建立すれば、そのとき日本は仏国となり、三災七難は消滅し真の安泰を得る。これが立正安国である。

この日蓮大聖人の御化導に対し、当時、国中の邪法の悪僧らが怨嫉を起こし、ついには国主に讒言《ざんげん》して竜の口の刑場で斬首《ざんしゅ》させんとした。

だが、御頸《おんくび》を刎《は》ねんとしたその刹那《せつな》、突如「月のごとく光りたる物」が出現して、太刀取りは眼《まなこ》くらんでその場に倒れ伏し、数百人の兵士たちも一斉に逃げ出し、砂浜にひれ伏してしまった。まさに国家権力が、ただ一人の大聖人の御頸《おんくび》が切れず、その御威徳の前にひれ伏してしまったのである。かかる不思議・荘厳の光景が、人類史上、この世界のどこにあったか。これが全人類をお救い下さる御本仏の絶大威徳である。

しかるのち、大聖人は流罪の地・佐渡の雪中において、次のごとく仰せ出《い》だされた。

「日蓮によりて日本国の有無《うむ》はあるべし」と。

日蓮大聖人を信ずるか背くかによって、日本国の有無も人類の存亡も決する——との重大なる御断案である。

その現証を見よ。大聖人を流罪・死罪に処した当時の日本は、大蒙古の責めを受け、亡国に瀕《ひん》したではないか。これ御本仏を守護し奉る諸天が許さなかったのである。

そして今の日本は、日蓮大聖人に背き続けて七百年。加えて正系門家は御遺命の国立戒壇を捨て、創価学会は極限の大謗法を犯すに至った。この大悪、諸天いかで怒りをなさぬことがあろうか。ここに御在世の大蒙古のごとき超軍事大国が忽然《こつねん》と出現し、いま日本を侵略せんとしているのである。この亡国の大難を遁《のが》れる術《すべ》は、三大秘法を立てる以外にない。

「**大事には小瑞《ずい》なし。大悪をこれば大善きたる**」と。大悪はすでにあり、広宣流布はもう眼前である。

今こそ全顕正会員、本書を心肝に染め、いよいよ日蓮大聖人の大恩徳と三大秘法の大功徳を全日本人に教え、広布最終段階の御奉公を貫かせて頂こうではないか。

平成二十七年九月十二日

冨士大石寺顕正会　会長　淺井昭衞

目次

第一章　日蓮大聖人とはいかなる御方か

日蓮大聖人とはいかなる仏様か――。これを知り奉ることは、我ら末弟にとって何よりも大事である。ただし大聖人の甚深の御境界・甚重の大恩徳は、我らの凡智を以て推量し奉ることはとうてい不可能である。しかしながら、いま講次《こうじ》に臨《のぞ》んで止むをえず、謹んでその要を撮《と》ってこれを拝せば、次のごとくなる。

「日蓮大聖人こそ、末法万年尽未来際《じんみらいさい》の全人類を、三大秘法という根源の仏法を以て、現当二世《げんとうにせい》にお救い下さる、実に久遠元初《くおんがんじょ》の自受用身《じじゅゆうじん》、末法下種《げしゅ》の主《しゅ》・師《し》・親《しん》、大慈大悲の御本仏であられる」

以下、この大旨を五項に分けて説明する。

一、末法濁悪の世を救い給う御本仏

一、末法濁悪の世を救い給う御本仏

日蓮大聖人は「闘諍堅固《とうじょうけんご》」といわれる末法《まっぽう》悪世をお救い下さる御本仏である。

末法とは、釈迦仏入滅後二千年以降の時代を指す。仏滅後の時代区分については「**正《しょう》・像《ぞう》・末《まつ》の三時《じ》**」と、それをさらに細分した「**五箇《ごか》の五百歳《ごひゃくさい》**」がある。

正像末の三時は、正法《しょうぼう》一千年・像法《ぞうぼう》一千年・末法万年と立て分ける。

五箇の五百歳

五箇の五百歳は大集経《だいしっきょう》に説かれたもので、次のごとくになる。

第一の五百歳	解脱《げだつ》堅固《けんご》	正法一千年
第二の五百歳	禅定《ぜんじょう》堅固	正法一千年
第三の五百歳	読誦多聞《どくじゅたもん》堅固	像法一千年
第四の五百歳	多造塔寺《たぞうとうじ》堅固	像法一千年
第五の五百歳	闘諍《とうじょう》堅固・白法隠没《びゃくほうおんもつ》	末法の始め

「堅固」とは、仏の予言はいささかの誤りもなく事実になる、との意である。

それぞれの時代を説明すれば――

第一の五百歳は、インドにおいて迦葉《かしょう》・阿難《あなん》等が小乗経を弘め、衆生はよく戒律を持《たも》ち小乗の解脱《げだつ》を得た。ゆえに解脱堅固という。

第二の五百歳は、同じくインドにおいて竜樹《りゅうじゅ》・天親《てんじん》等が小乗を破して権大乗《ごんだいじょう》を弘めた。衆生は大乗を修行し、よく心を静めて思惟《しい》・思索《しさく》を行《ぎょう》じた。ゆえに禅定堅固という。

第三の五百歳は、仏教は東に流れて中国に渡来し、読誦多聞堅固の名が示すとおり、経典の翻訳《ほんやく》や読誦《どくじゅ》・講説《こうせつ》等が盛んに行われた。訳経《やくきょう》の偉業をなしとげた鳩摩羅什《くまらじゅう》三蔵が出現したのもこの時代である。何よりもこの時代には、天台大師が出現して法華経の迹門を弘め、理の一念三千の法門を説いている。

第四の五百歳は、仏教はさらに東に流れて日本がその中心となる。聖徳太子は朝鮮半島の百済《くだら》から渡来した仏法を守護し、法華経・勝鬘《しょうまん》経・維摩《ゆいま》経を鎮護《ちんご》国家の法と定めた。以来、飛鳥寺《あすかでら》・四天王寺《してんのうじ》・法隆寺等、多くの寺塔が建てられた。まさに多造塔寺堅固そのままであった。さらにこの時代には、天台大師の後身《こうしん》といわれる伝教大師が出現し、南都《なんと》六宗の邪義を破して日本の仏教を統一し、比叡山《ひえいざん》に法華経迹門の戒壇を建立したことが重要である。

第五の五百歳

そしていよいよ第五の五百歳、闘諍《とうじょう》堅固・白法隠没《びゃくほうおんもつ》の時代となる。

「**闘諍堅固**」とは、戦争が相次いで起こるということ。なぜ争乱が相次ぐのか。それは、人々の心の貪欲《とんよく》・瞋恚《しんに》・愚癡《ぐち》すなわち三毒が強盛《ごうじょう》になるからである。

当時日本国内を見れば、朝廷の威光は衰え「王の門守《かどもり》の犬」（竜門御書）といわれた源平二《げんぺいに》家《け》が台頭して武士の世となった。かくて保元《ほげん》の乱、平治《へいじ》の乱等が相次ぎ、ついには後鳥羽《ごとば》上皇《じょうこう》以下三上皇が臣下・北条義時により島流しにされるという、未曽有《みぞう》の下克上《げこくじょう》たる承久《じょうきゅう》の乱も起きた。

また世界に目を転ずれば、大蒙古が全世界を動乱の渦《うず》に巻き込むという、史上初めての世界戦乱の時代となった。まさに「仏語は実にして虚《むなし》からず」である。

「**白法隠没**」とは、白法とはここでは釈迦仏の仏法を指し、この白法が滅尽するということ。たとえ経巻はあっても功徳が失《う》せ、人々を救う力が無くなる。これ釈迦仏法が、末法の衆生の機根に適合しなくなったゆえである。

この「闘諍堅固・白法隠没」の時に、いよいよ御本仏・日蓮大聖人がご出現になり、文底深秘の三大秘法を広宣流布あそばすのである。

ゆえに撰時抄には

「今末法に入って二百余歳、大集経《だいしっきょう》の『於我法中《おがほうちゅう》・闘諍言訟《とうじょうごんしょう》・白法隠没《びゃくほうおんもつ》』の時にあたれり。仏語まことならば、定《さだ》んで一閻浮提に闘諍起こるべき時節なり。伝え聞く、漢土《かんど》は三百六十箇《か》国・二百六十余州はすでに蒙古国に打ちやぶられぬ。乃至、高麗《こうらい》六百余国も、新《しら》羅《ぎ》・百済《くだら》等の諸国等も、皆大蒙古国の皇帝にせめられぬ。今の日本国の壱岐《いき》・対馬《つしま》並びに九国《きゅうこく》のごとし。闘諍堅固の仏語地に堕《お》ちず、あたかもこれ大海の潮《しお》の時をたがへざるがごとし。是れをもって案ずるに、大集経の白法隠没の時に次いで、法華経の大白法の、日本国並びに一閻浮提に広宣流布せん事も疑うべからざるか」と。

御文の中の「法華経の大白法」とは、その元《がん》意（究極の意）は法華経本門寿量品の文底深秘の大法ということ。この文底深秘の大白法が第五の五百歳に一閻浮提に広宣流布する、と仰せられているのである。

では、文底深秘の大法とは、その実体はいかなるものか――。

不世出の大学匠といわれる冨士大石寺第二十六世・日寛上人は撰時抄文段において

「問う、文底深秘の大法、其の体如何《たいいかん》。答う、即ち是れ天台未弘《みぐ》の大法、三大秘法の随一、本門戒壇の御本尊の御事《おんこと》なり。故に顕仏未来記に云く『本門の本尊・妙法蓮華経の五字を以て閻浮提に広宣流布せしめんか』等云云。故に此の本尊は広布の根源なり」と。

まさに本門戒壇の大御本尊こそ、文底深秘の大法の実体であり、日本および全世界に広宣流布する根源の法体であられる。

ちなみに、いま創価学会が本門戒壇の大御本尊を否定したうえで、「世界広布」などと謀《たばか》っているのは、御本仏に背く師敵対、極限の大謗法、まさに無間地獄の業因といわねばならぬ。

末法万年尽未来際

さて「末法は一万年」ともいわれるが、この「一万年」は限られた年数の一万年ではなく、万年のほか尽未来際《じんみらいさい》を意味する。

ゆえに報恩抄には

「日本乃至漢土《ないしかんど》・月氏《がっし》・一閻浮提に、人ごとに有智無智《うちむち》をきらはず、一同に他事《たじ》をすてて南無妙法蓮華経と唱うべし。乃至、日蓮が慈悲昿大《こうだい》ならば、南無妙法蓮華経は万年のほか未来までもながるべし」と。

日蓮大聖人の大悲願力により、南無妙法蓮華経の唱えは空間的には全世界に満ち、時間的には万年のほか尽未来際までも流れ、全人類を仏にして下さるのである。何と昿大なる大慈悲であろうか。

広宣流布について

大聖人は広宣流布の御予言を、撰時抄に次のごとくお示し下されている。

「其《そ》の時、天変地夭《てんぺんちよう》盛《さか》んなるべし。国主等其のいさめを用いずば、隣国に仰せつけて彼々《かれがれ》の国々の悪王・悪比丘《びく》等をせめらるるならば、前代未聞の大闘諍《だいとうじょう》・一閻浮提《いちえんぶだい》に起こるべし。

其の時、日月所照《にちがつしょしょう》の四天下《してんげ》の一切衆生、或《ある》いは国を惜《お》しみ、或いは身を惜しむゆえに、一切の仏・菩薩に祈りを懸《か》くともしるしなくば

彼《か》のにくみつる一《ひとり》の小僧《しょうそう》を信じて、無量の大僧等、八万の大王等、一切の万民、皆頭《こうべ》を地につけ掌《たなごころ》を合せて、一同に南無妙法蓮華経ととなうべし」と。

この御文は、大聖人御在世の逆縁広布と未来の順縁広布、さらに日本の広布と世界の広布、以上四つの広宣流布を一文で御教示下されている。なぜ四つの広布を一文で表わされているのか。謹んで案ずるに、原理が共通のゆえと拝する。

その原理とは——

もし国中の人々が日蓮大聖人の仏法に背くならば、諸天はまず「天変地夭」を以てその国を誡《いまし》める。しかしなお国主等がその諫《いさ》めを用いなければ、諸天はついに隣国《りんごく》に命じてその国を責めしめる。かくて「前代未聞の大闘諍」が地球規模で起こる。

そのとき人々は、国が亡び我が命《いのち》を失う恐怖から一切の仏・菩薩等に祈る。しかしその験《しるし》もなく万策尽きたとき、ついに一切衆生は、それまで憎んでいた日蓮大聖人を信じ、頭《こうべ》を地につけ手を合わせ、一同に「南無妙法蓮華経」と唱え奉るに至る——と。すなわち

国中の謗法、諸天の怒り、天変地夭、前代未聞の大闘諍、大罰による帰依

これが広布の共通原理である。

御在世の逆縁広布

この原理をもって御在世の逆縁広布を拝すれば、全世界を席捲《せっけん》した大蒙古が日本に襲来したことはまさに「前代未聞の大闘諍」であり、これ国中の謗法による。ゆえに聖人知三世事《しょうにんちさんぜのこと》には

「日蓮は一閻浮提第一の聖人なり。上一人《かみいちにん》より下万民《しもばんみん》に至るまで、之《これ》を軽毀《きょうき》し、刀杖《とうじょう》を加へ、流罪《るざい》に処するが故に、梵《ぼん》と釈《しゃく》と日月《にちがつ》・四天《してん》、隣国に仰せ付けて之を逼責《ひっせき》するなり」

と仰せられている。

このとき日本一同、国亡《ほろ》び命を失う恐怖の中に、日蓮大聖人の御名《みな》と南無妙法蓮華経を深刻に命に刻み、未来に仏に成るべき種を下《おろ》して頂いた。これが御在世の逆縁広布である。

未来順縁広布

未来順縁広布の時も、同じように「前代未聞の大闘諍」が起こる。

現在、広布の時が近づくにつれ、戦争も大規模になり残虐性も増している。今や核兵器は全世界に拡散し、各国間の疑心暗鬼《ぎしんあんき》と瞋恚《しんに》の連鎖は止まらない。やがて必ず核兵器を用

いての地球規模の大戦争が起こる。これこそ大聖人御予言の「前代未聞の大闘諍」である。これまた「仏法より事起こる」の大難であれば、政治の力、経済の力も及ばず、いかなる仏・菩薩・神々に祈るとも虚《むな》しい。そして、もし核を用いての地球規模の大闘諍が起これば、このとき人類は絶滅する。

この大惨禍をお救い下さるのは——

諸天に申し付ける絶大威徳と大慈大悲ましします、日蓮大聖人ただ御一人であられる。

大聖人はこの大惨禍を、新尼抄に次のごとくご予言されている。

「末法の始めに、謗法《ほうぼう》の法師《ほっし》一閻浮提《いちえんぶだい》に充満して、諸天いかりをなし彗星《すいせい》は一天にわたらせ、大地は大波のごとくをどらむ。大旱魃《かんばつ》・大火《だいか》・大水《だいすい》・大風《だいふう》・大《だい》疫病《やくびょう》・大飢饉《だいききん》・大兵乱《だいひょうらん》等の無量の大災難並びをこり一閻浮提の人々各々《おのおの》甲冑《かっちゅう》をきて弓杖《きゅうじょう》を手ににぎらむ時、諸仏・諸菩薩・諸大善神等の御《おん》力《ちから》の及ばせ給わざらん時、諸人皆死して無間地獄《むげんじごく》に堕《お》つること雨のごとくしげからん時此の五字の大曼荼羅《だいまんだら》を身に帯《たい》し心に存せば、諸王は国を扶《たす》け、万民は難をのがれん。乃至、後生《ごしょう》の大火炎を脱《のが》るべし」と。

前述の広宣流布の原理は、この御文にも明らかである。合わせ見てほしい。

文中の「此の五字の大曼荼羅」とは、一閻浮提総与の「本門戒壇の大御本尊」の御事である。大聖人が留め置かれたこの大御本尊を堅く受持し奉る以外に、人も、国も、この大難をのがれる術《すべ》はない。まさに戒壇の大御本尊こそ、末法の全人類をお救い下さる大良薬、御本仏の大慈悲の結晶なのである。

さらに上野殿御返事には、順縁広布を次のごとくご断言されている。

「**ただをかせ給へ。梵天《ぼんてん》・帝釈《たいしゃく》等の御計《みはから》いとして、日本国一時《いちじ》に信ずる事あるべし**」と。

時来たらば、諸天は日本大聖人に背き続ける日本を治罰《じばつ》する。また召し出《いだ》された地涌《じゆ》の菩薩は国中に満ち一国を諫暁《かんぎょう》する。かくて日本国の上一人《かみいちにん》より下《しも》万民にいたるまで、一時に日蓮大聖人を信じ南無妙法蓮華経と唱え奉る時が来るのである。

その時は、いま刻々と近づきつつある。

二、三大秘法を以てお救い下さる

三大秘法とは、仏法中の根源の大法である。仏法には小乗・権《ごん》大乗・法華経の迹門《しゃく》・本門等、浅きから深きにいたって種々の教法があるが、三大秘法はただ法華経の本門寿量品の文底に秘沈された大法で、あらゆる諸仏・諸経を生ぜしめた根源の種子《しゅじ》である。

ゆえに秋元《あきもと》抄には

「三世十方の仏は必ず妙法蓮華経の五字を種《しゅ》として仏に成り給へり」と仰せられている。

佐渡より御帰還の大聖人は、身延入山を待たれていたごとくに、御入山早々、法華取要抄を著わされ、始めてこの三大秘法を整足《せいそく》してお示し下されている。

「問うて云く、如来の滅後二千余年、竜樹《りゅうじゅ》・天親《てんじん》・天台・伝教の残したまえる所の秘法何物《なにもの》ぞや。答えて曰《いわ》く、本門の本尊と戒壇と題目の五字となり」と。

日寛上人はこの文意について文底秘沈抄に

「此れは是れ、文底秘沈の大事、正像未弘《みぐ》の秘法、蓮祖出世の本懐、末法下種の正体《しょうたい》にして、宗門の奥義《おうぎ》此れに過ぎたるは莫《な》し」と。

いま謹んで、本門の本尊・本門の題目・本門の戒壇のそれぞれについて、その大要を説明する。

(一) 本門の本尊

本門の本尊とは、竜の口の大法難において、立宗以来の不惜身命の御修行ついに成就して久遠元初《くおんがんじょ》の自受用身《じじゅゆうじん》と成り給うた日蓮大聖人が、その御証得《ごしょうとく》の全体を、末法の一切衆生の成仏のため、大慈悲を起こして御図顕下された「南無妙法蓮華経 日蓮 在御判」の御本尊である。

不惜身命の御修行

ここで、立宗より竜の口大法難にいたるまでの、大聖人の不惜身命の御振舞いを少しく拝する。(詳細は第七章「日蓮大聖人の一代御化導」)

大聖人は御年十二より三十二歳までの二十年間、国中の諸寺を巡《めぐ》って日本に渡来した一切の経論を学ばれ、ついに釈尊一代聖教《しょうきょう》の淵底《えんでい》を究《きわ》め、諸宗の奥義もことごとく見極められた。

そして御年三十二歳の春、清澄山《きよずみやま》に帰り、「末法の本尊とは何か」を祈り給うに、明星ヶ《みょうじょうが》池《いけ》に映《うつ》る御自身の影《かげ》に「南無妙法蓮華経」の御本尊のお相貌《すがた》を見給うた。これこそ寿量文底の大法、すなわち久遠元初の自受用身ご証得の「人法体一《にんぽうたいいっ》・事《じ》の一念三千の南無妙法蓮華経」であり、末法の一切衆生の成仏の大法である。

かくて建長五年四月二十八日、朝日に向かって始めて南無妙法蓮華経と唱え出《い》だされ、人々にも「一切の邪法を捨て、南無妙法蓮華経と唱えよ」と、大慈悲を以てお勧め下された。これが立宗である。

このときの御決意を開目抄には

「日本国に此れを知れる者、但《ただ》日蓮一人なり。これを一言も申し出《い》だすならば、父母《ふも》・兄弟《けいてい》・師匠・国主の王難必ず来たるべし。いわずば慈悲なきににたり、乃至、今度、強盛《ごうじょう》の菩提心《ぼだいしん》を起こして退転せじと願《がん》じぬ」と仰せられている。

当時の日本国は、念仏・真言・禅・律《りつ》等の諸宗が充満していた。これらの諸宗は釈尊の本懐たる法華経にも背き、自己勝手に未顕真実《みけんしんじつ》の経々に固執する謗法《ほうぼう》の邪宗であるが、国中の人々はその邪法にたぶらかされ、国主もこれら邪師に帰依していた。

邪師らは「一切の邪法を捨て、ただ南無妙法蓮華経と唱えよ」と勧める大聖人を強く憎んだ。そして己れの地位と利権を守るため、民衆には「阿弥陀仏《あみだぶつ》の敵《かたき》」と煽《あお》って大聖人を憎ませ、国主には無数の讒訴《ざんそ》をして、大聖人の御命《おんいのち》を奪わんとした。

ここに、国中の悪口罵詈《あっくめり》はもとより、松葉ケ谷《まつばがやつ》の草庵襲撃、伊豆流罪、小松原の剣難、さらに竜の口大法難、佐渡流罪等の身命に及ぶ大法難が、波のごとく大聖人の御身を襲ったのである。

竜の口の大現証

ことに文永八年九月十二日の竜の口大法難は、国家権力による絶体絶命の死罪であった。この日の深夜、数百人の兵士たちが取り囲む中、大聖人は従容《しょうよう》として頸《くび》の座に着かれた。太刀取《たちと》りその傍《かたわ》らに立ち、大刀を振りかざしてまさに打ち下《おろ》さんとしたその刹那《せつな》

「**月のごとく光りたる物、まりのようにて辰巳《たつみ》のかたより戌亥《いぬい》のかたへ光りわたる**」(下種本仏成道抄)と。

その光りがいかに強烈であったか。太刀取りは眼《まなこ》くらんでその場に倒れ伏し、警護の兵士たちも一斉に逃げ出し、みな砂浜にうずくまってしまった。

頸の座にましますは日蓮大聖人ただ御一人《ごいちにん》。大聖人は高声《こうしょう》に叫ばれた。

「いかに殿原《とのばら》、かかる大禍《だいか》ある召人《めしうど》には遠《とお》のくぞ、近く打ち寄れや、打ち寄れや」（同前）

しかし近づく者はない。大聖人は再び大高声で

「頸《くび》切るべくわ急ぎ切るべし。夜《よ》、明《あ》けなば見苦しかりなん」（同前）

と勧められたが、返事をする者とてない。みなことごとく砂浜にひれ伏し、「月のごとく光りたる物」に照らされて輝く大聖人の御尊容に、手を合わせてしまったのである。

まさに国家権力が、一人の大聖人の御頸《おんくび》切れずして、その絶大威徳の前にひれ伏してしまったのである。人類史上、このような不思議・厳粛の光景が、どこにあったであろうか。

この大現証こそ、日蓮大聖人が久遠元初の自受用身に成り給うたお姿、末法下種本仏の成道の御尊容であられる。

キリストは磔《はりつけ》になって横死《おうし》している。これ凡夫だからだ。「聖人は横死《おうし》せず」（神国王御書）という。仏様に対してなし得る罪は「出仏身血《すいぶっしんけつ》」（仏の身より血を出《いだ》す）を以て最大とする。仏を殺す罪の規定はない、不能犯《ふのうはん》だからだ。かかる絶大威徳の仏様にして、始めて全人類をお救い下さることができるのである。

この竜の口の大法難について、大聖人は開目抄に

「日蓮といゐし者は、去年《こぞ》九月十二日子丑《ねうし》の時に頸《くび》はねられぬ。此れは魂魄《こんぱく》佐土《さど》の国にいたりて……」と仰せられている。

この御文の深意について日寛上人は

「汝伏して之《これ》を信ずべし。当《まさ》に知るべし、此の文の元意《がんい》は、蓮祖大聖《れんそだいしょう》、名字《みょうじ》凡夫の御身《おんみ》の当体、全く是れ久遠元初の自受用身と成り給い、内証真身《しんじん》の成道を唱え、末法下種の本仏と顕われたもう明文なり」（開目抄文段）と。

御本尊こそ大慈悲の結晶

この仰せのごとく、まさしく大聖人は竜の口において久遠元初の自受用身と成り給うた。そしてその御証得《ごしょうとく》の全体を、末法の全人類成仏のために大慈悲を起こして顕わし給うたのが、本門の本尊である。

まさに御本尊は、日蓮大聖人の大慈大悲の結晶である。

たとえば、子を育てようとする母親の慈愛は母乳となって顕われる。病人の苦を除かんとする良医の慈念は薬となって顕われる。

いま、末法の凡夫を仏に成さんとあそばす日蓮大聖人の大慈大悲は、御本尊となって顕われ給うたのである。

ゆえに経王殿御返事には

「日蓮が魂《たましい》を墨《すみ》にそめ流して書きて候ぞ、信じさせ給へ。仏の御意《みこころ》は法華経なり、日蓮が魂は南無妙法蓮華経にすぎたるはなし。乃至、あひかまへて御信心を出《い》だし、此の御本尊に祈念《きねん》せしめ給へ。何事か成就せざるべき」と仰せられる。

「一念三千を識らざる者には…」

さらに観心本尊抄《かんじんのほんぞんしょう》の結文《けちもん》には

「一念三千を識《し》らざる者には、仏大慈悲を起こし、五字の内に此の珠を裹《つつ》み、末代幼稚の頸《くび》に懸《か》けさしめ給う」

と御教示下されている。

いま謹んで、この御意を拝する。

日寛上人は観心本尊抄文段に、この文意を次のごとく釈されている。

「末法今時の理即但妄《りそくたんもう》の凡夫は自受用身《じじゅゆうじん》即一念三千を識《し》らず。故に久遠元初の自受用

身、大慈悲を起こして妙法五字の本尊に自受用身即一念三千の相貌《そうみょう》を図顕し、末代幼稚の頸に懸《か》けさしむ等となり」と。

まず「一念三千」とはどういうことか。

仏法では、宇宙法界のあらゆる存在・あらゆる理法を、「十界三千の諸法」という。そして、この十界三千の諸法は我が一念に具わり、この一念の心法はまた法界に遍満する。これを一念三千という。

たとえば、大海の一滴《いってき》に海水の全成分を含み、その一滴はまた大海に遍《あまね》く広がるのと同様である。

我ら凡夫も、大宇宙より生じた生命であれば、本々《もともと》「十界三千の諸法」を具足した一念三千の当体ではある。ただし凡夫の一念三千というのは、素質として具えているというだけで、自覚はない。これを理具《りぐ》といい理の一念三千という。三大秘法抄に「**底下《ていげ》の凡夫理《り》性所具《しょうしょぐ》の一念三千か**」と示されているのはこれである。

大聖人は竜の口において、法界を自身と開き、久遠元初《くおんがんじょ》の自受用身《じじゅゆうじん》と成り給うた。すなわち宇宙法界即我《われ》・我《われ》即宇宙法界の大境界を、事実の上に証得あそばされたのである。これが事具《じぐ》であり、事《じ》の一念三千である。

自受用身とは「ほしいままにうけもちいるみ」と御義口伝《おんぎくでん》には訓《くん》ぜられている。大聖人の御境界は我即宇宙であれば、時間・空間において大宇宙と等しく、自在無礙《じざいむげ》・金剛不壊《こんごうふえ》であられる。

竜の口法難四年後に著わされた蒙古使御書《もうこつかい》には

「仏のいみじきと申すは、過去を勘《かんが》へ未来をしり、三世を知ろしめすに過ぎて候御智慧《おんちえ》はなし。乃至、所詮、万法《ばんぽう》は己心《こしん》に収まりて一塵《じん》も欠《か》けず、九山八海《くせんはっかい》も我が身に備わりて、日月《にちがつ》・衆星《しゅうせい》も己心《こしん》にあり。然りといへども盲目の者の鏡に影を浮かべるに見えず、嬰児《みどり》児《ご》の水火《すいか》を怖《おそ》れざるが如し」と。

まさに宇宙法界を自身と開かれた大境界をここに拝する。「万法は己心に収まり……日月・衆星も己心にあり」と。何という大境界であられるか。この御境界なればこそ、あの竜の口の大現証も顕われたのである。

また佐渡で著わされた最蓮房御返事には

「我等は流人《るにん》なれども身心共にうれしく候なり。大事の法門をば昼夜に沙汰し、成仏の

理《ことわり》をば時々刻々《じじこくこく》にあぢはう」と。

骨まで凍《こお》る佐渡の極寒《ごっかん》も、暗殺の危険も、御本仏の自受法楽《じじゅほうらく》を妨げることはできない。これを金剛不壊《ふえ》の大境界という。

我ら凡夫は、同じく宇宙より生じた生命を持ちながら、未だ生命の極理《ごくり》たる人法体一《にんぽうたいいっ》・事《じ》の一念三千を識《し》らない。ゆえに苦悩の人生を永劫に流転していく。

ここに大聖人は大慈悲を起こされ、御自身が証得された自受用身即一念三千、すなわち大聖人の御当体即一念三千の相貌《そうみょう》を、文字を以て御本尊に図顕され、末法の全人類に授与して下さった。これが本門戒壇の大御本尊であられる。

ゆえに我ら凡夫は何もわからなくてもいい。ただこの御本尊を信じて南無妙法蓮華経と唱え奉れば、御本尊の仏力《ぶつりき》・法力《ほうりき》により、自然と御本尊と一体、大聖人と一体になり、凡夫の我が身がそのまま仏に成らせて頂ける。一生成仏が叶うのである。

この御本尊の大功徳について、日寛上人は観心本尊抄文段に

「此の本尊の功徳、無量無辺にして広大深遠《こうだいじんのん》の妙用《みょうゆう》有り。故に暫《しばら》くも此の本尊を信じて南無妙法蓮華経と唱うれば、則《すなわ》ち祈りとして叶わざるは無く、罪として滅せざるは無く、

福として来たらざるは無く、理として顕われざるは無きなり」

とお示し下されている。何と有難いことであろうか。

(二) 本門の題目

本門の題目とは、本門の本尊を信じて南無妙法蓮華経と唱え奉る修行である。

日寛上人は、我らが唱え奉る本門の題目と、本門の本尊と、日蓮大聖人との関係について、次のごとく御指南下されている。

「問う、我等が唱え奉る所の本門の題目、其の体《たい》何物ぞや。謂《いわ》く、本門の大本尊是れなり。

本門の大本尊、其の体《たい》何物ぞや。謂く、蓮祖大聖人是れなり」（当流行事抄）と。

本門の題目の体《たい》は本門の本尊であり、さらに本門の本尊の体は実に日蓮大聖人である、と仰せられる。

このゆえに、私たちは何もわからずとも、ただこの御本尊を信じて、大聖人の御名《みな》を南無妙法蓮華経と唱え奉れば、「**名は必ず体《たい》にいたる徳あり**」（十章抄）で、自然と体《たい》である御本尊・日蓮大聖人と一体にならせて頂き、凡夫の我が身がそのまま成仏させて頂けるのである。

仏様が宿って下さる

松野殿女房御返事には、この理《ことわり》をさらに平易に

「南無妙法蓮華経と心に信じぬれば、心を宿《やど》として釈迦仏懐《はら》まれ給う」

とお示し下されている。御文の「釈迦仏」とは、その元意《がんい》は日蓮大聖人の御事である。

御本尊を信じ南無妙法蓮華経と唱え奉れば、我ら凡夫の濁った心に仏様が宿って下さる。**「濁水《じょくすい》心無けれども、月を得て自《おのずか》ら清《す》めり」**（四信五品抄）と。もし我らの濁心《じょくしん》に日蓮大聖人がお宿り下されば、自然と心法も変わる。諸天もその人を守護する。

ゆえに現世には生活が守られ、臨終には成仏の相を現じ、死後の生命も仏界の大安楽を得られる。これを「現世安穏《げんぜあんのん》・後生善処《ごしょうぜんしょ》」という。これすべて御本尊の仏力・法力による。

まさに本門の題目とは、御本尊の大良薬を、我ら凡夫が服用させて頂くことに当るのである。

(三) 本門の戒壇

本門の戒壇について御教示下された御書は、御入滅の弘安五年に著わされた三大秘法抄

と一期《いちご》弘法付嘱書《ぐほうふぞくしょ》の二書だけである。これを以て、本門戒壇がいかに大聖人の己心《こしん》に深く秘めさせ給うた大事であるかを拝することができる。

まずその御文を拝する。

三大秘法抄には

「戒壇とは、王法《おうぼう》仏法に冥《みょう》じ仏法王法に合《がっ》して、王臣一同に本門の三大秘密の法を持《たも》ちて有徳王《うとくおう》・覚徳比丘《かくとくびく》の其の乃往《むかし》を末法濁悪《じょくあく》の未来に移さん時、勅宣《ちょくせん》並びに御教書《みぎょうしょ》を申し下《くだ》して、霊山浄土《りょうぜんじょうど》に似たらん最勝の地を尋ねて戒壇を建立す可《べ》き者か。時を待つべきのみ。事《じ》の戒法と申すは是れなり。三国並びに一閻浮提《いちえんぶだい》の人・懺悔滅罪《ざんげめつざい》の戒法のみならず、大梵《だいぼん》天王《てんのう》・帝釈《たいしゃく》等も来下《らいげ》して踏《ふ》み給うべき戒壇なり」

一期弘法付嘱書には

「日蓮一期《いちご》の弘法《ぐほう》、白蓮阿闍梨《びゃくれんあじゃり》日興に之を付嘱す。本門弘通の大導師たるべきなり。国主此の法を立てらるれば、富士山に本門寺の戒壇を建立せらるべきなり。時を待つべきのみ。事《じ》の戒法と謂《い》うは是《これ》なり。就中《なかんずく》我が門弟等此の状を守るべきなり」と。

御文の意は第九章「日蓮大聖人の御遺命」に詳述してあるが、いまその趣旨をここに示せば、まさしく御遺命の本門戒壇とは

広宣流布の暁に、仏法を守護し奉るとの国家意志の公式表明を手続として、富士山天生《あもうが》原《はら》に建立される国立戒壇である。

この本門戒壇に安置し奉る御本尊こそ、日蓮大聖人の出世の御本懐たる弘安二年十月十二日御図顕の「本門戒壇の大御本尊」であられる。

この本門戒壇が建立されれば、日本は日蓮大聖人を魂とする国になる。御本仏を魂とする国はまさしく仏国ではないか。

この仏国について立正安国論には

「仏国其れ衰えんや、乃至、宝土《ほうど》何ぞ壊《やぶ》れんや」と仰せられている。

仏国は諸天が厳然と守護するゆえに、国土の災難は消滅し、王法も安定して自界叛逆なく、他国もこの国を侵《おか》さない。

さらに全世界の人々がこの本門戒壇に詣《もう》でるの時いたれば、地球上が「事《じ》の寂光土《じゃっこうど》」となり、戦争も飢餓《きが》も疫病《やくびょう》も消滅し、人ごとに三大秘法を行じて一生成仏を遂げることができる。

教行証御書には

「前代未聞の大法此の国に流布して、月氏《がっし》・漢土《かんど》・一閻浮提《いちえんぶだい》の内の一切衆生、仏に成る

べき事こそ有難けれ有難けれ」と。

これこそ日蓮大聖人の究極の大願であられる。

以上のごとく三大秘法の大旨を拝すれば、まさに本門の題目によって個人の成仏が叶い、本門の戒壇によって国家・国土の成仏が叶うことがよくわかろう。そしてそのすべては、本門戒壇の大御本尊の無量無辺の功徳より発するのである。

(四)　三大秘法の開合の相

ここでさらに、三大秘法の開合の相を拝する。

三大秘法は、合《がっ》すれば本門の本尊の一大秘法となり、開《かい》すれば六義《ろくぎ》となる。この開合の相を心腑に染めれば、三大秘法の深義はさらに明了になる。

日寛上人はこの深義を依義判文抄《えぎはんもん》に次のごとく御指南下されている。

「実には是れ一大秘法なり。一大秘法とは即ち本門の本尊なり。此の本尊所住《しょじゅう》の処を名づけて本門の戒壇と為《な》し、此の本尊を信じて妙法を唱うるを名づけて本門の題目と為すなり、故に分《わか》ちて三大秘法と為すなり。

又本尊に人有《にんあ》り法有り、戒壇に義有《ぎ》り事有《じ》り、題目に信有《しん》り行有《ぎょう》り、故に開して六義《ろくぎ》と成る。此の六義散じて八万宝蔵と成る。（中略）**当に知るべし、本尊は万法《ばんぽう》の総体なり、故に之を合する則《とき》は八万宝蔵但《ただ》六義と成り、亦《また》此の六義を合する則《とき》は但《ただ》三大秘法と成り、亦三大秘法を合すれば則《すなわ》ち但一大秘法の本門の本尊と成るなり。故に本門戒壇の本尊を亦三大秘法総在《そうざい》の本尊と名づくるなり**」と。

御文の中の「六義」について説明すれば

「本尊に人有り法有り」とは、人の本尊は御本仏・日蓮大聖人であり、法の本尊は事《じ》の一念三千の南無妙法蓮華経の御本尊である。

また「戒壇に義有り事有り」とは、義の戒壇とは、広布以前に戒壇の大御本尊がましま す所であり、さらに歴代上人書写の御本尊まします所も枝葉《しよう》としてその義に当る。まさしく事《じ》の戒壇とは、御付嘱状・三大秘法抄の御遺命のままに、広宣流布の暁に富士山天生原に立てられる国立戒壇である。

また「題目に信有り行有り」とは、本門の題目は御本尊を信じて南無妙法蓮華経と唱え奉ることであれば、そこには信と行がある。信ずるだけでも不可、唱えるだけでも不可。信行具足して、始めて本門の題目といえるのである。

以上の「三大秘法開合の相《そう》」を図示すれば次のようになる。

（一大秘法）　（三大秘法）　（六義）

- 本門の本尊
  - 本門の本尊
    - 人（御本仏日蓮大聖人）
    - 法（事の一念三千の南無妙法蓮華経の御本尊）
  - 本門の戒壇
    - 義（御本尊所住のところ）
    - 事（広布の暁の国立戒壇）
  - 本門の題目
    - 信（御本尊を信ずること）
    - 行（御題目を唱えること）

なお、三大秘法のそれぞれに「本門」の二字が冠《かん》されているのは、この三大秘法は本門寿量品文底の秘法なるがゆえであり、また久遠元初の独一本門の大法なるがゆえである。二意はあっても、詮ずれば一意となる。

三、現当二世の大利益

現当二世とは、現世と当来世《とうらいせ》のこと。日蓮大聖人は現世のみならず、死後も未来永劫にわたりお救い下さる。これが現当二世の大利益である。

しかし人は言うであろう。「死んだ先のことなど、わかるものか」と。

だが、わかるのである。仏法は空虚な観念論ではない。すべて証拠を以て論ずる。その証拠とは「臨終の相」である。

臨終の証拠

臨終は人生の総決算である。その人が一生の内に為《な》したあらゆる善悪の行為は、必ず臨終の相に顕われる。同時にその臨終の相は、死後の未来の果報を顕わしている。ゆえに成仏も堕獄《だごく》も、臨終の相の善悪でわかるのである。

この厳然たる法則性を説き切った教えは、三世の生命を徹見《てっけん》した仏法以外にはない。

妙法尼御前御返事には

「日蓮幼少の時より仏法を学《がく》し候いしが、念願すらく、人の寿命《いのち》は無常なり。乃至、されば先づ臨終の事を習うて後に他事《たじ》を習うべしと思いて、一代聖教の論師《ろんし》・人師《にんし》の書釈《しょしゃく》あらあら勘《かんが》へ集めて此《こ》れを明鏡として、一切の諸人の死する時と並びに臨終の後《のち》とに引き向けて見候へば、少しもくもりなし」と。

大聖人は清澄山で習学中のご幼少のとき、周辺で見聞する念仏者・真言師たちの悪臨終、すなわち狂乱あるいは大苦悶《くもん》の中に死に、しかも死後の遺体が黒色であることに、大なる疑問を懐《いだ》かれた。

そして臨終こそ人生の最大事なるゆえ「先づ臨終の事を習うて後に他事を習うべし」と思《おぼ》され、臨終について説かれている経論を集め、これを鏡《かがみ》として、一切の諸人の死するときの姿、並びに死後の相とに照らし合わせ見るに、「少しもくもりなし」と。すなわち臨終の相により、その人の堕獄、あるいは人《にん》・天《でん》、あるいは成仏ということが、明らかになる——と仰せられている。

では、地獄に堕ちる相とはどのようなものかといえば、死後、遺体が黒色を呈《てい》するのを「堕獄《だごく》の相」という。

中国真言宗の元祖・善無畏三蔵《ぜんむいさんぞう》は法華経を誹謗《ひぼう》して地獄に堕ちたが、大聖人はその証拠を、臨終の相を以て判じておられる。

「善無畏三蔵は、乃至、死する時は『黒皮隠々《こくひいんいん》として骨甚《ほねはなは》だ露《あら》わる』と申して、無間地獄《むげんじごく》の前相を其の死骨《しこつ》に顕わし給いぬ。人《ひと》死して後《のち》色の黒きは地獄に堕《お》つとは、一代聖教《しょうきょう》に定むる所なり」（神国王御書）と。

また千日尼御前御返事には

「人は臨終の時、地獄に堕《お》つる者は黒色《こくじき》となる上、其の身重き事千引《ちびき》の石《いわ》の如し。善人は設《たと》い七尺八尺の女人《にょにん》なれども、色黒き者なれども、臨終に色変じて白色《びゃくじき》となる、又軽き事鵞毛《がもう》の如し、輭《やわらか》なる事兜羅綿《とろめん》の如し」と。

大聖人の御教示はまことに克明である。地獄に堕ちる者は、臨終ののち身体《からだ》全体が黒くなるうえ、遺体が異常に重くなる。一方、成仏を遂げた者は、たとえ生前色が黒くとも、死してのち色が白くなり、その遺体は軽く、かつ柔かい——と仰せられる。

臨終だけは自分の意志ではどうにもならない。その臨終の法則性をこのように説き切る仏法の凄さ、ただ驚嘆のほかはない。

成仏と堕獄だけではない。地獄・餓鬼・畜生・修羅・人間・天上・声聞《しょうもん》・縁覚《えんがく》・菩薩・

仏の十界のいずれに生ずるかは、すべて臨終の相にあらわれる。

また一生の行為の善悪には、世法上と仏法上の両面があるが、世法の善悪よりも仏法の善悪のほうが、臨終に強い影響を与える。

たとえば、世法における最大の悪行は殺人であるが、この悪行よりも正しい仏法を誹《そし》る謗法《ほうぼう》の罪はなお重い。殺人は堕地獄の因ではあるが、他人を殺すだけでは通常の地獄には堕ちても無間《むげん》地獄には堕ちない。ただし父母を殺したときは無間地獄に堕ちる。しかしその期間は一中劫（約三億二千万年）といわれる。ところが謗法は無間地獄に堕ちてその期間は実に「展転《てんでん》して無数劫《むしゅこう》に至らん」（法華経譬喩品）と説かれている。

無間地獄とは、同じ地獄でも最大の苦痛ある地獄で、言語を絶する激痛が間断なく襲うから「無間《むげん》」という。死後の堕獄など信じないという人は、生命が三世にわたることを知らないだけだ。だが臨終の相にそれが現われることを知れば、誰がこの厳然の証拠を否定できようか。

死は生命の消滅ではない、有相《うそう》が無相《むそう》になるという存在形態の変化にすぎない。有相が無相になり、無相はまた有相になる。これが生死なのだ。この生死を繰り返しつつ宇宙とともに生命は常住する。この生命の永遠を知れば、真に求めるべきは成仏であり、真に恐るべきは堕獄である。

もし大聖人の仰せのままに、一切の謗法を捨て、ただ御本尊を信じて南無妙法蓮華経と唱え奉れば、必ず現世には幸《さいわ》いを招き、臨終には成仏の相を現じ、死後の生命も大安楽を得させて頂ける。これが現当二世の大利益である。

謹んで本門戒壇の大御本尊を拝し奉れば、「**右現当二世の為《ため》、造立件《ぞうりゅうくだん》の如し**」とお認《したた》めあそばされている。まさに戒壇の大御本尊は、末法の一切衆生の「現当二世の為」に御図顕下されたのである。何と有難いことであろうか。

四、日蓮大聖人こそ久遠元初の自受用身

久遠元初の自受用身とは、一言でいえば「いちばん大本《おおもと》の仏様」ということである。

一般世間では、仏教の元祖はインドの釈迦仏と思い込んでいるが、これは近々《きんきん》わずか三千年の歴史の中で見た仏教にすぎない。釈尊自身が経文において多宝如来・善徳仏・薬師如来・大日如来等々、多くの仏を説き明かしているが、この広漠の大宇宙には、過去・現在・未来の三世にわたり、また十方にわたって、星の数ほどの無数の仏が存在している。これを「三世十方の諸仏」という。

これらの諸仏は、目的もなしに漫然《まんぜん》と出現されたのではない。法華経・方便品に

「**諸仏世尊は、唯《ただ》一大事の因縁を以ての故に世に出現したもう**」

と説かれているように、諸仏はそれぞれ重要な使命・役割をもって、その時代、その国土に出現しているのである。

そして、これら諸仏のルーツをたどっていくと、ことごとくが本源《ほんげん》の一仏《いちぶつ》にたどりつく。この本源の一仏を「久遠元初《くおんがんじょ》の自受用身《じじゅゆうじん》」と申し上げる。

三世十方の諸仏は、すべてこの久遠元初の自受用身の垂迹応化《すいしゃくおうけ》（本仏が衆生の機に応じて迹《しゃく》を垂《た》れ、姿を変えて出現すること）なのである。ゆえに諸仏は久遠元初の一仏より生じ、この一仏に帰趣《きしゅ》する。

この趣《おもむ》きを天台大師は「**百千の枝葉《しよう》同じく一根《いっこん》に趣《おもむ》くが如し**」と説明している。本源の一仏を「本仏」といい、垂迹応化の仏を「迹仏」という。インドの釈尊もこの迹仏に当るのである。

最初の下種

さて、久遠元初とは無始の始めといわれる。それがどれほどの昔になるか、凡夫の思慮の及ぶところではない。法華経の寿量品には、釈迦仏の久遠の成道を「五百塵点劫《じんでんごう》」と、気の遠くなるような長遠の劫数を挙げて説き明かしているが、久遠元初はこの五百塵点劫をさらに溯《さかのぼ》ること久々遠々《くくおんのん》「復倍上数《ぶばいじょうしゅ》」（復上《またかみ》の数に倍せり）の大昔である。

このとき、一人の聖人《しょうにん》がましました。この聖人は透徹の智恵を以て御自身の生命を深く観ぜられ、「人法体一《にんぽうたいいつ》・事《じ》の一念三千の南無妙法蓮華経」という生命の極理を証得し、ひとり成仏の大境界に立たれた。この最初の仏が、久遠元初の自受用身である。

この本仏は大慈悲を起こされ、一切衆生をも成仏の境界に入れしめんと、人々に「南無妙法蓮華経と唱えよ」とお勧め下された。この最初の化導を「下種《げしゅ》」という。すなわち仏に成る種《たね》の南無妙法蓮華経を、人々の心田《しんでん》に下《おろ》されたのである。

この下種本仏の化導を受けて、素直に信じ唱えた人々は一生のうちに成仏を遂げることができた。下種仏法は一生成仏の大法なのである。

しかし逆《さから》い謗《そし》った者、あるいは信じても途中で退転した者は、悪道に堕《だ》して無数劫《むしゅこう》を経《へ》たのち、再び生れてくる。この下種仏法の長遠の化導の中で、逆謗《ぎゃくぼう》・退転して一生成仏の叶わなかった衆生は、無量・無数億《むしゅおく》の数にのぼる。

熟脱の化導

これら無数億の衆生を救うために、こんどは垂迹応化の仏が「熟脱《じゅくだつ》」の化導をされる。熟脱とは、過去すでに下されている仏種を調熟《ちょうじゅく》・得脱《とくだつ》せしめることである。この熟脱の仏法においては一生成仏はない。生死を長劫にわたって繰り返し、その修行のうえに始めて仏果を得ることができる。これを歴劫《りゃっこう》修行という。

このように、仏は凡夫の想像を絶する長遠の時間にわたって、下種と熟・脱の化導をされている。これを種《しゅ》・熟《じゅく》・脱《だつ》の三益《さんやく》という。

下種の本仏は「名字凡身《みょうじぼんしん》」「本有無作《ほんぬむさ》」といって、本《もと》のまま、あるがままの凡夫身であるが、熟脱の仏は三十二相で身を荘厳《かざ》る。この荘厳《しょうごん》は何のためかといえば、衆生に尊敬の念を起こさせ、過去に下種された善根を育て得脱せしむるためである。

これら熟脱の仏は「世世番番《せせばんばん》の出世」といわれるが、垂迹第一番の五百塵点劫《じんでんごう》の本果の釈尊以来、どれほど無数の仏が出現されたことか。そしてその最後に出現されたのが、三千年前のインドの釈迦仏なのである。

この釈迦仏の一代五十年の説法により、過去下種を受けた衆生はすべて得脱し、さらに釈尊在世に洩《も》れた衆生も正像二千年の間に生まれ、釈迦仏法によりあるいは熟し、あるいは脱したのであった。

久遠元初の自受用身　末法に出現

かくて末法に入ると、過去に下種を受けた本已有善《ほんいうぜん》（本已《もとすで》に善有《ぜんあ》り）の衆生は一人もいなくなり、衆生はことごとく本未有善《ほんみうぜん》（本《もと》未だ善《ぜん》有《あ》らず）の荒凡夫《あらぼんぷ》ばかりとなる。すなわち久遠元初と全く同じ状態になるのである。

このとき、久遠元初の自受用身が出現され、末法の一切衆生に下種の化導をされる。この御方こそ日蓮大聖人であられる。

行位全同

では、なぜ日蓮大聖人を久遠元初の自受用身と知ることができるのか。

日寛上人は「**行位全同《ぎょういぜんどう》の故に**」（当流行事抄）と御指南下されている。

行《ぎょう》とは修行のこと。位《い》とは仏法を行ずる人の位次《いじ》のこと。天台はこの位次に理即《りそく》・名字《みょうじ》即・観行《かんぎょう》即・相似《そうじ》即・分真《ぶんしん》即・究竟《くきょう》即の六即《ろくそく》を立てている。

すなわち、行においては、久遠元初の自受用身の修行も三大秘法であり、日蓮大聖人の御修行も三大秘法であられる。また位においては共に名字即で、三十二相などで身を荘厳《かざ》らぬ凡夫身である。まさに行も位も全同である。

久遠元初の自受用身の修行が三大秘法であることは、三大秘法抄に
「夫れ釈尊、乃至、実相証得の当初《そのかみ》修行し給う処の寿量品の本尊と戒壇と題目の五字な

り」と。

「実相証得の当初《そのかみ》」とは五百塵点劫の当初《そのかみ》、すなわち久遠元初である。そのときの修行が三大秘法であったことは、この御文によって明らかである。

また大聖人の御修行が三大秘法であられることは、義浄房御書に

「寿量品の自我偈《じがげ》に云く『一心欲見仏・不自惜身命』云云。日蓮が己心《こしん》の仏果を此の文に依って顕すなり。其の故は、寿量品の事《じ》の一念三千の三大秘法を成就せる事此の経文なり。秘すべし秘すべし。乃至、一心に仏を見る、心を一《いつ》にして仏を見る、一心を見れば仏なり。無作《むさ》の三身《さんじん》の仏果を成就せん事は、恐らくは天台・伝教にも越え、竜樹・迦葉《かしょう》にも勝れたり」と。

「三大秘法を成就」との仰せ、また「一心欲見仏」の三転読は、まさしく久遠元初の本地の自行そのままであられる。

また位《くらい》が共に名字即《みょうじそく》の凡夫身であることは

総勘文抄に云く

「釈迦如来、五百塵点劫の当初《そのかみ》凡夫にて御坐《おわ》せし時、我が身は地水火風空《ちすいかふうくう》なりと知ろし

めして即座に悟《さとり》を開き給いき」と。

文中の「凡夫にて御坐《おわ》せし時」の釈迦如来とは、名字凡身の久遠元初の自受用身の御事である。

大聖人が名字即であられることは、顕仏未来記に

「**日蓮は名字《みょうじ》の凡夫なり**」と仰せられている。

文証

次に久遠元初の自受用身即日蓮大聖人の文証を挙げれば、本因妙抄に云く

「**釈尊久遠名字即《みょうじそく》の位《くらい》の御身《おんみ》の修行を、末法今時《こんじ》の日蓮が名字即の身に移せり**」

百六箇抄に云く

「**今日蓮が修行は、久遠名字の振舞《ふるまい》に芥爾計《けにばか》りも違わざるなり**」と。

まさしく大聖人の御振舞いは、久遠元初の自受用身の御振舞いを、そのまま末法に再現されたものである。ゆえに日蓮大聖人こそ久遠元初の自受用身であられる。

ゆえに百六箇抄には

「**久遠元初の天上天下《てんじょうてんげ》・唯我独尊《ゆいがどくそん》は日蓮是れなり**」と仰せられている。

五、末法下種の主・師・親、大慈大悲の御本仏

日蓮大聖人は末法の一切衆生の主《しゅ》・師《し》・親《しん》であられる。
ゆえに開目抄の結文には
「**日蓮は日本国の諸人に主・師・父母なり**」と。
また産湯相承事《うぶゆそうじょうのこと》には
「**日蓮は天上天下《てんじょうてんげ》の一切衆生の主君なり、父母なり、師匠なり**」と御教示下されている。

主徳

主徳とは、誰人も犯《おか》せぬ絶大威徳を以て、一切衆生をお救い下さる大恩徳である。

日蓮大聖人の絶大威徳は、竜の口と蒙古襲来の大現証を見れば、誰人も理屈ぬきにわかる。

竜の口の頸《くび》の座は、まさしく国家権力による絶体絶命の死罪であった。だが、思議を絶する「月のごとく光りたる物」の出現により、太刀取りは眼《まなこ》くらんでその場に倒れ伏し、警護の兵士たちも恐怖のあまり逃げ出し、みな砂浜に坐《すわ》りこんで手を合わせてしまったので

ある。出世本懐成就御書には

「設《たと》い大鬼神《きじん》のつける人なりとも、日蓮をば、梵釈・日月・四天等・天照太神・八幡の守護し給うゆへに、罰しがたかるべしと存じ給うべし」と。

まさに大聖人は、目に灼《や》きつく強烈な事実を以て下種御本仏の絶大威徳を見せて下さった。このゆえに我ら凡夫は、理屈ぬきに日蓮大聖人を、御本尊を、信じ切れるのである。

また蒙古襲来も、諸天に申し付けての絶大威徳を、顕わし給うたものである。

聖人知三世事《しょうにんちさんぜのこと》には

「日蓮は一閻浮提《いちえんぶだい》第一の聖人なり。上一人《かみいちにん》より下《しも》万民に至るまで、之を軽毀《きょうき》し、刀杖を加え、流罪に処するが故に、梵と釈と日月・四天、隣国に仰せ付けて之を逼責《ひっせき》するなり」

「一閻浮提第一の聖人」すなわち久遠元初の自受用身たる日蓮大聖人を流罪・死罪に処するがゆえに、諸天これを許さず、隣国にこの国を責めしめる――と仰せられる。

これも大聖人が諸天に申し付けての大慈大悲であられる。

ゆえに王舎城事《おうしゃじょうのこと》には

「法華経の敵《かたき》となりし人をば、梵天・帝釈・日月・四天罰《ばっ》し給いて、皆人に見懲《みこ》りさせ

給えと申しつけて候。日蓮 法華経の行者にてあるなしは、是れにて御覧あるべし。乃至、あへてにくみては申さず、大慈大悲の力、無間地獄の大苦を今生《こんじょう》に消さしめんとなり」と。

御本仏を怨《あだ》み迫害すれば、後生は必ず無間地獄に堕《お》ちる――。大聖人が最も憂え不憫《ふびん》とおぼされるのはこの一事である。ここに大聖人は諸天に申し付けて蒙古の責めを起こさしめ、この現世の罰を以て日本国の一切衆生を改悔させ、もって後生の大苦をお救い下さるのである。

このことをさらに蒙古事《もうこのこと》には

「蒙古の事、すでに近づきて候か。我が国の亡びん事はあさましけれども、これだにも虚事《そらごと》になるならば、日本国の人々いよいよ法華経を謗《ぼう》じて万人《ばんにん》無間地獄に堕つべし。彼《かれ》だにも強《つよ》るならば、国は亡ぶとも謗法はうすくなりなん」と。

蒙古の責めにより、たとえ「国は亡ぶとも謗法はうすくなりなん」とまで仰せあそばす。これが三世を見透《みとう》されての徹底の大慈悲であられる。

だが亡んで当然のこの日本国を、ついには冥々《みょうみょう》のうちにご守護下されている。これ、たとえ国中は未だ逆縁であっても、御本仏まします日本国は、すでに仏意《ぶっち》の辺《へん》においては仏国なるがゆえである。

ゆえに滝泉寺申状には

「**聖人国に在《あ》るは日本国の大喜《だいき》にして、蒙古国の大憂なり**」と。

「聖人国に在り」との重き仰せ、よくよく拝すべきである。

まさに蒙古を襲来せしめたのも、撤退せしめたのも、大聖人御一人《ごいちにん》の力用《りきゆう》による。これが諸天に申し付け給う大聖人の絶大威徳である。

諸天はどのように大聖人を常に衛護《えいご》し奉っているのか。下種本仏成道御書には

「**天照太神《てんしょうだいじん》・正八幡宮《しょうはちまんぐう》も頭《こうべ》をかたぶけ手を合わせて地に伏し給うべき事なり。乃至、梵釈左右に侍《はんべ》り、日月前後を照らし給う**」と。

これが久遠元初の自受用身たる日蓮大聖人の大境界であられる。この御本仏を信じ奉るか背くかによって、日本国の存亡も人類の運命も決する。ゆえに

「**日蓮によりて日本国の有無《うむ》はあるべし**」

と仰せあそばす。この絶大威徳こそ主徳である。

師徳

報恩抄には

「日本国の一切衆生の盲目をひらける功徳あり」と。

一切衆生は貪欲《とんよく》・瞋恚《しんに》・愚癡《ぐち》の三毒の膜《まく》に覆われて成仏の道を知らず、見えない。これが盲目である。ここに大聖人は透徹の大智恵を以て、末法の成仏の大法をただ御一人知り給い、これを全人類に教えて下さった。

ゆえに乙御前《おとごぜん》御消息には

「抑《そもそも》、一人の盲目をあけて候わん功徳すら、申すばかりなし。況《いわ》んや日本国の一切衆生の眼《まなこ》をあけて候わん功徳をや、何《いか》に況んや一閻浮提《いちえんぶだい》・四天下《してんげ》の人の眼のしゐ《盲》たるをあけて候わんをや」と仰せられる。

この教導の大恩徳を師徳という。

親徳

日蓮大聖人の御化導における「大慈大悲」を親徳という。

開目抄には

「されば日蓮が法華経の智解《ちげ》は天台・伝教には千万が一分も及ぶ事なけれども、難を忍び慈悲のすぐれたる事は、恐れをもいだきぬべし」と。

報恩抄には
「日蓮が慈悲広大《こうだい》ならば、南無妙法蓮華経は万年の外未来《ほか》までもながるべし」と。
大聖人が、国中の悪口罵詈《あっくめり》・流罪・死罪等の無量の大難を忍び給うたのは、ただ大慈大悲のゆえである。

ことに竜の口の巨難に引き続いての佐渡流罪は、どれほど苛酷《かこく》なものであったか。住居として宛《あ》てられた塚原の三昧堂《さんまいどう》は一間四面《いっけんしめん》の廃屋であった。その荒廃ぶりは
「上《うえ》は板間《いたま》あはず、四壁《しへき》はあばらに、雪ふりつもりて消ゆる事なし。かゝる所に敷皮《しきがわ》打ちしき、蓑《みの》うちきて、夜をあかし日をくらす。夜は雪・雹《あられ》・雷電《いなずま》ひまなし、昼は日の光もさゝせ給わず、心細《こころぼそ》かるべきすまゐなり」（成道御書）と。

当時の日本は寒冷期であったから、佐渡では零下二〇度〜三〇度まで下ったと思われる。まさに骨まで凍る極寒《ごくかん》である。その中で、寒を防ぐは蓑《みの》一枚、食は乏《とも》しい、そのうえ御命《おんいのち》まで狙われていた。

「衣《きぬ》薄く、食ともし。乃至、現身に餓鬼道《がきどう》を経《へ》、寒地獄《かんじごく》に堕ちぬ」（法蓮抄）と。

この佐渡の厳冬を、大聖人様は三たびも忍び給うたのである。何と恐れ多いことか。こ

の大慈大悲を親徳という。

この主・師・親の三徳を偲び奉るとき、ただ「有難い」「お慕わしい」の恋慕渇仰の思いが、胸の奥から込み上げてくる。

以上、五項にわたって大聖人様の甚深の御境界・大恩徳を拝し奉った。まさしく

日蓮大聖人こそ、末法の全人類を三大秘法を以て現当二世にお救い下さる、久遠元初の自受用身、末法下種の主・師・親、大慈大悲の御本仏であられる。

第二章　人生の目的と幸福論

一、人生の目的とは何か

人生の目的を知らずに生きているのは、行き先のわからぬバスに乗っているのと同じである。

しかし実際には、多くの人々がこの大事を知らない。ゆえにただ宿命に流され、貪欲《とんよく》と瞋恚《しんに》（怒り）と愚痴《ぐち》（愚か）に引きずられて空しく一生を過ごし、最後、死苦を迎えているのが実相である。

さて、「人生の目的とは」と問われれば、多くの人は返答に窮《きゅう》しよう。そして一考《いっこう》ののち、自分の将来の希望を挙《あ》げて、「実業家」「政治家」「スポーツ選手」「音楽家」「タレント」あるいは「学者」「弁護士」「医師」などと云うかも知れない。

だが、これらは目的と手段を混同している。人は幸福になりたいからこそ、その手段として「音楽家になりたい」等の志望を懐《いだ》くのである。そこには意識・無意識を問わず、「音楽家になったら幸福になれる」という期待が大前提として存在している。

かく見れば、まさに幸福こそ、万人共通・普遍的《ふへんてき》な人生の目的である。

しかしこの幸福にも、すぐ崩れてしまう一時的なものと、永遠に崩れぬ真の幸福がある。永遠に崩れぬ無上最高の幸福を「成仏」という。されば人生の究極の目的は、この成仏を得るにある。

濁った生命に幸福なし

人は幸福への手段・条件として、地位・財産・名声等、もろもろの欲するものを手に入れようとする。だが〝欲しいもの〟が手に入ったら、果して幸福になれるであろうか。

結論から云えば、もしその人の生命が濁《にご》っていれば、求めて得たものは、かえって不幸の因となる。濁った生命とは、貪欲《とんよく》・瞋恚《しんに》・愚痴《ぐち》・慢心《まんしん》等に覆《おお》われた、地獄《じごく》・餓鬼《がき》・畜生《ちくしょう》・

修羅《しゅら》等の四悪道《しあくどう》の生命をいう。

家を建てるのに、土台が傾いていればすべてが傾くように、四悪道の生命においては、求めて得た幸福の条件が、かえって苦報《くほう》をもたらす。

たとえば、欲《ほ》しくてたまらぬマイカーを手に入れて、取り返しのつかぬ事故を起こすこともある。憧《あこが》れのマイホームを建てたが、ローン返済に追われて家庭崩壊に至った例も多い。あるいは子宝《こだから》に恵まれた若い母親が育児ノイローゼになって自殺する悲劇もある。また政治家・官僚・企業経営者が、やっと手に入れた地位・権力により、かえって身を亡ぼした例は枚挙にいとまがない。地位・財産などが即幸福ではないのだ。

所詮、主体たる自身の生命が濁っていれば、幸福の条件と思われるものがかえって不幸の因となり、また福運が尽きれば、その人の才能さえ幸福をもたらさない。

大聖人は、強信そして武芸の達人であった四条金吾殿が、絶体絶命の闇討《やみう》ちに遭《あ》いながら不思議にも存命したとき、次のごとく仰せ下されている。

「夫《そ》れ運《うん》きはまりぬれば兵法もいらず、果報《かほう》つきぬれば所従《しょじゅう》もしたがはず。乃至、すぎし存命不思議とおもはせ給へ。なにの兵法よりも法華経の兵法をもちひ給うべし」と。

——もし福運が尽きてしまったら、いかに兵法を心得ていようとも少しも役に立たない。また果報が尽きてしまったら所従（家来・部下）も従わなくなる。この闇討ちを遁《のが》れたこと、不思議と思うべきである。これ偏えに御本尊の御守護である。ゆえに何の兵法よりも法華経の兵法を用いよ。すなわち強き信心こそが最高の兵法なのである——と。

この仰せのごとく、福運が尽きればいかなる努力や智恵・才覚も虚《むな》しくなる。強き信心によって我が身に具った福運だけが、崩れぬ幸福を築くのである。

二、幸福論

ここで「幸福」について、さらに考えてみよう。

幸福とは何か

世間には、幸福について論じた書物は無数ある。しかしその本質を解明したものは一つとしてない。

ある哲学者は「幸福」を次のように定義している。

「人間は生きていくなかでさまざまな欲求《よっきゅう》をもち、それが満たされることを願うが、幸福とはそうした欲求が満たされている状態、もしくはその際生ずる満足感である」と。

この定義は世間一般の最大公約数と思われる。つまり〝幸福とは欲求の満足にある〟ということにある。

だがこの説明では、欲求は人によってさまざまだから幸福内容も人によって異なる、という結論になってしまう。これでは「幸福とは何か」の本質は、少しも解明されていないことになる。

この論の誤りは、欲求満足を即《そく》幸福と短絡《たんらく》しているところにある。欲求は十界それぞれの境界によってさまざまである。ことに地獄界・餓鬼界・畜生界・修羅界の四悪道においては、欲求そのものがゆがんでいるから、それを満足することはかえって自他《じた》の不幸を招くのである。

たとえば、盗《ぬす》みに成功した泥棒は餓鬼界の欲求を満足したわけだが、これを幸福とはいえない。麻薬・覚醒剤等による一時的な快楽が幸福であろうか、これ畜生界である。また虚栄心の満足はやがて身の破滅につながる。

あるいはヒットラー・スターリン・毛沢東のごとき独裁者が征服欲を満足させることは、

自身のみならず世界の不幸をも招く。これ修羅界の欲求満足である。

あるいは舎利弗《しゃりほつ》・目連《もくれん》等の二乗《にじょう》は煩悩《ぼんのう》を断滅《だんめつ》して灰身滅智《けしんめっち》の悟りを得たが、この小さな悟りがかえって「永不成仏《ようふじょうぶつ》」（永く成仏せず）といわれ、成仏の障害となった。これ声聞《しょうもん》・縁覚界《えんがくかい》の欲求満足である。

このように、ゆがんだ欲求の満足はかえって不幸の因となる。「幸福即欲求の満足」の誤りは明白であろう。


では幸福とは何か。人によってさまざまなどという曖昧《あいまい》なものではなく、万人共通の普《ふ》遍《へん》的幸福とはいったい何であろうか。

これを解《と》く鍵は、人間にとって最も大事なものは何かということにある。

申すまでもない。人間にとって最も大事なものは、我が命《いのち》である。

大聖人の御指南を拝してみよう。

「命《いのち》と申す物は、一身第一の珍宝《ちんぽう》なり。一日なりともこれを延《のぶ》るならば、千万両《せんまんりょう》の金《こがね》にもすぎたり」（可延定業書）

「有情《うじょう》の第一の財《たから》は命《いのち》にすぎず、此れを奪《うば》う者は必ず三途《さんず》に堕《お》つ」（四条抄）

「いのちと申す物は、一切の財《たから》の中に第一の財《たから》なり。『三千界に遍満《へんまん》するも、身命に直《あたい》するものの有ること無し』と説《と》かれて、三千大千世界に満《み》てて候財《そうろうたから》も、いのちにはかへぬ事に候なり」（白米一俵御書）と。

人間にとって命《いのち》ほど大切なものはない、との仰せである。ゆえに人は本能的に命《いのち》を失うことを何よりも恐れる。

「世間に人の恐るる者は、火炎《ほのお》の中と、刀剣《つるぎ》の影《かげ》と、此の身の死するとなるべし。牛馬《ぎゅうば》猶《なお》身を惜《おし》む、況《いわん》や人身《にんしん》をや。癩人猶命《らいにんなおいのち》を惜《おし》む、何《いか》に況《いわん》や壮人《そうにん》をや」（佐渡御書）と。

以上の仰せを拝すれば、幸・不幸の本質が明確になる。すなわち、生命の維持《いじ》・発展《はってん》が妨《さまた》げられない状態を「幸福」といい、妨げられている状態を「不幸」という。

ゆえに死は最大の不幸であり、この死をもたらすもの、すなわち生命の維持・発展を妨げるものを、人は不幸として本能的に恐れ、忌《い》みきらう。大地震・大火・大水・大風・大飢饉《ききん》・大疫《やく》病・戦争等が恐れられ、また病気・貧乏《びんぼう》・家庭不和、あるいは悪口・中傷・軽《けい》侮《ぶ》される等が忌《い》み嫌われるのも、これらが直接・間接、肉体的・精神的に、生命の維持・発展を妨げるからにほかならない。

このように幸・不幸の本質が明白になれば、これを基準として「価値・反価値」「善・悪」

等の内容もはっきりしてくる。これらの概念は、従来、多くの哲学者が難解の言葉を用いながらも一向に要領を得なかったことである。

いま一言にして云えば、生命の維持発展に寄与《きよ》する度合《どあい》を「価値」といい、害を与える度合を「反価値」という。

されば、永遠に崩れぬ幸福をもたらす日蓮大聖人の三大秘法こそ、個人にとって、国家にとって、人類にとって、最高最大の価値ある教法といわねばならない。

また「善」とは利他《りた》すなわち他を幸福にする行為であり、「悪」とは害他《がいた》すなわち他を不幸にする行為である。ゆえに善の中の大善は、人に三大秘法を勧《すす》める折伏行であり、悪の中の大悪は、邪法を以て人を誑《たぶらか》すことである。

永遠に崩れぬ幸福

さて前項で、人間にとって最も大切なものは身命であり、これを失うことが最大の不幸と述べたが、では、人は誰でも死を迎えるから、永遠に崩れぬ幸福とはいったい何かという問題が浮かび上がってくる。

死を最大の不幸とするのは、現世《げんぜ》の生命だけを見ての所論である。再応深く生命の実相を見つめれば、生命は永遠であり、死によって消滅するものではない。詳しくは第四章に述べるが、生死《しょうじ》という現象は生命が常住《じょうじゅう》していく上での存在形態の変化にすぎない。すなわち生命は生死をくり返しながら、宇宙と共に常住しているのである。

そして三世にわたって、幸・不幸の因果は鎖《くさり》のごとくつながっている。ゆえにもし現世において悪業《あくごう》を積むならば、その人は死後に大苦を受ける。もし正しい仏法を行じて成仏を得るならば、死後の生命は自受法楽《じじゅほうらく》の大果報を受ける。

現世はわずか数十年、未来は永遠である。このことがわかれば、現世の寿命の長短などは小さな問題となる。最も大事なことは、一生のうちに成仏が叶《かな》うか否《いな》かということである。

したがって、成仏・不成仏が証拠として現われる臨終こそ人生の最大事ということになる。もしよき臨終を遂《と》げるならば、永遠の生命の上からみてこれほどの喜びはなく、もし堕獄《だごく》の悪相を現ずるならば、これほどの不幸はないのである。

ゆえに大聖人は

「日蓮幼少の時より仏法を学《がく》し候しが、念願《ねんがん》すらく。人の寿命《いのち》は無常《むじょう》なり、出《いず》る気《いき》は入る気《いき》を待つ事なし、風の前の露尚譬《つゆなおたと》えにあらず、かしこきもはかなきも、老いたるも若き

も、定《さだ》めなき習《なら》いなり。されば先《ま》づ臨終《りんじゅう》の事を習《なろ》うて後《のち》に他事《たじ》を習うべし」（妙法尼御前御返事）と。

人の一生はまことに短く儚《はかな》い。しかし三世のつながりからこの一生を見れば、永遠の未来をはらんだ限りなく大事な人生ということがわかる。もし一生のうちに成仏を遂げられなかったら、必ず万劫《ばんこう》に悔《く》いを残す。ゆえに「先《ま》づ臨終の事を習うて後《のち》に他事《たじ》を習うべし」と仰せ給うのである。

まことに仏法は、現世の安穏《あんのん》だけでなく、死を乗り越えてさらに未来永遠の幸福をもたらす、まさに現世安穏《げんぜあんのん》・後生善処《ごしょうぜんしょ》の生活法なのである。

今生《こんじょう》に日蓮大聖人の仏法により成仏した者は、生々世々《しょうじょうよよ》、日蓮大聖人・御本尊と離れることはない。

「過去の生死《しょうじ》・現在の生死・未来の生死、三世の生死に法華経を離れ切れざるを、法華の血脈相承《けちみゃくそうじょう》とは云うなり」（生死一大事血脈抄）

「在々諸《ざいざいもろもろ》の仏土《ぶつど》に、常に師と倶《とも》に生《しょう》ぜん」（同前）と。

まことに御本尊の功徳により、現世には宿命転換して幸せになり、臨終には成仏の相を現じ、生々世々《しょうじょうよよ》に大聖人の仏法に離れることなく、自利々他《じりりた》の楽しく崇高《すうこう》なる人生を永劫《えいごう》にくり返すことが出来たならば、なんと素晴らしいことか。

これが成仏の境界であり、永遠に崩れぬ幸福というのである。

第三章　十界論

この大宇宙は大きく分ければ有情《うじょう》と非情《ひじょう》で構成されている。有情《うじょう》とは、人間や動物など心・感情・意識を持つ生物のことで、広く衆生《しゅじょう》という。非情《ひじょう》とは、草木・国土など心の働きを持たないものをいう。しかし委細《いさい》に観察すれば、草木・国土等の非情にも色《しき》（物質）・心《しん》（精神活動）の二法が具《そな》わっている。

十界とは、この宇宙に存在するすべての有情《うじょう》を、その境界にしたがって十種に分類したものである。そして非情世界はこの有情の所依《しょえ》となる国土であるから、宇宙法界は広漠《こうばく》といっても、すべてはこの十界に収《おさ》まる。

十界の名を挙《あ》げれば、地獄《じごく》・餓鬼《がき》・畜生《ちくしょう》・修羅《しゅら》・人間《にんげん》・天上《てんじょう》・声聞《しょうもん》・縁覚《えんがく》・菩薩《ぼさつ》・仏界《ぶっかい》である。

人間界に具わる十界

まず大宇宙における十界を説明する。地獄界はこの閻浮提《えんぶだい》（全世界）の地下・一千由旬《ゆじゅん》にある等活《とうかつ》地獄から二万由旬《ゆじゅん》にある無間地獄《むげんじごく》までの八大地獄等で、殺人・五逆罪《ごぎゃくざい》・謗法《ほうぼう》などの悪業を犯した者がこの界に生ずる。餓鬼は正法念経《しょうぼうねんきょう》に三十六種が明かされている。畜生は魚・鳥・獣《けだもの》などの動物。修羅は身長八万四千由旬、四大海の水も膝にすぎずといわれる。そして人間界は我々人類。天上界は大梵天王《だいぼんてんのう》・帝釈天王《たいしゃくてんのう》・日天《にってん》・月天《がってん》・四王《しおう》天等。二《に》乗《じょう》（声聞・縁覚）は舎利弗《しゃりほつ》・目連《もくれん》等。菩薩は本化・迹化のごとし。仏界は一往、釈迦・多宝のごとくである。経文にはくわしく十界のそれぞれが明かされている。

人間界に具わる十界

十界論で重要なことは、我々人間界にまた十界が具《そな》わり、御本尊を信ずることにより、所《しょ》具《ぐ》の仏界が湧現《ゆげん》して成仏させて頂けるということである。

観心本尊抄《かんじんのほんぞんしょう》には

「観心《かんじん》とは我が己心《こしん》を観《かん》じて十法界を見る、是《こ》れを観心と云うなり」

と仰せられ、人界に具《ぐ》する十界を次のようにお示し下されている。

「数《しばし》ば他面《ためん》を見るに、或時《あるとき》は喜び、或時は瞋《いか》り、或時は平《たいら》かに、或時は貪《むさぼ》り現《げん》じ、或時は癡《おろか》現じ、或時は諂曲《てんごく》なり。瞋《いか》るは地獄、貪《むさぼ》るは餓鬼、癡《おろか》は畜生、諂曲《てんごく》は修羅、喜ぶは天、平《たいら》かなるは人《にん》なり。他面《ためん》の色法《しきほう》に於《おい》ては六道共に之有《これあ》り、四聖《ししょう》は冥伏《みょうぶく》して現われざれども委細《いさい》に之《これ》を尋ねば之有《これあ》る可《べ》し。乃至、所以《いわゆる》世間の無常《むじょう》は眼前《がんぜん》に有《あ》り、豈人界《あにんかい》に二乗《にじょう》界無《かいな》からんや。無顧《むこ》の悪人も猶妻子《なおさいし》を慈愛す、菩薩界の一分なり。但《た》だ仏界計《ばか》りは現《げん》じ難《がた》し、九界《くかい》を具《ぐ》するを以て強《し》いて之《これ》を信じ疑惑《ぎわく》せしむること勿《なか》れ。乃至、末代《まつだい》の凡夫出生《しゅっしょう》して法華経を信ずるは、人界に仏界を具足する故なり」と。

人間生活の種々相《しゅじゅそう》は、すべてこの十界に収まっている。以下、人界所具の十界を簡略に説明する。

地獄界　大苦悩《くのう》に沈み、しかも束縛《そくばく》されてその苦から逃げられないという境界。戦場に駆《か》り出されて恐れ戦《おのの》いたり、重病で苦痛と死の恐怖に怯《おび》えたり、借金の取り立てに脅《おび》えたり、あるいは家庭不和で身心ともに苛《さい》なまれる等の状態がこれに当ろう。つまり生命の維持発展が妨げられ切った境界である。「瞋《いか》るは地獄」との仰せは、瞋《いか》りが殺人・謗《ほう》法《ぼう》など地獄の因となるからである。

餓鬼界　貪欲《とんよく》にとらわれ、常に不足不満の念に満ちている境界。食物・金銭・地位等において、一を得れば十を望み、十を得れば百を望み、飽《あ》くことを知らぬ者、また自分はありあまる財《ざい》を持ちながら人には惜しみ、あるいは自分は美食《びしょく》しても親には惜しむなどの者はこれに当る。

この慳貪《けんどん》（強欲で物慳《おし》み）の報《むく》いとして、欲しくても得られぬ飢渇《きかつ》の苦を得る。盂蘭盆《うらぼん》御書《ごしょ》には目連《もくれん》の母が慳貪《けんどん》により餓鬼道に堕《お》ちた姿が示されている。

「其の中に餓鬼道《がきどう》と申すところに我が母あり、飲《の》む事なし、食《くら》うことなし。皮は金鳥《きんちょう》をむしれるがごとく、骨は丸《まろ》き石を並べたるが如し、頭は毬《まり》の如く、頸《くび》は糸の如し、腹《はら》は大海の如し。口をはり、手を合せて物を乞《こ》える形は、餓《う》えたる蛭《ひる》の人の香《か》を嗅《かげ》るが如し」と。

貪《むさぼ》りは因、飢《う》えは果、これ餓鬼の因果である。

畜生界　目先のことにとらわれ、物事《ものごと》の道理をわきまえぬ癡《おろ》かな境界。また強きを恐れ、弱きを侮《あなど》る卑怯《ひきょう》な境界。

この界の特徴は癡《おろ》かしさと卑怯にある。たとえば、目先の一時的快楽を得るために麻薬・覚醒剤等におぼれる者、あるいは大勢で弱い者を苛《いじ》め、あるいは自己中心で母性本能を失い幼児を虐待する母親等の姿はこれである。

佐渡御書には「**畜生の心は弱きをおどし、強きをおそる**」と仰せられている。

修羅界　常に他人より勝《まさ》ろうとする異常な嫉妬《しっと》・競争心に満ちた境界。

この修羅界は争いが絶《た》えない。御書にはこの境界を「其《そ》の心、念々《ねんねん》に常に彼に勝《まさ》らんことを欲し、耐《た》えざれば人を下《くだ》し他を軽《かろ》しめ、己《おのれ》を珍《たっと》ぶこと鵄《とび》の高く飛びて視下《みおろ》すが如し。而《しか》も外《そと》には仁《じん》・義《ぎ》・礼《れい》・智《ち》・信《しん》を揚《あ》げて下品《げぼん》の善心を起《おこ》し、阿修羅《あしゅら》の道《どう》を行《ぎょう》ずるなり」（十法界明因果抄）と。

また修羅は驕慢《きょうまん》で心がひねくれ曲っているから、人から正しいことを云われても素直に受け取れず、すぐにカッとなって腹を立てる。

人間界　「平《たいら》かなるは人《にん》なり」との仰せのように、穏《おだや》かで平和を愛し、道義をわきまえ、親・兄弟・妻子・友人を思いやるなど、平らかな境界である。

天上界　「喜ぶは天」との仰せのごとく、願いがかなって喜びに満ちている境界、また先天的な福運により恵まれた生活が送れるような境界。

ただし天上界の喜びは「天人の五衰《ごすい》」といって永続しない。先天的な福運などはバケツに汲《く》んだ水と同じで、もし今生《こんじょう》に仏法に背《そむ》けば、たちまちに果報は消滅してみじめな境界となる。

声聞界　真理の探究に、生きがい喜びを感ずる境界。

学問・研究などに一筋に打ちこむ学者などはこれに当ろう。ただしこの境界の者は自身の知り得た小さな智識に固執して独善的となり、他を利益する心がないのが特徴である。経文には舎利弗《しゃりほつ》・目連《もくれん》等の名が挙げられている。

縁覚界　世間の無常や飛花落葉《ひげらくよう》などを見て一種の諦観《たいかん》を持つ境界。一道一芸に秀《ひい》で、ある種の安らぎを得ている者などはこの一分であろう。ただしこの縁覚もまた独善的さとりにこだわり、利他の心がない。

菩薩界　他を救わんとする慈悲の境界。

「**六道の凡夫の中に於《おい》て、自身を軽んじ他人を重んじ、悪を以て己《おの》れに向け、善を以て他に与えんと念《おも》う者有り**」（十法界明因果抄）と。このように、自身を顧《かえり》みず他を救わんとする境界がこれに当る。

ただし末法における菩薩界とは、御本仏日蓮大聖人の眷属《けんぞく》として、我も南無妙法蓮華経と唱え奉り人にも勧め、大聖人の大願たる広宣流布・国立戒壇建立に勇み立つ者である。ゆえに「**日蓮と同意ならば地涌《じゆ》の菩薩たらんか**」（諸法実相抄）と。

別《べっ》しては、日興上人・日目上人の御姿こそ、末法における菩薩界そのものであられる。

仏界　御本仏日蓮大聖人の御境界こそ仏界であられる。生命の極理・南無妙法蓮華経を証得された大智恵、竜《たつ》の口《くち》で示し給うた絶大威力《ぜつだいいりき》、大難を耐え忍《しの》んで一切衆生に三大秘法を授与《じゅよ》し給うた大慈悲、まさに全人類の主君《しゅくん》・師匠《ししょう》・父母《ふも》であられる。この三徳《さんとく》を兼《か》ね備えた大境界を仏界と申し上げるのである。

ちなみに、この十界のうち、地獄・餓鬼・畜生を三悪道《さんなくどう》、修羅を加えて四悪《しあく》道、人間・天上を加えて六道《ろくどう》といい、声聞より仏界までを四聖《ししょう》という。

宿命転換

さて、以上の十界は、素質としては誰人の生命にも具わっている。ただし人は過去世の宿業《しゅくごう》により、十界のうちのいずれかが、その人の生命に強く現われ生れてくる。この先天的な生命の傾向を宿命《しゅくめい》という。

もし先天的に地獄界の傾向が強ければ、いずれの処《ところ》にあっても常にいじめられ、また修羅の傾向が強ければ常に争いを起こすということになる。

しかし、たとえ生涯苦しめられる地獄界の宿命を持っていたとしても、もし御本尊を信じて南無妙法蓮華経と唱え奉れば、御本尊の縁にふれて仏界が湧現《ゆげん》する。すなわち、その人の心に仏様が宿って下さり、必ず守られる幸福な境界に変ってくる。これが宿命転換である。

依正不二

依報《えほう》とは自分が住む環境世界、正報《しょうほう》とはその主体たる我が生命をいう。依報と正報との関係は、二つであってしかも一体、これを依正不二《えしょうふに》という。

信心をすれば環境が変わり、友人・眷属《けんぞく》が変ってくるのはこの原理である。もし自分の生命が地獄界ならば、環境も地獄界となって自分をいじめる働きに変わる。もし自分が修羅界ならば、自分の周囲には修羅界の仲間が集まる。これが依正不二である。

ゆえにもし御本尊を信ずれば、三悪道・四悪道の友人・眷属《けんぞく》はいつのまにか去り、共に三大秘法を持《たも》ち信心を励ましあう、清らかな菩薩界の同志が友となるのである。

依正不二《えしょうふに》をさらに大きく見るならば、非情の国土と、そこに住む衆生との一体不二の関係となる。衆生は主体の生命であるから正報、国土は正報の依り所となるから依報である。

「**夫《そ》れ十方は依報《えほう》なり、衆生は正報《しょうほう》なり。依報は影のごとし、正報は体のごとし。身なくば影なし、正報なくば依報なし。又正報をば依報をもって此れをつくる**」（瑞相御書）と。

この大宇宙は一大生命体であり、その中のすべての存在は相互に関連し、影響しあっている。一つの変化は必ず他に変化を与える。よって、もし衆生の心が地獄界になれば、国土もまた地獄の相を現ずる。この原理により、謗法の国土には三災七難が競い起こるのである。

「人の悪心盛《さかん》なれば、天に凶変《きょうへん》・地に凶夭《きょうよう》出来《しゅったい》す。瞋恚《しんに》の大小に随《したが》って天変《てんぺん》の大小あり、地夭《ちよう》も又かくのごとし」（瑞相御書）と。

もし広宣流布し、日本一同に南無妙法蓮華経と唱え奉り国立戒壇が建立されれば、日本は仏国となる。このとき国土また寂光土《じゃっこうど》の相を現ずる。大聖人はその姿を

「天下万民・諸乗一仏乗《しょじょういちぶつじょう》と成りて妙法独《ひと》り繁昌《はんじょう》せん時、万民一同に南無妙法蓮華経と唱え奉らば、吹く風枝をならさず、雨壌《つちくれ》を砕《くだ》かず、代《よ》は羲農《ぎのう》の世となりて、今生には不祥《ふしょう》の災難を払《はら》い、長生《ちょうしょう》の術を得《え》、人法共に不老不死の理《ことわり》顕われん時を各々《おのおの》御覧ぜよ。現世安穏の証文疑い有るべからざる者なり」（如説修行抄）

と仰せられている。広宣流布・国立戒壇建立の意義の重大さがよくわかろう。

第四章　三世常住の生命

一、死は終りではない

仏法を知らぬ者が懐《いだ》く生命に対する最大の偏見《へんけん》は、「生命はこの世限り」「死ねばすべては終り」と思っていることである。その結果、自己を消滅させる死に対して限りない恐怖を懐《いだ》いたり、あるいは死後の因果を無視して放縦《ほうじゅう》に走る。

だが、死は決して終りではない。生も死も、生命が常住《じょうじゅう》していく上での存在形態の変化にすぎない。生命そのものは、新たに生ずるのでもなければ、消滅するものでもない。これを「本有常住《ほんぬじょうじゅう》」という。「本有《ほんぬ》」とは、我らの生命は神が作ったなどというものではなく、大宇宙と共に本《もと》から有《あ》るということ。「常住」とは、一瞬の断絶もなく存在し続けているということである。

この生命の本質について大聖人は総勘文抄《そうかんもんしょう》に

「生と死と二つの理《ことわり》は、生死《しょうじ》の夢の理なり、妄想《もうそう》なり、顚倒《てんどう》なり。本覚《ほんがく》の寤《うつつ》を以て我が心性《しんしょう》を糺《ただ》せば、生ずべき始めも無きが故に死すべき終りも無し、既《すで》に生死を離れたる心法《しんぽう》に非《あら》ずや。劫《ごう》火《か》にも焼けず、水災にも朽《く》ちず、剣刀《けんとう》にも切られず、弓箭《きゅうせん》にも射《い》られず。芥《け》子《し》の中に入るれども、芥子《けし》も広からず心法も縮《ちぢ》まらず。虚空《おおぞら》の中に満《み》つれども、虚空も広からず心法も狭《せま》からず」と。

――生と死の二つの現象を、生命の新たな発生とか消滅と思うのは夢の理であり、妄想である。もし本有常住の覚《さとり》を以て我が生命の本質を見れば、生ずべき始めも無いゆえに死すべき終りもない。まさに生死を離れた無始無終の存在である。したがってこの生命は劫《ごう》火《か》にも焼けず、水災にも朽《く》ちず、刀にも切られず、弓矢《ゆみや》にも射られない。また芥子粒《けしつぶ》のような微小の中に入っても、芥子が広がったり心法が縮まることもない。虚空《おおぞら》の中に遍満しても、虚空が広すぎたり、心法が狭《せま》いということもない――と。

これ、宇宙と共に常住する我々の生命の、不可思議な本質を御指南下されたものである。

なぜ生死があるのか

では、この本有常住の生命になぜ生死があるのかといえば、生死は生命が常住する上での妙理なのである。すなわち生命は一瞬たりとも静止せず、絶えず変化し、生死を繰り返しながら常住している。

この理は、我らの生命だけではない。およそ宇宙に存在する万物はみな因縁によって生じ、因縁によって滅している。宇宙そのものも「成《じょう》・住《じゅう》・壊《え》・空《くう》」という生滅のリズムを繰り返しつつ存在している。人間の生命もまた然り、生死・生死を繰り返しながら、大宇宙と共に常住しているのが実相である。

大聖人はこの理を

「**我等が厭《いと》い悲《かなし》める生死は、法身《ほっしん》（生命）常住の妙理にて有《あり》けるなり**」（色心二法抄）と。

また

「**生死の二法は一心の妙用《みょうゆう》、有無《うむ》の二道は本覚《ほんがく》の真徳《しんとく》**」（生死一大事血脈抄）

—生死という現象は生命に具わる不可思議な働きであり、「有無《うむ》」すなわち生は形づくられるから「有《う》」、死は無相になるから「無《む》」、この有相《うそう》・無相《むそう》の変化も、永遠の生命を覚知した目で見れば、本有の生死・本有の有無となる――と。

凡夫が「死は消滅、すべての終り」と思うのは、死によって生命が無相になることを即「無」と錯覚《さっかく》するところから起きる。しかし無相とは、姿・形はないが存在している状態をいう。

たとえば、空中に存在する紫外線・赤外線・電波などは肉眼では姿・形をとらえることはできないが、その存在を疑う者はない。無相は「無」ではないのである。

仏法では、人が死んでから次の生を受けるまでの間を「中有《ちゅうう》」という。中有の生命は無相である。涅槃経《ねはんぎょう》には

「**中有《ちゅうう》の五陰《ごおん》**（生命の要素としての色《しき》・受《じゅ》・想《そう》・行《ぎょう》・識《しき》）**は肉眼《にくげん》の所見《しょけん》に非《あら》ず、天眼《てんげん》の所見なり**」と説いている。

この無相の生命が、父母を縁として肉体を形づくり相《すがた》を現わすのが「生」であり、組織した色法《しきほう》（肉体）を宇宙に還元して再び無相の心法に帰するのが「死」である。

ゆえに色心二法抄には

「**天地冥合《みょうごう》して有情《うじょう》・非情《ひじょう》の五色《ごしき》とあらはるる処《ところ》を生と云い、五色《ごしき》の色還《しきかえ》って本有無相の理に帰する処を死とは云うなり**」と説かれている。「天地」とは、ここでは父母の意である。

以て、生死という現象が、永遠の生命における有相から無相、無相から有相という、存在形態の変化に過ぎないことがわかるであろう。

そして大事なことは、我々の生命はこの生死をくり返しながら、過去世・現在世・未来世の三世にわたって連続し、これに伴い幸・不幸の因果も、鎖《くさり》の輪のごとく三世につながっているということである。

二、生命の連続

三世にわたる生命の連続を、さらにくわしく見てみよう。このことを説かれたのが「十《じゅう》二《に》因縁《いんねん》」の法門である。

十二因縁

十二因縁とは、生命が因果をともなって三世を流転していく実相を説き明かしたものである。

その十二とは①無明《むみょう》、②行《ぎょう》、③識《しき》、④名色《みょうしき》、⑤六入《ろくにゅう》、⑥触《そく》、⑦受《じゅ》、⑧愛《あい》、⑨取《しゅ》、⑩有《う》、

⑪生《しょう》、⑫老死《ろうし》である。それぞれを説明すれば

まず①の無明《むみょう》とは過去世における煩悩《ぼんのう》、②の行《ぎょう》とは過去世の善悪の行業《ぎょうごう》である。この二つを過去世の二因という。

③④⑤⑥⑦は現世に受けた五果で、③の識《しき》とは、過去世の業力《ごうりき》により母の胎内に宿った五《ご》陰《おん》。④の名色《みょうしき》とは、身心が胎内で発育し始めるが、未だ眼《げん》・耳《に》・鼻《び》・舌《ぜつ》の四根《しこん》が具わらない状態。⑤の六入《ろくにゅう》とは、胎内にあって眼《げん》・耳《に》・鼻《び》・舌《ぜつ》・身《しん》・意《い》の六根が具足した状態。⑥の触《そく》とは、母体から生まれ出て、さまざまな事物に触《ふ》れるも、火は熱いとも知らず水は冷たいとも知らず、苦・楽の分別ができない状態。⑦の受《じゅ》とは、次第に身心が発達して苦楽の分別はつくが、未だ愛欲を起こさない幼児期をいう。

⑧⑨⑩は現在の三因で、⑧の愛《あい》とは、事物や異性に愛欲を感ずる思春期。⑨の取《しゅ》とは、成人して盛んに事物を貪《むさぼ》る状態。⑩の有《う》とは、来世の果を牽《ひ》くもろもろの業《ごう》を造ること。⑪⑫は来世の二果で、⑪の生《しょう》とは、現世の三因（愛・取・有）により未来世の生を受け、母の胎内に入ることをいう。⑫の老死とは、来世の老・死をいう。

以上のごとく十二因縁は、三世にわたる生命の連続を因果のうえから説き明かしたものであり、過去の因と現在の果、現在の因と未来の果と、二重の因果が説かれていることか

ら「**三世両重**《りょうじゅう》**の因果**」（十二因縁御書）といわれる。

また十二因縁は「**煩悩**《ぼんのう》**・業**《ごう》**・苦**《く》**の三道**」（当体義抄）でもある。煩悩とは凡夫の欲望・迷い。業とは煩悩に引かれて行う身《しん》・口《く》・意《い》の所作。苦とは業の結果として我が身に受ける苦果である。たとえばこの三道を餓鬼界の立場から見れば「お金が欲しい、ほしい」と貪る心は煩悩、この煩悩に引きずられ盗みをするは業、その結果苦報を受けるのが苦である。

十二因縁をこの煩悩・業・苦に当てはめれば、①無明・⑧愛・⑨取の三つは煩悩、②行・⑩有の二つは業、③識・④名色・⑤六入・⑥触・⑦受・⑪生・⑫老死は苦である。

当体義抄には

「**正直に方便を捨て、但**《ただ》**法華経を信じ南無妙法蓮華経と唱うる人は、煩悩**《ぼんのう》**・業**《ごう》**・苦**《く》**の三道**《さんどう》**、法身**《ほっしん》**・般若**《はんにゃ》**・解脱**《げだつ》**の三徳**《さんとく》**と転**《てん》**じて、三観**《さんかん》**・三諦**《さんたい》**即一心に顕われ、其の人所住の処は常寂光土**《じょうじゃっこうど》**なり。乃至、本門寿量の当体蓮華の仏とは、日蓮が弟子檀那等の中の事なり**」と。

この深意を日寛上人は「**我が身全く蓮祖大聖人と顕わるるなり**」（当体義抄文段）と。すなわち一切の謗法を捨てて、ただ御本尊を信じ南無妙法蓮華経と唱え奉れば、我ら凡夫がそのまま日蓮大聖人と一体になれる。凡夫が仏に成らせて頂けるということである。

以上の十二因縁を図示すれば、次のごとくなる。

十二因縁（三世両重の因果）

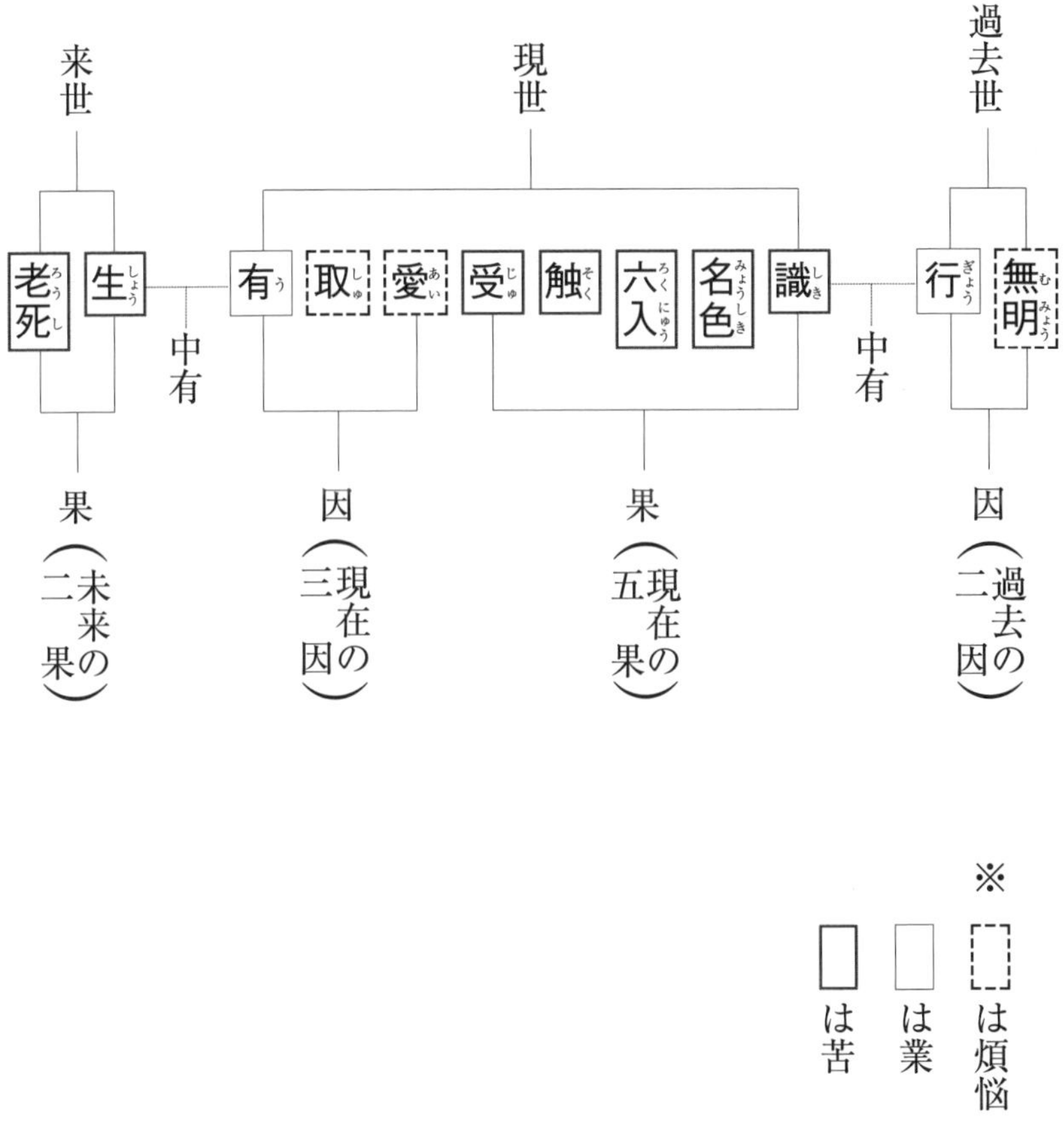

中有から再び生へ

生命の三世にわたる連続の中で最も難解なのは、死後の生命が再び生れ出るということであろう。このことを十二因縁の上から見れば「行」から「識」、また「有」から「生」に至る過程である。

これを説明すれば、死んでから再び来世の生を受けるまでの中間の生命を「中有《ちゅうう》」という。中有の生命は姿・形もなく肉眼で見ることはできない。すなわち無相の状態である。この中有・無相の生命が、生前の業力《ごうりき》によって、生まれるべき父母を定めて胎内に宿る。この母胎に入った極微《ごくび》の生命を「識《しき》」という。この識とは、父母の精血《せいけつ》・赤白《しゃくびゃく》の二渧《にたい》（受精卵）に宿った心法《しんぽう》であり、「識神《しきしん》」ともいわれる。

「**我等其の根本を尋ね究《きわ》むれば、父母の精血《せいけつ》・赤白二渧《しゃくびゃくにたい》和合して一身と為《な》る**」（始聞仏乗義）

「**魚鳥《ぎょちょう》を混丸《こんがん》して赤白二渧とせり、其《そ》の中に識神《しきしん》をやどす**」（佐渡御書）と。

日寛上人は、中有の生命が母胎に宿る過程について

「**衆生、前生《ぜんしょう》に善悪の業《ごう》を作り已《おわ》って死して中有にある時、其の業力に由り、能《よ》く生処《しょうしょ》**

の父母の交会《こうえ》を見て愛心を起こし、胎内にやどる、これを識《しき》と云うなり。識と云うはココロ（心法）なり」（寿量品談義）と。

また天親菩薩《てんじんぼさつ》の倶舎論《くしゃろん》には——中有が業力により一定の生処に趣《おもむ》かんと決まった時にはいかなる力もこれを転ずることができないこと、中有の行動は金剛《こんごう》を以ても遮《さえぎ》ることができないこと、そして母胎に入って生を結《けっ》するに至ること——等が詳しく説かれている。

かく見れば、親と子の生命は本来別々のものであることがわかる。親が子を作るのでもなければ、子は親の延長でもない。それぞれ独自の生命が、宿習《しゅくじゅう》によって親子の縁を持つのである。

ゆえに大聖人は

「父母となり、其《そ》の子となるも、必ず宿習《しゅくじゅう》なり」（寂日房御書）と仰せられている。

したがって邪見の親を持つのも、あるいは我が子に苦しめられるのも、互いに親となり、子となるべき宿習による。ゆえに、もし親が強き信心に立って自身の宿命を変えれば子が変化し、また子が信心して宿命を変えれば親も変わってくるのである。

また「遺伝」を仏法ではどう見るかといえば

親の形質は遺伝子によって親から子、子から孫へと引き継がれる。この限りにおいては子は親の延長のごとくに見える。だが、そのような遺伝子を持つ親のところに生ずること自体が、過去世の業力による宿習なのである。あくまでも親子の生命は別々であって、親は縁にすぎない。ゆえに同じ親から生れた兄弟・姉妹でも性格・果報はそれぞれ異なる。これ、縁は同一でも、過去世からのそれぞれの生命が異なるからである。

三、三世の因果

さて、三世にわたる生命の連続を十二因縁により見つめてきたが、因果の実態をさらにくわしく見てみよう。

(一) 幸・不幸はなぜ生ずるか

人の果報はさまざまである。生れついて恵まれた福運を持った者もいれば、一生の間、病気・貧乏・家庭不和で苦しんだり、人に軽んじられたりする者もいる。これらの幸・不幸は偶然生ずるものではない。因なくして果はなく、果のあるところ必ず因がある。仏法はこの因果を、現世だけでなく三世にわたって説き切っている。

大聖人は開目抄に心地観経を引いて

「過去の因を知らんと欲せば、其の現在の果を見よ。未来の果を知らんと欲《ほっ》せば、其の現在の因を見よ」と。

――自分が過去にどんな事をしてきたかを知りたかったら、現在受けているその果を見よ。また将来どんな果報を得るかを知りたかったら、いま為《な》しつつある所行を見よ――と。まことに因果は鎖の輪のごとくで、誰人もこの因果の理の外《そと》にあることはできない。

さらに開目抄には般泥洹経《はつないおんきょう》を引いて

「善男子《ぜんなんし》、過去に曾《かつ》て無量の諸罪・種々の悪業《あくごう》を作る。是の諸《もろもろ》の罪報は、或《あるい》は軽易《きょうい》せられ、或は形状醜陋《ぎょうじょうしゅうる》、衣服《えぶく》足らず、飲食麤疎《おんじきそそ》、財を求むるに利あらず、貧賤《ひんせん》の家・邪見の家に生れ、或は王難《おうなん》に遭《あ》い、及び余の種々の人間の苦報あらん。現世に軽く受くるは、これ護法《ごほう》の功徳力《くどくりき》に由《よ》るが故なり」と。

――善男子よ、過去世に無量の罪業・悪業を作れば、その罪の報いとして今生に、あるいは人に軽んじられ、あるいは姿かたちが醜く、着るものは足らず、食物は粗末、財を求めても損ばかりし、貧賤の家、邪見の家に生れ、あるいは権力による迫害を受けたり、その他もろもろの人間としての苦報を味うであろう。だが、その苦報を転じて現世に軽く受けるのは、これ正しい仏法を護持する功徳による——と。

では、謗法《ほうぼう》による罪報とはどのようなものであろうか。法華経譬喩品《ひゆほん》には法華経（末法においては三大秘法）を誹謗する者の、三世にわたる因果を次のように説いている。

謗法の罪報

「若《も》し人信ぜずして此《こ》の経を毀謗《きぼう》せば、則《すなわ》ち一切世間《いっさいせけん》の仏種《ぶっしゅ》を断《だん》ぜん。乃至、其《そ》の人命終《みょうじゅう》して阿鼻獄《あびごく》に入《い》らん。一劫《いっこう》を具足《ぐそく》して劫尽《こうつ》きなば更《また》生まれん。是《かく》の如く展転《てんでん》して無数劫《しゅこう》に至らん。

地獄より出《い》でては当《まさ》に畜生に堕《お》つべし。若《も》し狗野干《いぬやかん》としては其の形《かたち》頷痩《こつしゅ》し、黧黮疥癩《りたんけらい》にして人に触嬈《そくにょう》せられ、又復《またまた》人に悪《にく》み賤《いや》しまれん。常に飢渇《けかち》に困《くる》しんで骨肉《こつにく》枯竭《こかつ》せん。生きては楚毒《そどく》を受け死して瓦石《がしゃく》を被《こうむ》らん。仏種《ぶっしゅ》を断《だん》ずるが故に斯《こ》の罪報を受けん。乃至、

若《も》し人と為《な》ることを得ては、諸根暗鈍《しょこんあんどん》にして、乃至、貧窮下賤《びんぐげせん》にして人に使われ、多《た》病痟痩《びょうしょうしゅ》にして依怙《えこ》する所無《な》く、人に親附《しんぷ》すと雖《いえど》も人意《こころ》に在《お》かじ。若《も》し所得《しょとく》有らば尋《つ》いで復忘失《またもうしつ》せん。若《も》し医道を修《おさ》め方《ほう》に順じて病《やまい》を治《じ》せば、更《さら》に他の疾《やまい》を増し、或《あるい》は復《また》死を致《いた》さん。若《も》し自《みずか》ら病《やまい》有らば人の救療《くりょう》すること無く、設《たと》い良薬《ろうやく》を服《ふく》すとも而《しか》も復《また》増劇《ぞうぎゃく》せん。若《も》

しは他の返逆《ほんぎゃく》し抄劫《しょうこう》し竊盗《せっとう》せん。是《かく》の如き等の罪、横《よこし》まに其《そ》の殃《わざわい》に罹《かか》らん」と。

悪業・罪業にもいろいろある。殺人・窃盗・詐欺なども悪業ではあるが、これら世間の悪業よりも、悪の中の大悪・罪の中の大罪は謗法、すなわち末法においては日蓮大聖人を憎み、御本尊を誹謗することである。この謗法により死して後《のち》、阿鼻獄《あびごく》(無間《むげん》地獄)に堕《お》ち、地獄の寿命終ってのちは畜生に生じ、また人間と生れてはさまざまな苦悩を味うのである。

(二) 恐るべきは死後の堕獄

もし生命の永遠を知り三世の因果を知れば、人として最も恐るべきは死後の堕獄《だごく》である。これを恐れぬ者は、あたかも赤児《あかご》が火の熱きを知らず、水の冷たきを知らぬのと同じ。ただ無智にすぎない。

八大地獄

地獄には八大地獄がある。大聖人は顕謗法抄《けんほうぼうしょう》等に八大地獄のさまを、次のごとく譬《たと》えを以てお説き下されている。

この比喩《ひゆ》は、死後の生命が味う、堪えがたき大苦を理解せしめるための比喩であれば、比喩即真実である。

①等活《とうかつ》地獄とは、大地の下一千由旬《ゆじゅん》の所にある。この地獄の罪人は互いに害心をいだき、鉄《くろがね》の爪《つめ》で相手をつかみ裂《さ》き、骨だけを残すまで争う。あるいは獄卒に鉄杖で頭から足にいたるまで打ちくだかれ、身体が沙《すな》のようになる。しかし死んではまたよみがえり、くり返しこの苦を受ける。

②黒縄《こくじょう》地獄とは、等活《とうかつ》地獄の下にある。獄卒《ごくそつ》が罪人をとらえて熱鉄の地に押し伏せ、熱鉄の縄で身体に墨縄《すみなわ》をうち、その線に沿って熱した鉄の斧《おの》で切り削る。あるいは山の上に鉄の縄をはり、その上を鉄山を背負って渡らせ、落ちれば身体が粉《こな》ごなになる。この苦しみは等活地獄の十倍といわれる。

③衆合《しゅうごう》地獄とは、黒縄《こくじょう》地獄の下にある。獄卒が罪人をかり立てて山の間に入らせる。このとき山が迫って押しつぶし、身体は砕け血が大地に河のごとくに流れる。あるいは鉄の山が罪人の上に落ちて罪人を砕いたり、あるいは鉄の臼《うす》に罪人を入れ鉄の杵《きね》でつくという。

④叫喚《きょうかん》地獄とは、衆合地獄の下にある。罪人たちが苦しみにたえかねて喚《わめ》き叫ぶので叫喚地獄といわれる。獄卒が鉄棒で頭を打ち、熱鉄の大地を走らせたり、熱鉄のあぶり台の

上で罪人の身体を裏返しながらあぶる。あるいは煮《に》えたぎった銅の湯を口を割って流しこむ。ために五臓《ごぞう》が焼けただれて体外に出るという。

さらに⑤大叫喚《だいきょうかん》地獄、⑥焦熱《しょうねつ》地獄、⑦大焦熱《だいしょうねつ》地獄とその苦は増し、八大地獄の最下が無《む》間《げん》地獄（阿鼻《あび》地獄）である。

⑧無間地獄は大焦熱地獄の下にあり、縦横八万由旬《ゆじゅん》である。この地獄の大苦悩は、前の七大地獄の一千倍といわれる。無間《むげん》とは「ひまなし」ということで、堪えがたい苦痛が昼夜ひまなく襲うので無間地獄という。しかし経文には、この地獄の大苦はつぶさには説かれていない。

大聖人はそのわけを

「若し仏、此の地獄の苦を具《つぶさ》に説かせ給わば、人聴いて血を吐《は》いて死すべき故に、くわしく仏説き給わず」（顕謗法抄）と仰せられている。

この無間地獄に堕ちる業因《ごういん》は五逆《ごぎゃく》と謗法に限られる。五逆罪とは父を殺し、母を殺し、仏弟子を殺し、仏の身から血を出し、正しく仏道を行ずる団体の和合を破る、の五つである。同じ殺人でも、他人を殺す罪ではこの無間地獄には堕ちない。

無間地獄の寿命は「一中劫《いっちゅうこう》」とされている。一中劫とは約三億二千万年に相当する。このような長い年月、この地獄にあって出られぬとは、その大苦はまさに想像を絶する。ただしこの「一中劫」の堕獄は五逆罪を犯した者に限る。もし三大秘法を誹謗して無間《むげん》地獄に堕《だ》した者は、譬喩品《ひゆほん》に説かれるごとく、一中劫ではなく「展転《てんでん》して無数劫《むしゅこう》に至らん」となる。恐るべきは謗法の罪科である。

以上、八大地獄を説明したが、この地獄の大苦にくらべれば、現世におけるあらゆる苦悩などは物の数ではない。

法蓮抄には、中国の書家・烏竜《おりゅう》が道教に執着して法華経を誹謗し、臨終に悪相を現じて無間地獄に堕ちたのち、この轍《てつ》を息子だけには踏《ふ》ませまいと、夢枕に立って息子にその大苦を告げた故事が説かれている。

「我は是れ汝が父の烏竜《おりゅう》なり。仏法を謗《ぼう》ぜし故に舌八つにさけ、五根より血を出し、頭《こうべ》七分に破れて無間地獄に堕ちぬ。彼《か》の臨終の大苦をこそ堪忍《かんにん》すべしともおぼへざりしに、無間《むげん》の苦は尚百千億倍なり。人間にして鈍刀をもて爪《つめ》をはなち、鋸《のこぎり》をもて頸《くび》をきられ、炭《すみ》火《び》の上を歩《あゆ》ばせ、棘《いばら》にこめられなんどせし人の苦を、此の苦にたとへば数《かず》ならず」と。

現世におけるいかなる残酷な拷問《ごうもん》も、無間地獄の大苦に比べれば物の数ではない——と仰せられる。

また八大地獄抄には毛血法師《もうけつほっし》の故事が説かれている。

「昔、毛血法師という人は一日に一度必ず衣《ころも》を自ら洗っていた。これを見た弟子が怪《あや》しんでその理由を問うたところ、毛血法師は『私は宿命通《しゅくみょうつう》（過去の事を知り得る能力）を得ているが、この宿命通を以て過去のことを思うに、地獄の大苦を思い出すたびに、紅《くれない》の血が身より滲《にじ》み出て衣を染める。あまりに汚《けが》らわしいのでこうして洗っている』と答えたという。思い出すだけでもこのようになる。仏が『聞かん者は血を吐いて死なん』と説かれるのも道理である」（取意）と。

まことに三世の生命を知れば、恐るべきは死後の堕獄である。

四、臨終の証拠

では、死後の堕獄あるいは成仏は、何によって知ることができるのであろうか。現世にその証拠がなければ、死後のことは誰人にも信じられない。仏法は空理空論ではない、すべて証拠を以て論ずる。

その証拠とは、臨終の相である。

臨終は現世の終り、そして来世への出発の一刹那《いちせつな》である。この臨終の相に、その人が死後の未来に受けるべき果報が顕われるのである。この法則性を説き切った教えは、仏法以外には断じてない。

堕獄の相、成仏の相

この法則性について大聖人は

「日蓮幼少の時より仏法を学《がく》し候いしが、念願すらく、人の寿命《いのち》は無常なり、乃至、されば先《ま》づ臨終の事を習うて後《のち》に他事《たじ》を習うべしと思いて、一代聖教の論師・人師《にん》の書釈あらあら勘《かんが》へ集めて此を明鏡として、一切の諸人の死する時と並びに臨終の後《のち》とに引き向けてみ候へば、少しもくもりなし。此の人は地獄に堕ち給う、乃至、人・天とは見へて候」

(妙法尼御前御返事)と。

「少しもくもりなし」と仰せられている。では、具体的に地獄の相あるいは成仏の相とはどのようなものか。

神国王御書《しんこくおうごしょ》には、中国における真言宗の元祖・善無畏三蔵《ぜんむいさんぞう》が地獄に堕ちた証拠として

「善無畏三蔵は、乃至、死する時は『黒皮隠々《こくひいんいん》として骨甚《ほねはなは》だ露《あら》わる』と申して、無間地獄の前相を其の死骨《しこつ》に顕わし給いぬ。人死して後《のち》色の黒きは地獄に堕つとは一代聖教に定むる所なり」と。

善無畏三蔵の遺体の「色黒き」を以て、堕獄と断定し給うておられる。

また千日尼御前御返事には

「人は臨終の時、地獄に堕《お》つる者は黒色《こくじき》となる上、其の身重き事千引《ちびき》の石《いわ》の如し。善人は設《たと》い七尺八尺の女人《にょにん》なれども、色黒き者なれども、臨終に色変じて白色《びゃくじき》となる、又軽き事鵞毛《がもう》の如し、輭《やわらか》なる事兜羅綿《とろめん》の如し」と。

御教示は克明《こくめい》である。地獄に堕ちる者は臨終ののち、身体全体が黒くなるうえ、不思議に遺体が重くなる。だが成仏する者は、死してのち色が白くなり、その遺体は軽く、かつ柔かである——と仰せられる。

およそ臨終だけは、人の意志のおよぶところではない。しかるに臨終の法則性をかくのごとく説き切る仏法の凄さ、仏智の偉大さには驚嘆のほかない。もし仏法で説く三世の生命が空論であるならば、どうして臨終にこのような現証があらわれようか。

私事にわたるが、私の父（妙信講初代講頭）は昭和五十九年四月、八十歳で亡くなった。

信心強盛の父の臨終はみごとであった。臨終正念に、死後の相は色白く、半口半眼にして柔かく、御金言のままであった。その三年前に亡くなった母もまた素晴らしい相であった。――御金言は絶対であった。私は父母と別れた悲しさよりも、大聖人の大慈大悲、成仏の有難さに感泣《かんきゅう》したこと、今でも憶《おぼ》えている。

臨終の善悪は仏法の邪正による

さて、臨終の善悪を決する最大の要因は世間の善悪よりも仏法の邪正である。大聖人は謗法が悪臨終を招くことについて、真言宗の元祖等を例として次のように仰せられている。

「一切は現証には如《し》かず。善無畏《ぜんむい》・一行《いちぎょう》が横難《おうなん》・横死《おうし》、弘法《こうぼう》・慈覚《じかく》が死去の有様《ありさま》、実《げ》に正法の行者是《か》くの如くに有るべく候や」（教行証御書）

また念仏宗の法然《ほうねん》一党の臨終については

「法然《ほうねん》が一類八十余人、一人も臨終よきものとてなし」（断簡）と。

さらに清澄山において大聖人を強く憎み敵対した円智房《えんちぼう》等の臨終について

「眼前の現証あり。乃至、日蓮こそ、念仏者よりも道義房と円智房とは無間地獄の底に堕《お》つべしと申したりしが、此の人々の御臨終はよく候いけるか、いかに」（下種本仏成道御書）と。

一方、三大秘法を清らかに持《たも》つ者は、御本尊のご守護により、本来人間にとって何よりも恐ろしく苦しい臨終も安らかに、そして死後の生命も仏界へと導かれる。

「所詮、臨終只今《ただいま》にありと解《さと》りて、信心を致《いた》して南無妙法蓮華経と唱うる人を『是《こ》の人命終《みょうじゅう》せば、千仏《せんぶつ》手《みて》を授《さず》けて、恐怖《くふ》せず悪趣《あくしゅ》に堕《お》ちざらしむ』と説かれて候」（生死一大事血脈抄）と。

臨終のとき「千仏」が手をさしのべて、死を恐怖させず悪道に堕とさしめないとある。「千仏手《みて》を授けて」とは、末法救護《くご》の御本仏・日蓮大聖人が御守護下さるということである。ゆえに

「中有の道にいかなる事もいできたり候わば、日蓮が弟子なりとなのらせ給へ」（妙心尼御前御返事）

また

「御臨終のきざみ生死の中間《ちゅうげん》に、日蓮かならずむかいにまいり候べし」（上野殿御返事）と。

臨終のとき、大聖人様が必ずお迎いに来て下さるとは、なんと有難いことか。

さらに、死後の生命が仏界に導かれ自受法楽《じじゅほうらく》する歓喜の境界について

「退転なく修行して最後臨終の時を待って御覧《ごらん》ぜよ。妙覚《みょうかく》の山に走り登りて四方をきっと見るならば、あら面白や、法界寂光土《ほうかいじゃっこうど》にして瑠璃《るり》を以て地とし、金《こがね》の縄《なわ》を以て八《やつ》の道を界《さか》へり、天《そら》より四種《ししゅ》の花ふり、虚空《おおぞら》に音楽聞えて、諸仏・菩薩は常楽我浄《じょうらくがじょう》の風にそよめき娯楽快楽《ごらくけらく》し給うぞや。我等も其の数に列《つら》なりて遊戯《ゆげ》し楽むべき事はや近づけり。信心弱くしてはかかる目出《めで》たき所に行くべからず、行くべからず」（松野殿御返事）と。

人間にとって、最も恐ろしく悲しい死が、かえって仏界の自受法楽《じじゅほうらく》の大境界を得る入口となる。ゆえに「あら面白や」と仰せられる。仏法による現当二世の大願はここに成就するのである。

ただし、たとえ大聖人の弟子であっても、信心が弱ければ一生成仏は叶わない。ゆえに「信心弱くして成仏の延《の》びん時、某《それがし》をうらみさせ給うな」（新池御書）と。

また信心不純にして大聖人の御心に背くならば、悪相を現ずる。

「我《わが》弟子等の中にも信心薄淡《うす》き者は、臨終の時阿鼻獄《あびごく》の相を現ずべし。其の時我を恨《うら》むべからず等云云」（顕立正意抄）と。

この御文、肝に銘じて忘れてはならない。

第五章　仏法の実践

末法の仏道修行は勤行《ごんぎょう》と折伏に尽きる。勤行とは御本尊を信じ南無妙法蓮華経と唱え奉る修行であり、これを人に勧《すす》めるのが折伏である。

勤行は自身の修行であるから「自行《じぎょう》」といい、折伏は他人《ひと》を教化《きょうけ》し救う修行であるから「化他《けた》」という。末法、ことに広宣流布以前の謗法《ほうぼう》充満の世においては、自行と化他が車の両輪のごとく相俟《あいま》って、始めて完璧《かんぺき》な仏法の実践となる。

大聖人は自行化他にわたる仏法の実践について

「南無妙法蓮華経と我も唱へ、他をも勧《すす》めんのみこそ、今生人界の思出《おもいで》なるべき」（持妙法華問答抄）

「我もいたし、人をも教化《きょうけ》候へ」（諸法実相抄）

「唯《ただ》我れ信ずるのみに非《あら》ず、又《また》他の誤りを誡《いまし》めんのみ」（立正安国論）

一、勤　行

等と御教示下されている。

一、勤　行

勤行においては、御本尊を信じて南無妙法蓮華経と唱え奉る修行を正行とし、方便品《ほうべんぽん》・寿量品《じゅりょうほん》を読誦して正行甚深の功徳を助け顕わすを助行とする。そして助行の中には方便品を傍《ぼう》とし、寿量品を正《しょう》とする。

信心口唱で大良薬を頂く

正行の唱題について説明する。

日蓮大聖人は末法の一切衆生を仏に成さんと、大慈悲を起こして御本尊を顕わし、全人類に授与して下さった。これ三大秘法の中の本門の本尊であり、まさしく御本仏の大慈悲の結晶、成仏の大良薬《だいろうやく》である。

そしてこの大良薬を服《の》むに当るのが、御本尊を信じて南無妙法蓮華経と唱え奉る信心口唱、すなわち本門の題目なのである。

末法の三毒強盛の荒凡夫が仏に成らせて頂く修行は、この信心口唱以外にない。

ゆえに日寛上人は当流行事抄において
「**是れ吾が家の最深秘《さいじんぴ》、蓮祖化導の一大事なり**」

と示され、さらに我らが唱え奉るところの本門の題目と、本門の本尊と、日蓮大聖人との関係について、次のごとく御指南を下されている。

「**問う、我等唱え奉る所の本門の題目、其の体《たい》何物ぞや。**

謂《いわ》く、本門の大本尊是《こ》れなり。

本門の大本尊、其の体《たい》何物ぞや。

謂く、蓮祖大聖人是れなり」と。

何と重大なる御指南か。まさに御相承《ごそうじょう》に基づく重大御法門と拝する。不相伝の身延派等の諸流は、たとえ題目を唱えるともその体《たい》を知らない。よって大聖人の御意に背き、題目の杖を突いて地獄に堕ちるのである。

まさしく本門の題目の体《たい》は本門の大本尊、すなわち大聖人出世の御本懐たる本門戒壇の大御本尊であられる。

では、その大御本尊の体は何かといえば、実に日蓮大聖人にてまします。

ゆえに大聖人は

「日蓮が魂《たましい》を墨《すみ》にそめながして書きて候ぞ、信じさせ給へ。仏の御意《みこころ》は法華経なり。日蓮が魂は南無妙法蓮華経にすぎたるはなし」（経王殿御返事）と。

この御文について日寛上人は、観心本尊抄文段に

「此の本尊の為体《ていたらく》、即ち是れ久遠元初の自受用身・蓮祖大聖人の心具《しんぐ》の十界三千の相貌《そうみょう》なり」

――この御本尊のお姿は、久遠元初の自受用身たる日蓮大聖人の一念の心法に具わる十界三千の諸法、すなわち大聖人即一念三千の相貌《そうみょう》である――と。

さらに同文段には

「今安置し奉る処の御本尊の全体、本有無作《ほんぬむさ》の一念三千の生身《しょうしん》の御仏《みほとけ》なり。謹んで文字および木画《もくえ》と謂《おも》うことなかれ」と。

まさしく御本尊は生身の御仏、生きてまします日蓮大聖人であられる。

大聖人の御名を唱え奉る

そして、この日蓮大聖人の仏法上の御名《みな》を「南無妙法蓮華経」と申し上げる。ゆえに御《おん》

義《ぎ》口伝《くでん》には

「されば無作《むさ》の三身《さんじん》とは末法の法華経の行者なり。無作三身の宝号《ほうごう》を南無妙法蓮華経と云うなり」

無作三身とは末法の法華経の行者、すなわち日蓮大聖人の御事である。その無作三身の宝号（御名《みな》）を南無妙法蓮華経というのである——と。

さらに日寛上人は撰時抄文段に

「末法下種の教主日蓮大聖人は即ち是れ本地無作の三身、南無妙法蓮華経仏《ぶつ》なり」と。

南無妙法蓮華経という生命の極理を証得された仏様だから、「南無妙法蓮華経仏」と申し上げる。まさに日蓮大聖人の仏法上の御名は、南無妙法蓮華経であられる。

この御名《みな》を、「お慕わしい」「有難い」との恋慕渇仰の信心で唱え奉れば、**「名は必ず体《たい》に至る徳あり」**（十章抄）で、直ちに体《たい》である御本尊・日蓮大聖人に通じ、我ら凡夫が御本尊・日蓮大聖人と一体になり、仏に成らせて頂けるのである。

ゆえに本因妙抄には

「信心強盛《ごうじょう》にして唯《ただ》余念無く南無妙法蓮華経と唱え奉れば、凡身即仏身なり。是《こ》れを

天真独朗《てんしんどくろう》の即身成仏と名づく」

と仰せられている。

仏様が宿って下さる

さらに大聖人は信心口唱の功徳を、やさしく次のごとく御教示下されている。

「**南無妙法蓮華経と心に信じぬれば、心を宿として釈迦仏懐《はら》まれ給う**」（松野殿女房御返事）

御本尊を信じ南無妙法蓮華経と唱え奉れば、我ら凡夫の心に仏様が宿って下さる——と。ここに仰せの「釈迦仏」とは、その元意は本因妙の釈迦仏、すなわち日蓮大聖人の御事である。

日蓮大聖人が宿って下されば、心法も変わる、宿命も変ってくる。凡夫の我らがもったいなくも、大聖人様の分身とならせて頂けるのだ。だから、現世には幸せになり、臨終には成仏の相を現じ、後生も守られるのである。

何と有難いことではないか。すべては御本尊の仏力・法力による。いよいよ信力・行力に励まなければいけない。

遥拝勤行の心構え

遥拝《ようはい》勤行とは、富士大石寺にましますす本門戒壇の大御本尊を、わが家より遥《はる》かに拝みまいらせる勤行であり、その功徳は御本尊の御前で行う勤行と全く同じである。

遥拝勤行において大切なことは、我が家と戒壇の大御本尊といかに距離《きょり》があろうとも、眼前《がんぜん》に大御本尊ましますす、直接拝みまいらせる、との思いに立つことである。信心に距離は関係ない。もし信心がなければ眼前に御本尊ましますとも通ずることはなく、もし信心があれば、千万里を隔《へだ》てるとも直ちに御本尊に通じて大功徳を生ずるのである。

ゆえに大聖人は、身延《みのぶ》より千里を隔てた佐渡に住する千日尼《せんにちあま》に対し

「譬《たと》えば、天月《てんげつ》は四万由旬《しまんゆじゅん》なれども大地の池には須臾《しゅゆ》に影《かげ》浮かび、雷門《らいもん》の鼓《つづみ》は千万里遠けれども打ちては須臾《しゅゆ》に聞こゆ。御身《おんみ》は佐渡の国にをはせども、心は此の国に来《きた》れり。乃至、御面《おんかお》を見てはなにかせん、心こそ大切に候へ」（千日尼御前御返事）

と仰せ下されている。「心こそ大切に候へ」と。まさに日蓮大聖人を恋慕渇仰し奉る信心こそ大切なのである。

遥拝勤行の仕方

では遥拝勤行の仕方を具体的に説明する。

まず富士大石寺の方角に向って正座し、数珠《じゅず》を手に掛け至心《ししん》に合掌する。合掌の指先は鼻の下に向うようにする。二人以上が一緒《いっしょ》に勤行する時は、一人が前に出て唱導し、他はこれに和する。

最初に

題目を三唱する。

方便品《ほうべんぽん》を読誦《どくじゅ》する。

「妙法蓮華経　方便品第二」から読み、最後の「所謂諸法《しょーいーしょーほう》、如是相《にょーぜーそう》……如是本末究竟等《にょーぜーほんまっくきょうとう》」は三回繰り返す。

寿量品《じゅりょうほん》を読誦する。

「妙法蓮華経　如来《にょーらい》寿量品第十六」から「自我得仏来《じーがーとくぶっらい》」以下の自我偈《じがげ》も通して読む。

次いで

題目を繰り返し唱える。

唱え奉る題目の数は定められてないが、通常百遍（五分）が一応の基準とされている。唱え終ってのち、改めて**題目を三唱する。**

観念文《かんねんもん》

戒壇大御本尊　御報恩

「南無本門寿量品の肝心……」の観念文を黙読《もくどく》・観念し奉ったのち、**題目を三唱する。**

日蓮大聖人　御報恩

「南無久遠元初の自受用報身……」の観念文を黙読・観念し奉ったのち、**題目を三唱する。**

日興上人　御報恩

「南無法水瀉瓶《ほっすいしゃびょう》……」の観念文を黙読・観念し奉ったのち、**題目を三唱する。**

日目上人および歴代正師　御報恩

「南無一閻浮提《いちえんぶだい》の御座主……日目上人」の観念文を黙読・観念し奉ったのち、小声で題目を一回唱え、引き続き

「日道上人・日行上人・日時上人乃至日寛上人・日霑上人等……」の観念文を黙読・観念し奉って、**題目を三唱する。**

広宣流布祈念（夕の勤行では省略）

「祈念し奉る、爾前迹門《にぜんしゃくもん》の謗法対治……」の観念文を黙読・観念し奉ったのち、**題目を三唱する。**

ついで

「祈念し奉る、無始以来の謗法罪障消滅……」の観念文を黙読・観念したのち、**題目を三唱する。**さらに個人として祈願があればこのあと観念し、**題目を三唱する。**

回向

「○○家《け》先祖代々《せんぞだいだい》の諸精霊《しょしょうりょう》、追善供養証大菩提《ついぜんくようしょうだいぼだい》の為《ため》に」と念じ、さらに亡くなった親族などを回向《えこう》する。このとき戒名《かいみょう》あるいは俗名《ぞくみょう》を称《とな》え「追善供養証大菩提の為に」と念じ、**題目を三唱する。**

最後に「乃至法界平等利益《ないしほうかいびょうどうりやく》……」の観念文を黙読・観念したのち、**題目を三唱**して勤行を終わる。

以上の勤行を、朝晩怠けずに行うことが大切である。私たち凡夫は、苦しい時は苦しさに流されて勤行を忘れ、楽になればなったで勤行にゆるみを生ずることがあるが、大聖人は次のごとく御教示下されている。

「苦《く》をば苦とさとり、楽《らく》をば楽とひらき、苦楽《くらく》ともに思い合《あわ》せて南無妙法蓮華経とうち唱へ居《い》させ給へ、これあに自受法楽《じじゅほうらく》にあらずや」（四条金吾殿御返事）

また

「世の中憂《ものう》からん時も、今生の苦さへ悲しし、況《まして》や来世の苦をやと思《おぼ》し食《め》しても南無妙法蓮華経と唱へ、悦《よろこ》ばしからん時も、今生の悦《よろこ》びは夢の中の夢、霊山浄土《りょうぜんじょうど》の悦びこそ実《まこと》の悦びなれと思《おぼ》し食《め》し合せて又南無妙法蓮華経と唱へ、退転なく修行して最後臨終の時を待って御覧《ごらん》ぜよ」（松野殿御返事）と。

この仰せのごとく、苦しい時も楽しい時も、苦楽を乗り越えて勤行に励むところに一生成仏がある。

二、折伏

(一)　折伏とは何か

仏法を弘める方法に「摂受《しょうじゅ》」と「折伏《しゃくぶく》」の二大潮流がある。

摂受とは摂引容受《しょういんようじゅ》といって、たとえ相手が低劣な法を信じていても、これを容認しつつ次第に正しい教えに誘引《ゆういん》していく柔かい弘教法《ぐきょうほう》である。

一方、折伏とは破折屈伏《はしゃくくっぷく》の義で、相手の間違った思想・信仰を破折し、唯一の正法に帰依せしめる剛《つよ》い弘教法である。

いかなる時に摂受を行じ、いかなる時に折伏を行ずべきかは仏法上の重大問題で、もしこれを取り違えると成仏得道も叶《かな》わない。

大聖人は

「凡《およ》そ仏法を修行せん者は摂折《しょうしゃく》二門を知るべきなり、一切の経論此の二《ふたつ》を出《い》でざるなり」（如説修行抄）

「設《たと》い山林にまじわって一念三千の観《かん》をこらすとも、乃至、時機《じき》をしらず摂折の二門を弁《わきま》へずば、いかでか生死《しょうじ》を離るべき」（開目抄）

「仏法は摂受・折伏時によるべし、譬《たと》えば世間の文・武二道の如し」（佐渡御書）

「修行に摂・折あり、摂受の時折伏を行ずるも非《ひ》なり、折伏の時摂受を行ずるも失《とが》なり、然るに今の世は摂受の時か折伏の時か、先づ是れを知るべし」（聖愚問答抄）と。

では、いかなる時に摂受を行じ、いかなる時に折伏を行ずるのかといえば、釈迦仏法の利益のおよぶ正像《しょうぞう》二千年間は摂受であり、末法は折伏でなければならない。

なぜかといえば、正像二千年の衆生は「本已有善《ほんいうぜん》」といって、過去世にすでに下種を受けているので、あるいは小乗経を縁とし、あるいは権《ごん》大乗経を縁として法華経の悟《さと》りに入ることが出来た。ゆえに種々の教えを一応は認め、漸々《ざんざん》と法華経に誘引する摂受が、正像の時機には適していたのである。

しかし正像二千年を過ぎて末法になると、衆生は「本未有善《ほんみうぜん》」で、未だ下種を受けたことのない三毒強盛《さんどくごうじょう》の荒凡夫《あらぼんぷ》ばかりとなる。この本未有善《ほんみうぜん》の衆生にとって成仏の叶う大法は下種の南無妙法蓮華経以外にない。

ゆえに上野抄には

「今末法に入りぬれば、余経も法華経も詮《せん》なし、但《ただ》南無妙法蓮華経なるべし」と。

末法においては、成仏の大法は南無妙法蓮華経以外にはない。よって「一切の邪法を捨てて、南無妙法蓮華経と唱えなさい」と勧めるのが、末法の折伏である。

また折伏は「讃嘆行」ともいわれる。日蓮大聖人の絶大威徳・大慈悲を、御本尊の功徳を、歓喜の心で讃嘆すること自体が、相手の心を動かす折伏となっているのである。

このように折伏こそ末法の時に適う仏道修行であり、人を救う最高の慈悲の行為なのである。

(二) なぜ折伏せねばならぬのか

折伏は何のために行ずるのかといえば、一には一切衆生を救う広宣流布のため、二には自身の成仏のためである。

広宣流布のため

大聖人がいかに大慈悲を以て三大秘法をお勧《すす》め下されたかを拝すれば

「日蓮生れし時よりいまに、一日片時《かたとき》も心安《やす》き事はなし。此の法華経の題目を弘めんと

思うばかりなり」（上野殿御返事）

「今日蓮は、去《い》ぬる建長五年四月二十八日より今弘安三年十二月にいたるまで二十八年が間又他事《たじ》なし。只《ただ》妙法蓮華経の七字五字を、日本国の一切衆生の口に入れんとはげむ計《ばか》りなり。此れ即ち母の赤子《せきし》の口に乳を入れんとはげむ慈悲なり」（諫暁八幡抄）と。

まことに母が乳児に乳を含ませるの大慈悲を以て、「南無妙法蓮華経と唱えよ」と一切大衆にお勧め下されたのである。

そして大聖人の究極の大願《だいがん》は広宣流布にあられる。

「日蓮一人はじめは南無妙法蓮華経と唱へしが、二人・三人・百人と次第に唱へつたふるなり。未来も又しかるべし、是《こ》れあに地涌《じゆ》の義に非《あら》ずや。剰《あまつさ》へ広宣流布の時は、日本一同に南無妙法蓮華経と唱へん事は大地を的とするなるべし」（諸法実相抄）と。

大聖人がただ御一人《ごいちにん》唱え始められた南無妙法蓮華経は次第に唱え伝えられ、ついには日本一同に唱える広宣流布の時が必ず来るとの御断言である。いま我々の行ずる折伏は、大聖人のこの広布の大願を、御本仏の眷属・地涌の菩薩としてお手伝いするものである。

広宣流布が達成されれば仏国が実現し、個人も国家も真の安泰を得る。この姿を如説修行抄には

「法華《ほっけ》折伏・破権門理《はごんもんり》の金言なれば、終《つい》に権教《ごんきょう》・権門《ごんもん》の輩《やから》を一人もなくせめをとして法王の家人《けにん》となし、天下万民・諸乗一仏乗《しょじょういちぶつじょう》と成りて妙法独《ひと》り繁昌《はんじょう》せん時、万民一同に南無妙法蓮華経と唱え奉らば、吹く風枝をならさず、雨壌《つちくれ》を砕《くだ》かず、代《よ》は羲農《ぎのう》の世となりて、今生には不祥《ふしょう》の災難を払《はら》い、長生《ちょうしょう》の術を得《え》、人法共に不老不死の理《ことわり》顕われん時を各々《おのおの》御覧ぜよ。現世安穏の証文疑い有るべからざる者なり」と仰せられている。

もし広宣流布しなければ、国土の三災七難はいよいよ激しくなり、日本はついに亡国にいたる。ここに御本仏の厳たる広宣流布の御命令があり、また日興上人の**「未だ広宣流布せざる間は、身命を捨てて随力弘通《ずいりきぐづう》を致すべき事」**の御遺誡がある。

いま広布前夜の日本を見るに、日本一同に三大秘法に背くゆえに、亡国の先兆たる観測史上最大の巨大地震はすでに起こり、他国侵逼も刻々と迫りつつある。仏弟子として誰か奮い立たぬ者があろうか。

自身の成仏のため

折伏は人のため国のためのように見えるが、実は自分自身の成仏の修行である。広宣流布以前においては、勤行とともに折伏の大精神を持ち続けなければ成仏が叶《かな》わない。

そのわけは、謗法《ほうぼう》充満の国土においてもし折伏を行じなければ、知らず知らずのうちに自身が一国の謗法に同化してしまう。これを「与同罪《よどうざい》」という。すなわち自身は謗法をしなくても、謗法を見て責める心がなければ、その悪に与《くみ》したことになるのである。

「譬《たと》えば我は謀叛《むほん》を発《おこ》さねども、謀叛の者を知りて国主にも申さねば、与同罪は彼《か》の謀叛の者の如し」（秋元御書《あきもとごしょ》）と。

ゆえに曽谷抄《そやしょう》には

「謗法を責《せ》めずして成仏を願はば、火の中に水を求め、水の中に火を尋《たず》ぬるが如くなるべし。はかなし、はかなし」との厳しい仰せを拝する。

しかし折伏を行ずれば、この与同罪を免《まぬが》れることができる。そして蓮華が泥水の中でも清らかな花を咲かせるように、謗法充満の国土においても少しも謗法に染まることなく、清浄な仏果、一生成仏を得ることができるのである。

（三）折伏の大利益

折伏は大聖人の大願たる広宣流布をお手伝いする行為であるから、これを行ずる者には次のごとき大利益がある。

格別の御守護

折伏を行ずると、御本仏の冥々《みょうみょう》の加護が生活に現われてくる。これは大聖人が「仏法の命《いのち》を継《つ》ぐ者」として格別《かくべつ》に御守護下さるからである。

大聖人の御化導を命かけて助けまいらせた四条殿に対し

「殿の御事《おんこと》をば、ひまなく法華経・釈迦仏・日天《にってん》に申すなり。其《そ》の故は、法華経の命《いのち》を継《つ》ぐ人なればと思うなり」（四条金吾殿御返事）

と仰せられている。いま広布前夜の濁悪《じょくあく》の世で、けなげに折伏を行ずる者はかくのごとく御本仏の格別の御守護を頂くのである。

御本仏の眷属としての生命力が湧く

折伏を行ずる者は仏様の使いである。ゆえに自然と御本仏の眷属《けんぞく》としての生命力が湧《わ》いてくる。

たとえ打ち沈んだ弱々しい境界であっても、折伏を行ずると、生き生きとしてくる。そして人を救うに当っての智恵と勇気が自然と具《そな》わってくる。それまで自分のことだけで頭がいっぱいだった凡夫が、このように人を救い国を憂うる境界に一変するのは、まさに御本仏の眷属・地涌の菩薩としての命《いのち》が湧いてきたゆえである。

諸法実相抄《しょほうじっそうしょう》には「**日蓮と同意ならば、地涌《じゆ》の菩薩たらんか**」と。

大聖人に同心し奉るゆえに「地涌の菩薩」の命《いのち》が湧き出てくるのである。

過去の罪障が消滅する

折伏は宿命転換の強き実践法である。そもそも現世の不幸はすべて過去世の悪業に因《よ》る。この宿業の報いとして、あるいは十年・二十年、あるいは一生、あるいは今生にその罪を滅することができなければ、未来にその大苦を持ち越すかも知れない。だが、折伏を行じて難を受けたり悪口をいわれれば、その罪障が消滅するのである。

「**忠言《ちゅうげん》は耳に逆《さから》う**」（曽谷殿御返事）と。たとえ人格者のような顔をしている者も、折伏を受けると本性をむき出し瞋恚《しんに》を表わすことがある。これは元品《がんぽん》の無明《むみょう》が出てくるのである。また「お前は貧乏しているくせになんだ、もっと立派になったら来い」などと、いわれなき軽賤をする者もあろう。しかしこれらの悪口によって、こちらの罪障は消えていくのである。

大聖人は開目抄に

「今日蓮、強盛《ごうじょう》に国土の謗法を責《せ》むれば、此の大難の来《きた》るは過去の重罪の今生の護法《ごほう》に招き出《いだ》せるなるべし」

——一国の謗法を折伏したゆえに流罪・死罪の大難が起きたことは、過去世の重き罪障が、折伏の功徳によりいま招き出され消滅している姿である——と。

大聖人に過去の罪障などのあるべきはずもない。これは「示同凡夫《じどうぼんぶ》」といって、我等凡夫の身に同《どう》じて罪障消滅の原理をお示し下されているのである。

いま私達も、大聖人のお味方をして受けた難ならば、その難はかえって我が身の罪障消滅となるのである。

(四) 折伏の心がけ

確信と慈悲

折伏は、仏様の使いとして一切大衆を救う行為であるから、何よりも御本尊絶対の確信と、慈悲の思いに立たなくてはならない。そして「この人も御本尊を信ずれば必ず幸せになれる」との慈悲の思いをこめて、柔和に諄々《じゅんじゅん》と御本尊の功徳を説き聞かせていこう。

勇気と忍耐

折伏を行ずるに当っては、勇気を持たなくてはいけない。たとえ相手が社会的地位の高い者であろうと大学者であろうと、こと仏法に関しては無智なのであるから、仏様の使いとして臆してはならない。

「日蓮が弟子等は臆病《おくびょう》にては叶うべからず」（教行証御書）

「仏の御使となのりながら臆《おく》せんは無下《むげ》の人々なり」（下種本仏成道御書）と。

また末法の大衆は貪《とん》・瞋《じん》・癡《ち》の三毒が強く、正法を素直に聞く者は少ない。小さな親切なら誰にも理解され感謝もされるが、人を根底から救う大きな慈悲はかえって理解され難く、時には謂《いわ》れなき悪口《あっく》・罵詈《めり》をされることもある。

ゆえに忍耐《にんたい》の心がなければ、末法の大衆を救うことはできない。釈尊は末法に三大秘法を弘通する上行菩薩《じょうぎょうぼさつ》の徳を称《たた》えて

「其《そ》の志念堅固《しねんけんご》にして、大忍辱力《だいにんにくりき》あり」（涌出品）

と説かれているが、大聖人の忍難《にんなん》の御振舞いを拝せば、まさにこの経文のごとくである。

「此の法門を日蓮申す故に、忠言耳に逆《さか》う道理なるが故に、流罪《るざい》せられ命にも及びしなり。然《しか》れども、いまだこりず候」（曽谷殿御返事）

「日蓮一度もしりぞく心なし」（辨殿尼御前御書）

「されば日蓮が法華経の智解《ちげ》は天台・伝教には千万が一分も及ぶ事なけれども、難を忍び慈悲のすぐれたる事は、をそれをもいだきぬべし」（開目抄）と。

大聖人がこのように大忍辱力《だいにんにくりき》を以て難を忍ばれたのは、ひとえに大慈大悲のゆえである。

いま私達は慈悲においては御本仏の千万分の一にも及ばないが、大聖人への忠誠心のゆえに、よく耐《た》え忍ぶ強靱《きょうじん》な心が湧いてくるのである。

理論闘争ではない

折伏は理論闘争ではない。日蓮大聖人の大慈悲と御本尊の功徳を教え人を救うのが目的であるから、いたずらに議論のための議論に終始してはならない。

まして相手と対等の立場に立って興奮したり、感情的になって相争《あい》うようなことがあってはならない。あくまでも仏の御使いとして一段高い慈悲の立場に立つべきである。

大聖人はもったいなくも、我等末弟の仏法上の位を、釈迦仏法の極位《ごくい》の菩薩に超過するのみならず、諸宗の元祖《がんそ》に勝出すること百千万億倍であるとして

「請《こ》う、国中の諸人、我が末弟等を軽《かろん》ずる事勿《なか》れ。乃至、天子の襁褓《むつき》に纒《まとわ》れ、大竜の始めて生ずるが如し。蔑如《べつじょ》すること勿《なか》れ、蔑如《べつじょ》すること勿《なか》れ」（四信五品抄）

とまで仰せ下されている。

どうしてこのような高い位を許し給うのか、それは、たとえ智解《ちげ》はなくとも、三大秘法をたもち御本仏の使いとして折伏を行ずるがゆえである。忘れても三毒の大衆と対等の立場に立って相争うようなことがあってはならない。

また折伏に当っては、いたずらに荒い言葉を発したり、粗暴な態度をしてはならない。非常識な言動はかえって法を下げることになる。

「雑言《ぞうごん》・強言《ごうごん》・自讃気《じさんげ》なる体《てい》、人目《ひとめ》に見すべからず、浅猨《あさま》しき事なるべし」（教行証御書）

と。

ただし、仏法をあなずる者に対しては、師子王の気魄《きはく》を以てその驕慢《きょうまん》を打ち砕かねばならぬ。

また仏法の邪正を決する法論等においては

「日蓮が弟子等は臆病にては叶うべからず。彼々《かれがれ》の経々と法華経と、勝劣・浅深、成仏・不成仏を判ぜん時、爾前《にぜん》・迹門《しゃくもん》の釈尊なりとも物の数ならず、何《いか》に況《いわ》んや其の以下の等覚《とうがく》の菩薩をや。まして権宗《ごんしゅう》の者どもをや。法華経と申す大梵王《だいぼんのう》の位にて、民《たみ》とも下《くだ》し鬼畜《きちく》なんどと下《くだ》しても其の過《とが》有らんやと意得《こころえ》て宗論すべし」（教行証御書）

との仰せのままに、邪法・邪義を破折する気魄を持たねばならない。

折伏には徒労《むだ》がない

折伏には徒労《むだ》ということがない。相手が素直に入信すればこれほどの喜びはないが、たとえ反対しようとも、逆縁下種といって、相手の生命《いのち》にはすでに仏種が下されたことになる。よって必ず将来、信心にめざめて成仏するのである。

「当世の人、何となくとも法華経に背く失《とが》に依りて地獄に堕《お》ちん事疑《うたがい》なき故に、とてもかくても法華経を強《し》いて説き聞かすべし。信ぜん人は仏になるべし、謗《ぼう》ぜん者は毒鼓《どっく》の縁となって仏になるべきなり」（法華初心成仏抄）と。

この仰せのごとく、順逆二縁ともに救い切る、との確信に立って、あせることなく胸を張って堂々の折伏を行じようではないか。

三、三障四魔に打ち勝つ信心

仏法を実践し成仏を願う者にとって、よくよく心せねばならぬことがある。それは「正法には必ず魔《ま》の妨害がある」ということである。本来、この大宇宙には仏法を妨げようとする魔の生命活動がある。ゆえにもし正法を修行してその人がまさに成仏せんとする時、必ず魔が障碍《しょうげ》して仏道修行を阻《はば》むのである。

大聖人はこの魔障《ましょう》について次のごとく仰せられている。

「**此《こ》の法門を申すには必ず魔出来《ましゅったい》すべし。魔競《きそ》わずば正法と知るべからず。第五の巻に云く『行解既《ぎょうげすで》に勤《つとめ》ぬれば三障四魔《さんしょうしま》紛然《ふんぜん》として競《きそ》い起る、乃至、随《したが》うべからず畏《おそ》るべからず。之《これ》に随えば将《まさ》に人をして悪道に向わしむ、之を畏《おそる》れば正法を修することを妨《さまた》ぐ』等云云。此の釈《しゃく》は日蓮が身に当るのみならず、門家《もんけ》の明鏡なり。謹んで習い伝えて未来の資糧《しりょう》とせよ**」（兄弟抄）と。

この御文を拝すれば、末法に成仏の大法たる三大秘法を持《たも》ち、大聖人の仰せのままに自行化他の信心に励むならば、必ず三障四魔が競い起ることがよくわかろう。

そして、この三障四魔に打ち勝った時、始めて成仏が叶う。これが仏道修行の定理である。

三障とは煩悩障《ぼんのうしょう》・業障《ごうしょう》・報障《ほうしょう》である。煩悩障とは、我が心の中の貪《とん》・瞋《じん》・癡《ち》により信心に迷いを生ずること。業障とは、家庭内の問題で信心が妨げられること。報障とは、自分の生活を左右し得る権力ある者が信心を妨害することである。この報障こそ最も大きな障《しょう》碍《げ》である。

さて、この三障四魔が競い起こるということは、持《たも》つ法が正法であり、信心がいよいよ本物になってきたという証拠。またこれを乗りこえれば成仏が叶《かな》うということを示すものであるから、むしろ喜ばねばならない。

「潮《しお》の干《ひ》ると満《み》つと、月の出《い》づると入ると、夏と秋と、冬と春との境《さかい》には、必ず相違する事あり。凡夫の仏になる、又かくのごとし。必ず三障四魔と申す障《さわり》いできたれば、賢者はよろこび、愚者は退くこれなり」（兵衛志殿御返事）と。

賢者は三障四魔の出来《しゅったい》を喜び、愚者はこれによって退転すると仰せられる。されば仏法を実践する者は、魔を魔と見破る見識を持たねばならぬ。これを見破って一段と強き信心に立ったとき、始めて魔障に打ち勝ち、仏果を得るのである。

そして、魔に打ち勝って自身を顧《かえり》みれば、魔障が競《きそ》い起きたことにより、かえって我が境界が変わったことに気付くであろう。魔障がなければ成長もない。信心さえ強ければ、魔はかえって成仏の助けとなる。この原理を法華経には

「魔及《およ》び魔民《まみん》有《あ》りと雖《いえど》も、皆《みな》仏法を護《まも》らん」（授記品）と説き

大聖人は御自身の実証体験の上から

「人をよく成《な》すものは、方人《かたうど》よりも強敵《ごうてき》が人をばよくなしけるなり。乃至、日蓮が仏にならん第一の方人《かたうど》は景信《かげのぶ》、法師《ほっし》には良観《りょうかん》・道隆《どうりゅう》・道阿弥陀仏《どうあみだぶつ》、平左衛門尉《へいのさえもんのじょう》・守殿《こうどの》ましまさずんば、争《いかで》か法華経の行者とはなるべきと悦《よろこ》ぶ」（下種本仏成道御書）

と御指南下されている。

第六章　日蓮大聖人と釈迦仏の関係

一、下種の本仏と熟脱の迹仏

一般世間では、仏教の元祖はインドの釈迦仏で、仏法はすべて釈迦仏に始まると思っている。しかしこの常識は、近々わずか三千年の歴史において仏教を見たものに過ぎない。この広漠の大宇宙には、釈迦仏以外にも多宝仏・善徳仏・薬師如来など、無数の諸仏が存在することが経文に説かれている。これらを「三世十方の諸仏」と総称する。そしてインドの釈迦仏は、この諸仏の中の一仏なのである。

では、末法御出現の日蓮大聖人と、これら三世十方の諸仏はどのような関係にあるのか。これを知るには、仏の化導の始終たる「種《しゅ》・熟《じゅく》・脱《だつ》」の三益《やく》を弁《わきま》えなければならない。

観心本尊抄には

「設《たと》い法は甚深と称すれども、未だ種熟脱を論ぜざれば還って灰断《けだん》に同《どう》ず。化《け》の始終無しとは是れなり」と。

秋元《あきもと》御書には

「種熟脱の法門、法華経の肝心なり。三世十方の仏は必ず妙法蓮華経の五字を種《しゅ》として仏に成り給へり」と。

この三益を説明すれば

下種益《げしゅやく》とは、仏が始めて一切衆生の心田《しんでん》に仏になる種を下《くだ》すこと。熟益《じゅくやく》とは、下された仏種を育成調熟《ちょうじゅく》すること。脱益《だっちゃく》とは、仏種が熟した衆生を成仏得脱せしむることである。仏は、凡夫の想像を絶する長遠・無数劫《むしゅこう》にわたって、この種・熟・脱の三益を以て一切衆生を化導されているのである。

最初の下種

最初の下種が行われた時を「久遠元初《くおんがんじょ》」という。法華経の寿量品には釈尊の最初成仏の時を「五百塵点劫《ごひゃくじんでんごう》」といって、気の遠くなるような久遠の昔を説かれているが、久遠元初はこの五百塵点劫を溯《さかのぼ》ることさらに久々遠々《くくおんのん》の大昔である。

この時、一人の聖人《しょうにん》がましました。この聖人は透徹の智恵を以て御自身の生命を深く観《かん》ぜられ、ついに南無妙法蓮華経という生命の極理を証得し、ひとり成仏の大境界に立たれた。この最初の仏を「久遠元初《くおんがんじょ》の自受用身《じじゅゆうじん》」と申し上げる。

この本仏は大慈悲を起こされ、何としても一切衆生をもこの成仏の境界に入れしめんと、人々に「南無妙法蓮華経と唱えよ」とお勧《すす》め下された。この最初の化導が下種益である。仏に成る種である南無妙法蓮華経を、人々の心田に下されたのである。

この下種本仏の化導を受けて、素直に信じ唱えた人々は一生のうちに成仏することが出来た。南無妙法蓮華経は、一生のうちに種《しゅ》・熟《じゅく》・脱《だつ》がある「一生成仏の大法」だからである。

しかし逆《さから》い謗《そし》った者や、信じても途中で退転したものは一生成仏が遂げられず、地獄・餓鬼・畜生等の悪道に堕《だ》して無数劫《むしゅこう》を経たのちに、再び人間として生まれてくる。

熟脱の化導

これら無数億《むしゅおく》の衆生を救うために、こんどは垂迹《すいしゃく》した仏が熟脱の化導をされる。

熟脱の仏は色相荘厳《しきそうしょうごん》といって、鎌倉の大仏に見るごとく、眉間《みけん》にイボのように白い毛が渦《うず》巻いている「眉間白毫相《みけんびゃくごうそう》」とか、頭頂《ずちょう》が盛り上がっている「頂上肉髻相《ちょうじょうにくけいそう》」とかの、三十二相を以て身を荘厳《かざ》っている。これは見る者をして愛好《あいごう》・尊敬《そんきょう》の念を懐《いだ》かしめ、衆生が仏を誹謗して過去に下種された善根《ぜんこん》を損《そこ》なわぬようにとの相好《そうごう》である。

下種の御本仏は三十二相などで身を荘厳《かざ》らない。名字凡身《みょうじぼんしん》の御姿そのままである。これは衆生に損《そこ》なうべき過去の下種善根がなく、謗《そし》ればかえって逆縁下種となって未来成仏の因となるからである。

熟脱の仏の説法は、まず爾前経《にぜんきょう》（小乗経・権《ごん》大乗経）を説き、次いで法華経の迹門《しゃくもん》を説いて過去の仏種を調熟し、最後に本門寿量品を説いて成仏得脱せしむる。これが熟脱の化導である。

これら熟脱の仏は、久遠元初からの垂迹第一番といわれる五百塵点劫《じんでんごう》以来、三千年前のインドの釈迦仏にいたるまで、どれほど多数出現されたことか。「世々番々《せせばんばん》に出世《しゅっせ》」されるこれら熟脱の仏を「三世十方の諸仏」というのである。

これら三世十方の諸仏は、ことごとく久遠元初《くおんがんじょ》の自受用身《じじゅゆうじん》の垂迹《すいしゃく》である。垂迹とは天の一月《いちげつ》が池に万影《ばんえい》を浮べるように、久遠元初の御本仏が本已有善《ほんいうぜん》の衆生のために、本身を隠して三十二相をつけて処々《しょしょ》に応化《おうけ》されることである。

されば三世十方の諸仏は無数であるが、根源の本仏は久遠元初の自受用身《じじゅゆうじん》のただ一仏。また三世十方の諸仏の説く経々は無数であるが、根源の本法はただ南無妙法蓮華経の一法のみ。すなわち諸仏・諸経はことごとく久遠元初の本仏・本法より生じ、これに帰趣《きしゅ》する。たとえば百千の枝葉《しょう》が一根《いっこん》より生じ、一根に帰するのと同様である。

末法は即久遠元初

さてインドの釈迦仏は、久遠元初以来の長遠なる三益《さんやく》の化導の最後に出現した熟脱の仏である。この釈尊の説法により、久遠元初に下種を受けていた衆生はすべて得脱し、在世に洩《も》れた衆生もその後正像二千年間に生まれ、ことごとく釈迦仏法によって脱し終ったのである。

かくて末法に入ると、過去に下種を受けている者は一人もなく、ことごとく本未有善《ほんみうぜん》の荒凡夫《あらぼんぶ》となる。これ久遠元初と全く同じ状態の再現である。遥《はる》かなる長遠《ちょうおん》の種・熟・脱の三益はここに一巡《いちじゅん》して、歴史は最初下種の時に戻ったのだ。ゆえに末法は即久遠元初、久遠元初は即末法なのである。

このとき久遠元初の自受用身は、末法の全人類をお救い下さるために出現される。その御方こそ、まさしく日蓮大聖人であられる。ゆえに大聖人の御振舞いは、久遠元初の自受用身の修行をそのまま末法に移されたものである。

このことを本因妙抄《ほんにんみょうしょう》には

「釈尊久遠名字即《くおんみょうじそく》の位《くらい》の御身《おんみ》の修行を、末法今時《こんじ》日蓮が名字即《みょうじそく》の身に移せり」と。

「釈尊久遠名字即の位の御身」とは久遠元初の自受用身の意である。この久遠元初の自受用身も三十二相をつけぬ名字凡身《みょうじぼんしん》、大聖人も名字凡身。またその御修行はともに三大秘法。まさに久遠元初の自受用身と大聖人とは、位《くらい》も修行も全同、ゆえに日蓮大聖人こそ久遠元初の自受用身の再誕《さいたん》であられる。

されば釈尊は前に出現しても熟脱の仏であり、大聖人は後に出現されても下種の本仏であられる。

ゆえに本因妙抄に

「仏は熟脱の教主《きょうしゅ》、某《それがし》は下種の法主《ほっす》なり」

観心本尊抄《かんじんのほんぞんしょう》には

「彼は脱《だつ》、此れは種《しゅ》なり」と。

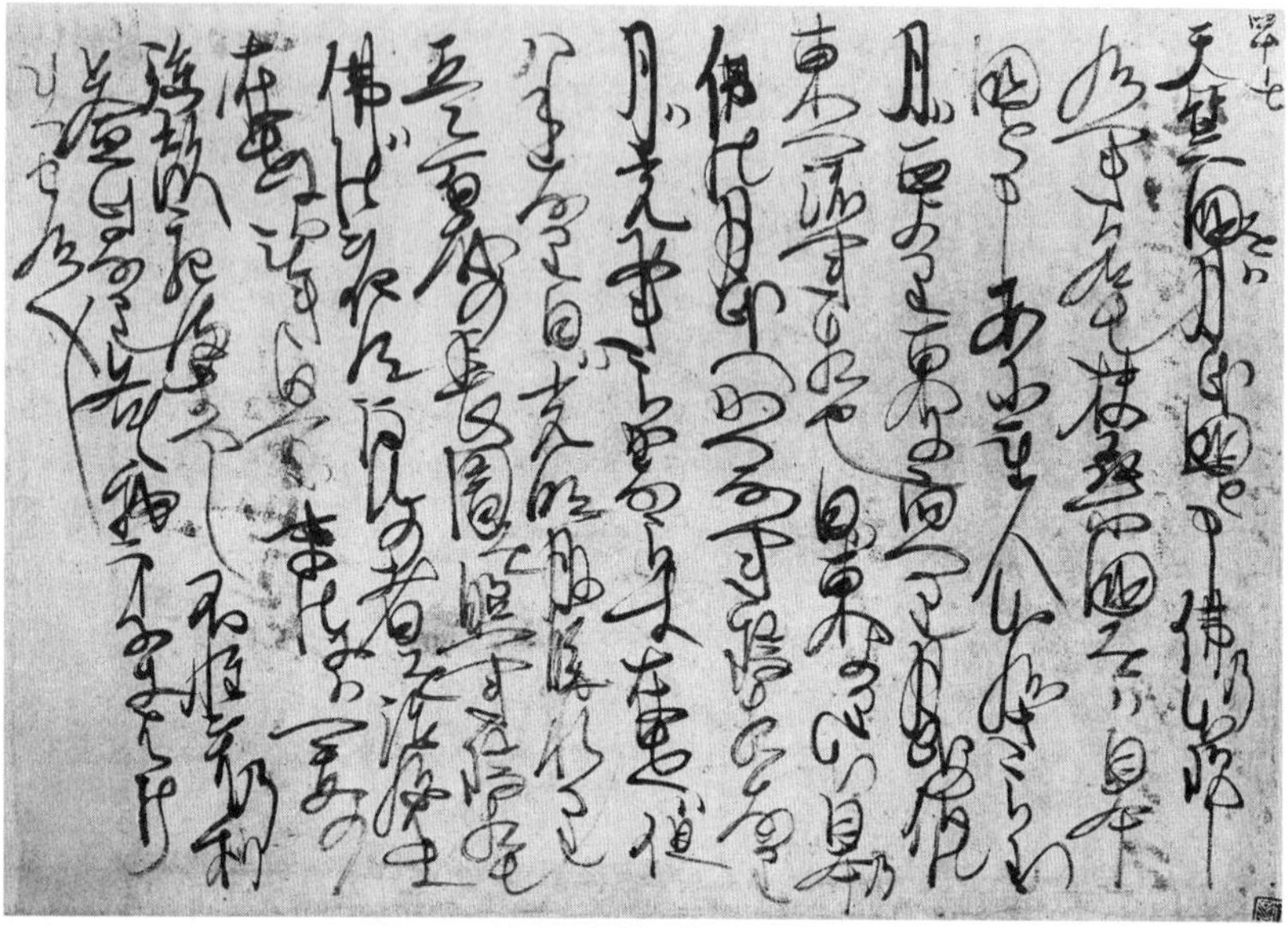

諫暁八幡抄（御真蹟）

また諫暁八幡抄には、インド出現の熟脱の仏と、日本出現の下種の本仏の勝劣を対比されて

「天竺国《てんじくこく》をば月氏国《がっしこく》と申す、仏の出現し給うべき名なり。扶桑国《ふそうこく》をば日本国と申す、あに聖人《しょうにん》出で給わざらむ。

月は西より東に向へり、月氏の仏法東へ流るべき相《そう》なり。日は東より出《い》づ、日本の仏法月氏へかへるべき瑞相《ずいそう》なり。

月は光あきらかならず、在世は但《ただ》八年なり。日は光明月に勝《まさ》れり、五々百歳《ごごひゃくさい》の長き闇《やみ》を照らすべき瑞相なり。

仏は法華経謗法《ほうぼう》の者を治《じ》し給わず、在世には無きゆへに。末法には一乗《いちじょう》の強敵《ごうてき》充満すべし、不軽菩薩《ふきょうぼさつ》の利益此れなり。各々我が弟子等はげませ給へ、はげませ給へ」と。

この御文について日寛上人は

「学者まさに知るべし。蓮祖もし久遠元初の自受用身に非《あら》ずんば、焉《いずく》んぞ教主釈尊に勝《すぐ》るることを得べけんや」と指南下されている。

二、釈迦仏の説法の目的

釈迦仏は一代五十年において種々の法を説かれたが、その説法の目的は二つある。一には、釈尊在世および正像二千年の衆生を成仏得脱せしむること。二には、末法に久遠元初の自受用身たる日蓮大聖人が出現することを予言証明するためである。

(一) 釈尊一代五十年の説法

では、まず釈尊一代五十年の説法を概観《がいかん》してみよう。

釈尊は十九出家・三十成道より八十歳の入滅まで、五十年間にわたって種々の法を説かれた。その説法の次第は華厳時《けごんじ》、阿含時《あごんじ》、方等時《ほうとうじ》、般若時《はんにゃじ》、法華《ほっけ》・涅槃時《ねはんじ》の五時に分かれている。図示すれば次のようになる。

釈尊一代五十年における五時の説法

五時	説法年数	大小乗区分	説かれた経々	発生した宗派
華厳時	二十一日間	権大乗	華厳経《けごんきょう》	華厳宗
阿含時	十二年間	小乗経	増一阿含経《ぞういちあごんきょう》・中阿含経《ちゅうあごんきょう》 長阿含経《ちょうあごんきょう》・雑阿含経《ぞうあごんきょう》	倶舎宗《くしゃしゅう》・成実宗《じょうじつしゅう》・律宗
方等時	十六年間	権大乗	勝鬘経《しょうまんきょう》・深密経《じんみつきょう》 観経《かんぎょう》・雙観経《そうかんぎょう》・阿弥陀経《あみだきょう》 大日経《だいにっきょう》・金剛頂経《こんごうちょうきょう》・蘇悉地経《そしつじきょう》 楞伽経《りょうがきょう》 大集経《だいしっきょう》・金光明経《こんこうみょうきょう》・維摩経《ゆいまきょう》	法相宗《ほっそうしゅう》 浄土宗（念仏） 真言宗 禅宗
般若時	十四年間	権大乗	摩訶般若経《まかはんにゃきょう》・光讃般若経《こうさんはんにゃきょう》 金剛般若経《こんごうはんにゃきょう》	三論宗
法華・涅槃時	八年間	実大乗	法華経《ほけきょう》・涅槃経《ねはんぎょう》	天台宗

←前四十二年は方便→（華厳時〜般若時）
←後八年は真実→（法華・涅槃時）

方便と真実

五十年の説法のうち、前《ぜん》四十二年は未だ真実を顕わさぬ方便《ほうべん》の教えであり、これを爾前《にぜん》経とも権《ごん》経ともいう。後《のち》八年の法華経は真実の教えである。

ゆえに法華経の序分たる無量義経《むりょうぎきょう》には

「四十余年《しじゅうよねん》には未だ真実を顕《あら》わさず」と説かれ

法華経・方便品《ほうべんぼん》には

「世尊《せそん》は法久《ほうひさ》しうして後《のち》、要《かなら》ず当《まさ》に真実を説くべし」

「正直に方便《ほうべん》を捨てて、但《た》だ無上道《むじょうどう》を説く」と説いている。

また、釈尊が説いたすべての経々の中で法華経が最も勝れた第一の経であることは、法華経法師品《ほっしぼん》の次の文に明らかである。

「我が所説の諸経、而《しか》も此の経の中に於《お》て法華《ほっけ》最も第一なり。乃至、我が所説の経典無量千万億にして、已《すで》に説き、今《いま》説き、当《まさ》に説かん。而《しか》も其《そ》の中に於《お》て此の法華経最も為《こ》れ難信難解《なんしんなんげ》なり」と。

「已に説き」とは法華経以前の爾前経、「今説き」とは法華経と同時説法の無量義経、「当に説かん」とは法華経の後に説かれた涅槃経である。このように釈尊自身が一代の諸経の勝劣を判定して、「法華経こそ最第一で、唯一の成仏の経」と定められたのである。

すなわち釈尊は法華経を出世の本懐として直ちに説かんとされたが、衆生の機根が未熟であったので、まず四十余年の間は方便を説き、後に真実の法華経を説かれたのである。ゆえに法華経が説かれたのちは、四十余年の経々は捨てなければならない。

たとえば蔵《くら》を建てるにはまず足場《あしば》を組む、しかし蔵が建ったのちには足場を取り除くのと同じ。法華経は蔵であり、それ以前の爾前経《にぜんきょう》は足場なのである。しかるに念仏・真言・禅・律等の諸宗は、足場である爾前経に執着して、蔵たる法華経を誹謗《ひぼう》するから邪法というのである。

法華経は三大秘法を含む経

さて、蔵が大事なのはその中に宝があるからだ。では、法華経という蔵《くら》にはどのような宝が秘蔵されているかといえば、それは南無妙法蓮華経すなわち三大秘法である。法華経の本門寿量品の文底《もんてい》には、実に成仏の根源の大法たる三大秘法が秘沈されている。このゆえに釈尊は法華経を出世の本懐とされた。いや釈尊だけではない、三世十方の諸仏もことごとく法華経を本懐とされているのである。

このことを大聖人は三大秘法抄に

「法華経を諸仏出世の一大事と説かせ給いて候《そうろう》は、此の三大秘法を含《ふく》みたる経にて渡らせ給えばなり。秘すべし、秘すべし」と仰せられている。

法華経は二十八品から成り立っている。序品《じょほん》より始まる前半十四品を迹門《しゃくもん》といい、涌出品《ゆじゅっぽん》から始まる後半十四品を本門という。迹門の肝要は方便品であり、本門の肝要は寿量品である。

三大秘法は、この本門寿量品の文底に秘し沈められている。文底秘沈《もんていひちん》であるから経文の面《おもて》には顕《あら》わに説かれていない。しかし過去の仏種純熟《ぶっしゅじゅんじゅく》せる舎利弗《しゃりほつ》・目連《もくれん》等の在世の衆生は、この寿量品の文上《もんじょう》の説法を聞いて、よく、その文底に在る久遠元初の根源の種子を覚知《かくち》し、成仏することができた。これが脱益の化導の究極、すなわち文上体内の寿量品の利益である。

ただし、この本門寿量品も釈尊在世の脱益であって、末法の衆生には何の利益もない。末法はただ文底《もんてい》に秘沈された下種《げしゅ》の南無妙法蓮華経によってのみ成仏が叶うのである。

ゆえに観心本尊抄には

「在世の本門と末法の初《はじめ》は一同に純円《じゅんえん》なり。但し彼《かれ》は脱《だつ》、此《こ》れは種《しゅ》なり。彼は一品二《いっぽんに》半《はん》（寿量品と前後の半品）、此れは但《た》だ題目の五字なり」と。

また上野抄には

「今末法に入りぬれば、余《よ》経《きょう》も法華経も詮《せん》なし、但《ただ》南無妙法蓮華経なるべし」

と仰せられるのである。

（二）日蓮大聖人御出現の予言証明

さて、久遠元初の自受用身が末法に出現されるとあれば、釈迦仏にとってこれほどの重大事はない。さればこの御本仏の出現を予言・証明し、末法の一切衆生に日蓮大聖人と三大秘法を信ぜしめることこそ、釈迦仏の一大使命である。そしてこの大事を説いたのが、法華経なのである。

ゆえに法華経は、一応は釈尊在世の衆生のため、再応は実に日蓮大聖人ご出現の予言証明のために説かれた経である。

では、法華経におけるその予言証明を具《つぶさ》に見てみよう。

釈尊はまず宝塔品《ほうとうぼん》において、一会《いちえ》の弟子たちに対し滅後末法の弘通を勧められた。

「大音声《だいおんじょう》を以て普《あまね》く四衆《ししゅう》に告《つ》げ給わく、誰《たれ》か能《よ》く此の娑婆国土《しゃばこくど》に於《おい》て広く妙法華経《みょうほけきょう》を説《と》かん。今正《まさ》しく是《こ》れ時なり、如来《にょらい》久しからずして当《まさ》に涅槃《ねはん》に入るべし、仏、此《こ》の妙法華経を以て付嘱《ふぞく》して在《あ》ること有《あ》らしめんと欲《ほっ》す」

「諸《もろもろ》の大衆に告《つ》ぐ、我が滅度の後に、誰か能《よ》く斯《こ》の経を護持《ごじ》し読誦《どくじゅ》せん。今仏前《ぶつぜん》に於《おい》て自《みずか》ら誓言《せいごん》を説《と》け」

等と、三たびにわたって強く末法弘通を勧奨《かんしょう》された。これを「三箇の勅宣」という。

また提婆品《だいばほん》において、悪人成仏と女人成仏を示して滅後末法に弘通すべきことをさらに諫暁《かんぎょう》された。これが「二箇《にか》の諫暁《かんぎょう》」である。

この「三箇の勅宣」「二箇の諫暁」に驚き、釈尊の弟子たる迹化・他方の菩薩たちはただ仏意《ぶっち》に叶わんと、一斉に末法の弘通を願い出た。その誓言が勧持品二十行の偈《げ》である。

その誓言の中に、末法弘通において受けるであろう大難の相《すがた》を「悪口罵詈《あっくめり》」「及加刀杖《ぎゅうかとうじょう》」「数数見擯出《さくさくけんひんずい》」等と示している。「悪口罵詈」とは、国中から悪口され罵《ののし》られること。「及加刀杖」とは、刀で切られ杖で打たれること。「数々見擯出」とは、幾たびも流罪されることである。

これらの大難の相は、迹化の菩薩等が釈尊の仏力によって自《おのず》と知り得たものであるから、これは仏の金言である。そして弟子たちは一同に「我身命《われ》を愛せず、但無上道《ただむじょうどう》を惜しむ」と誓言している。

地涌の菩薩

ところが釈尊は「自ら誓言を説け」と促しながら、涌出品《ゆじっぽん》において思いもかけぬことを発言された。

「止《や》みね、善男子。汝等《なんだち》が此の経を護持せんことを須《もち》いじ」と。

迹化・他方の菩薩たちの弘通の熱誠を、「止みね」の一言で制止されたのである。

なぜか――。それは迹化・他方の菩薩たちには、流罪・死罪という大難が重なる末法の弘通は、とうてい堪えられない等のゆえである。

さらに釈尊は大音声で菩薩大衆に告げた。

「我がこの娑婆世界には、自《おのずか》ら六万恒河沙《ごうがしゃ》の菩薩あり。その一々の菩薩にまた六万恒河沙の眷属あり。この諸人等、よく末法においてこの大法を弘めるであろう」（取意）と。

こう言い終わったとき、娑婆世界の大地が震裂して、その中から無量千万億の菩薩が同時に涌出《ゆじつ》した。これら無数の菩薩を、大地より涌出したゆえに「地涌の菩薩」という。

この地涌の菩薩の大集団に、ひときわ巍々《ぎぎ》堂々として尊高なる一人の大導師がましました。この御方を上行菩薩と申し上げる。

上行菩薩に付嘱

次いで釈尊は、寿量品の文底に下種の御本尊を説き顕わし、神力品においてこれを上行菩薩に付嘱した。そして同じく神力品において、この上行菩薩が末法に出現して三大秘法を以て全人類を救済されることを、次のごとく高らかに三千大千世界に宣言された。

「日月の光明の能《よ》く諸《もろもろ》の幽冥《ゆうみょう》を除くが如く、斯《こ》の人世間に行じて能く衆生の闇を滅せん」と。

日月の光明が地上の一切の闇を除くように、この上行菩薩は末法に出現して全人類の闇をよく滅するであろう――と宣明されたのである。

この神力品の付嘱こそ、釈尊の熟脱仏法から、日蓮大聖人の下種仏法への大転換を明示したものである。

さらに薬王品には、三大秘法の広宣流布の時を定めて

「我が滅度の後、後《のち》の五百歳の中に、閻浮提《えんぶだい》に広宣流布して断絶せしむること無けん」と。

「後《のち》の五百歳」とは釈尊滅後の第五の五百歳、すなわち末法の始めの五百年である。このとき上行菩薩が出現して三大秘法を弘める――と示されたのである。

この予言はいささかも違わず、日蓮大聖人の御出現はまさに末法に入って百七十一年目であられた。

では、日蓮大聖人を上行菩薩の再誕とは、何によって知ることができるのかといえば、勧持品を色読《しきどく》されたことによる。

前述のごとく、釈尊は勧持品において上行菩薩が受けるべき大難を「悪口罵詈《あっくめり》」「及加刀杖《ぎゅうかとうじょう》」「数数見擯出《さくさくけんひんずい》」と示し、もし末法において、法華経の肝心たる南無妙法蓮華経を弘めてこの大難を受ける人あらば、その人こそ上行菩薩であると説き示した。

釈尊滅後二千余年、全世界において、このような大難を受けた人がどこにいようか。ただ日蓮大聖人御一人であられる。

ゆえに開目抄には

「抑《そもそも》、たれやの人か衆俗《しゅうぞく》に悪口罵詈《あっくめり》せらるる、誰《たれ》の僧か刀杖《とうじょう》を加へらるる、誰の僧をか法華経のゆへに公家武家《くげぶけ》に奏《そう》する。誰の僧か数数見擯出《さくさくけんひんずい》と度度《どど》ながさるる。日蓮より外《ほか》に日本国に取り出さんとするに人なし」と。

されば大聖人こそ上行菩薩その人であられる。

ただし、これは経相に準じた外用《げゆう》の辺《へん》である。もし内証の深秘を拝せば、大聖人の御振舞いは、久遠元初の自受用身の御振舞いを、そのまま末法に再現されたもの。まさしく行《ぎょう》位《い》全同である。よって日蓮大聖人こそ久遠元初の自受用身の再誕であられる。

ゆえに日寛上人は文底秘沈抄に

「若し外用《げゆう》の浅近《せんごん》に拠《よ》れば、上行の再誕日蓮なり。若し内証《ないしょう》の深秘《じんぴ》に拠《よ》れば、本地自受用の再誕日蓮なり。故に知りぬ。本地は自受用身、垂迹は上行菩薩、顕本は日蓮なり」

と。

まさに外用は上行菩薩、内証は久遠元初の自受用身、かかる尊貴の御仏《みほとけ》の出現を、釈迦仏は法華経において予言・証明したのであった。

第七章　日蓮大聖人の一代御化導

一、二十年にわたる御修学

日蓮大聖人は釈尊滅後二千百七十一年に当る貞応《じょうおう》元年（一二二二年）二月十六日、安房《あわの》国《くに》（千葉県）長狭《ながさ》郡東条《ごおりとうじょう》の郷《ごう》小湊《こみなと》に御誕生された。父を三国太夫重忠《みくにのたゆうしげただ》、母を梅菊女《うめぎくにょ》と申し上げる。

十二歳にして仏法を学ぶ志を立てられ、近くの清澄寺《きよずみでら》に登られた。この頃の御心境を後年の四条抄には

「**日蓮は少《わかき》より今生のいのりなし。只《ただ》仏にならんと思う計《ばか》りなり**」と。

この仰せのごとく、大聖人はご幼少の時から、その祈りとするところは現世の栄達など

ではなく、仏に成ることであられた。

二つの大疑

そして仏法を学ばれるうちに、ご幼少の大聖人の胸中には、二つの大疑が湧き上がってきた。

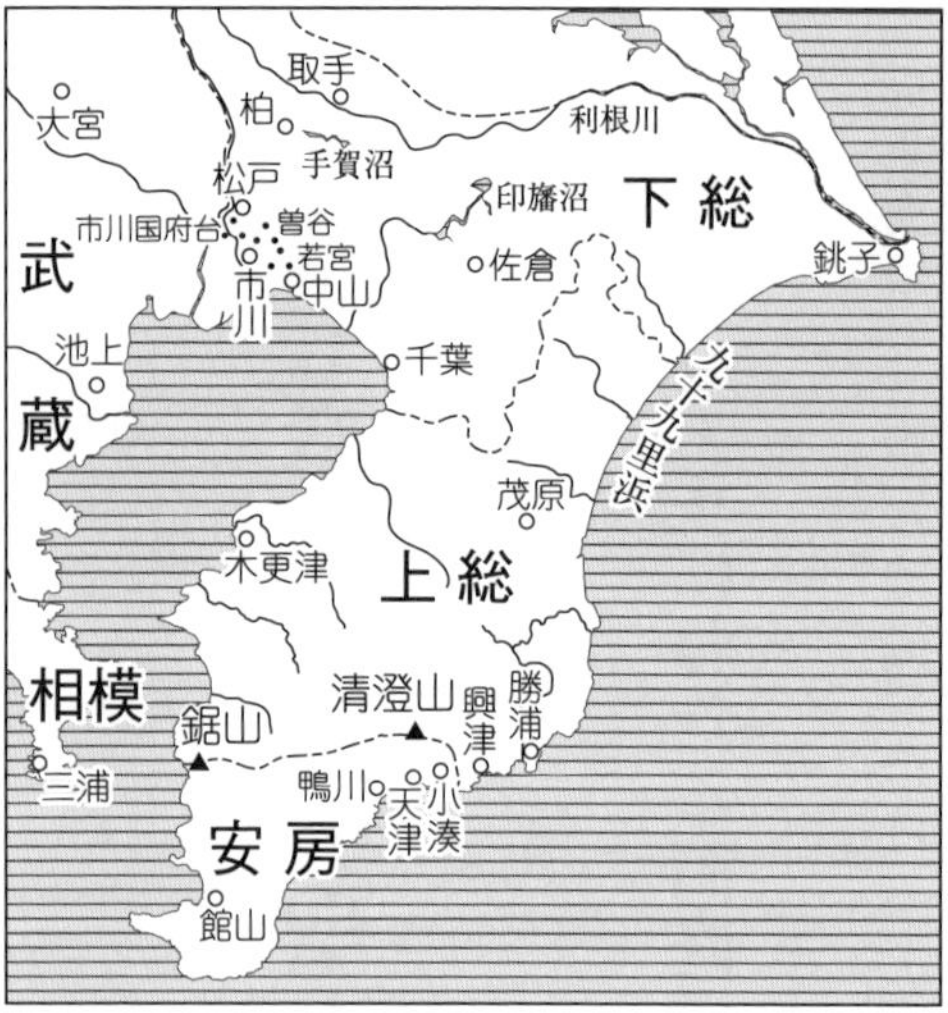

一つは、清澄寺の周辺で見聞する、念仏者たちの悪臨終であった。念仏宗では「西方の極楽往生《ごくらくおうじょう》」と言いながら、死する時の姿はあるいは狂乱あるいは大苦悶し、その遺体は黒色の悪相を現じている。これいかなることかということ。

もう一つは、御誕生の前年に起きた承久《じょうきゅう》の乱のこと。後鳥羽《ごとば》上皇は臣下の北条義時を討《う》たんとして、比叡山《ひえいざん》・園城寺《おんじょうじ》において幾たびも真言の秘法を尽くして祈祷《きとう》した。だが、何の祈りもせぬ北条義時に敗北し、後鳥羽上皇はじめ三上皇が島流しになり、皇室はまさに亡びんとした。これは一体どうしたことかということ。

もし念仏宗の依経《えきょう》たる観経等が正しければ、このような悪臨終はあるべくもない。もし真言宗の大日経等が正しければ、かくのごとき悲惨な敗北はない——この大いなる疑問を懐かれたのである。

思うに、臨終に対する疑問は人生の根本問題、また承久の乱への大疑は国家興亡の根本問題である。「蛇《じゃ》は寸《すん》にして牛《ぎゅう》を呑む」という。御幼少の大聖人が懐かれた大疑は、まさしく人生・国家の根本問題であった。

「日本第一の智者となし給へ」

これを解く鍵は仏法以外にない。ところが、当時日本の十宗・八宗といわれる諸宗は、そのいずれも「わが宗、勝れたり」「わが経、第一なり」と自讃していた。

もし国に二人の王がいたら国は必ず乱れる、国主は一人でなければならない。同じように、一切経において最も勝れた経がなくてはならない。諸経中の王とは何か。成仏の叶う大法は何か。

これを見極めるには、大智者とならねばならない。ここに御幼少の大聖人は

「日本第一の智者となし給へ」（清澄寺大衆中）

と強く祈願された。

そして十八歳のとき、日本に渡来した一切の経典・論釈を閲読《えつどく》すべく、また諸宗の邪正を知るべく、国中の諸寺を巡《めぐ》られた。それは鎌倉・京都・奈良、そして比叡《ひえい》山・園城寺・高野山《こうやさん》・東寺《とうじ》等の国々寺々に及んだ。

かくて十二の歳より三十二歳までの血の滲むようなご研鑽　実に二十年。ついに大聖人は釈尊一代聖教の奥底《おうでい》を究《きわ》められ、諸宗の謬《あやま》りをもすべて見透《みとう》された。

すでに大疑とされた臨終のことも明らかであった。ゆえに妙法尼御前御返事には

「日蓮幼少の時より仏法を学《がく》し候いしが、念願すらく、人の寿命《いのち》は無常なり。乃至、されば先づ臨終の事を習うて後に他事《たじ》を習うべしと思いて、一代聖教の論師・人師《にんし》の書釈あらあら勘《かんが》へ集めて此れを明鏡として、一切の諸人の死する時と並びに臨終の後とに引き向けてみ候へば、少しもくもりなし」と。

また承久の乱の因果も明了であった。神国王御書には

「日蓮此の事を疑いしゆへに、幼少の比《ころ》より随分に顕密《けんみつ》二道並びに諸宗の一切の経を、或《あるい》は人にならい、或は我と開見《かいけん》し勘《かんが》へ見て候へば、故の候いけるぞ。我が面《おもて》を見る事は

明鏡によるべし、国土の盛衰を計ることは仏鏡にはすぐべからず」と。

臨終の善悪も、国家の興亡も、すべては仏法の邪正によるのであった。

では、末法の一切衆生の成仏の大法とは何か。これこそ大事の中の大事である。大聖人は透徹の大智恵を以て、これを知り給うた。

それは――

一代諸経の中にはただ法華経、法華経の中にはただ本門寿量品、本門寿量品の中にはただ文底に秘沈された下種の南無妙法蓮華経、すなわち久遠元初の名字《みょうじ》の妙法である。そしてこの大法こそ、日蓮大聖人がいま御自身の生命を観《かん》じて覚り給うた、人《にん》の全体即法、法の全体即人《にん》、人法体一《にんぽうたいいっ》・事《じ》の一念三千の南無妙法蓮華経であることを、深く深く知り給うたのである。

ゆえに開目抄には

「一念三千の法門は、但《ただ》法華経の本門寿量品の文の底に秘して沈め給えり」

と仰せられる。

二、立　宗

かくて御年三十二歳の建長五年四月二十八日、夜明けとともに大聖人はただ御一人、清澄山《きよずみやま》の頂に立たれた。折から太平洋の水平線上から、大きな太陽がゆらゆらと昇らんとしている。

この旭《あさひ》に向い大聖人は始めて

「南無妙法蓮華経・南無妙法蓮華経・南無妙法蓮華経」

と本門の題目を高唱あそばされた。旭に照らされ金色《こんじき》に輝く大聖人の御尊容を偲び奉れば、ただただ拝跪合掌《はいきがっしょう》のほかはない。

まさに久遠元初の自受用身 末法に出現され、三大秘法を以て全人類をお救い下さる、その最初の御化導が、この立宗であった。

このときの御決意が、いかに深く堅固なものであられたか。開目抄には

「日本国に此れを知れる者 但《ただ》日蓮一人なり。これを一言も申し出《いだ》すならば、父母《ふも》・兄

清澄山の頂より太平洋を望む

弟・師匠・国主の王難必ず来るべし。いわずば慈悲なきににたりと思惟《しゆい》するに、法華経・涅槃《ねはん》経等に此の二辺を合わせ見るに、いわずば今生《こんじょう》は事なくとも後生《ごしょう》は必ず無間《むげん》地獄に堕《お》つべし、いうならば三障四魔必ず競《きそ》ひ起こるべしと知りぬ。二辺の中にはいうべし。王難等出来《しゅったい》の時は退転すべくば一度に思ひ止《とど》むべし。且《しばら》くやすらいし程に、宝塔品《ほうとうぼん》の六難九易《ろくなんくい》これなり。乃至、今度、強盛《ごうじょう》の菩提心《ぼだいしん》をおこして退転せじと願《がん》じぬ」と。

当時、国中の人々が信じている念仏・真言等の諸宗はことごとく人を堕獄《だごく》せしむる邪法であり、成仏の大法は南無妙法蓮華経以外にはない。このことを知り給うは、日本国にただ日蓮大聖人御一人《ごいちにん》であられる。

しかし、もしこのことを一言でも言い出せば、「悪鬼《あっき》の身に入れる大僧等国中に充満せん」（撰時抄）の日本国においては、必ずや流罪・死罪等の身命に及ぶ大難がおこる。だが、言わねば無慈悲になる。かくて深い思惟《しゆい》ののち、たとえ身命に及ぶとも「退転せじと願《がん》じぬ」と金剛《こんごう》のごとき大誓願を立て給うたのである。

そしてこの大誓願の中に、その後の一代三十年の御化導も、未来日本国の広宣流布も、世界広布も、さらに尽未来際《じんみらいさい》まで南無妙法蓮華経が流布することも、すべて含まれていたのであった。

三大秘法の弘通開始

立宗ののち、大聖人は直ちに政都・鎌倉に赴き、三大秘法の弘通を開始された。

当時の鎌倉は念仏・真言・禅・律等の諸宗の大寺院が並び立ち、高僧たちも全国から蝟《い》集《しゅう》していた。

その中で大聖人は「一切の邪法を捨て、ただ南無妙法蓮華経と唱えよ」と、人々にお勧め下されたのである。そのお姿は、あたかも猿《えん》・狐《こ》の群がる中の師子王のごとくであられた。

諸宗の僧らは、大聖人の破折に対して怒りの反論を試みるが、経文の証拠を挙げての正論の前には全く歯が立たなかった。

民衆は、初めて耳にする説法に戸惑《まど》い反発しつつも、大聖人の整然の論旨、師子王のごとき気魄、そして犯しがたき威厳の中に無限の慈悲を湛《たた》えられた顔貌《げんみょう》に接し、帰依する者が相次いだ。富木常忍・四条金吾・曽谷教信・大田乗明・秋元太郎・工藤吉隆・池上宗仲等、鎌倉武士の錚々《そうそう》が、このころ入信している。

だが弘通が進むにつれ、邪法の僧らの怨嫉は火のごとく燃えあがった。彼らは民衆を煽《せん》動《どう》して「日蓮房はアミダ仏の敵《かたき》」と焚《た》きつけた。ここに大聖人を罵《ののし》る声は国中に満ち、勧持品の「悪口罵詈《あっくめり》」は事実となったのである。

弘通開始より四年目の正嘉《しょうか》元年、巨大地震が五月・八月・十一月と三たび連発した。ことに八月二十三日の大地震は前代未聞であった。当時の史書「吾妻鏡《あづまかがみ》」には「八月二十三日、大地震。神社仏閣《ぶっかくいちう》一宇として全《まった》きなし。山岳《さんがく》は崩れ、人屋《じんおく》倒壊、築地《つきじ》悉《ことごと》く破損、所々《しょしょ》に地裂、地下より水涌出《ゆじゅつ》。又火災処々《しょしょ》に燃え出《い》づ」とある。

さらにこの巨大地震を機として、年ごとに異常気象は激しさを増し、大水・大火・大風・大飢饉・大疫病が相次ぎ、人民の過半が死を招くにいたった。

三、立正安国論

この天変地夭は何によっておきたのか――。

これ、諸天の働きによる。久遠元初の御本仏末法に出現して、三大秘法を弘めて一切衆生を救わんとするに、国中これを憎み怨《あだ》むゆえに、諸天はまず天変地夭をもって一国を罰したのである。

大聖人はこの巨大地震を凝視《ぎょうし》された。そして**「此の大瑞《だいずい》は他国より此の国をほろぼすべき先兆なり」**（法蓮抄）と判じ給い、日本の人々を現当に救うべく一巻の書を顕わし、文応元年七月十六日、時の国主・北条時頼に奏進された。これが「立正安国論」である。

北条時頼

この書において大聖人は、まず国土に災難のおこる原理を明かされている。

「世《よ》皆正《しょう》に背き、人悉《ことごと》く悪に帰《き》す。故に善神《ぜんじん》国を捨てて相《あい》去り、聖人《しょうにん》所を辞《じ》して還《かえ》らず。是《ここ》を以て魔《ま》

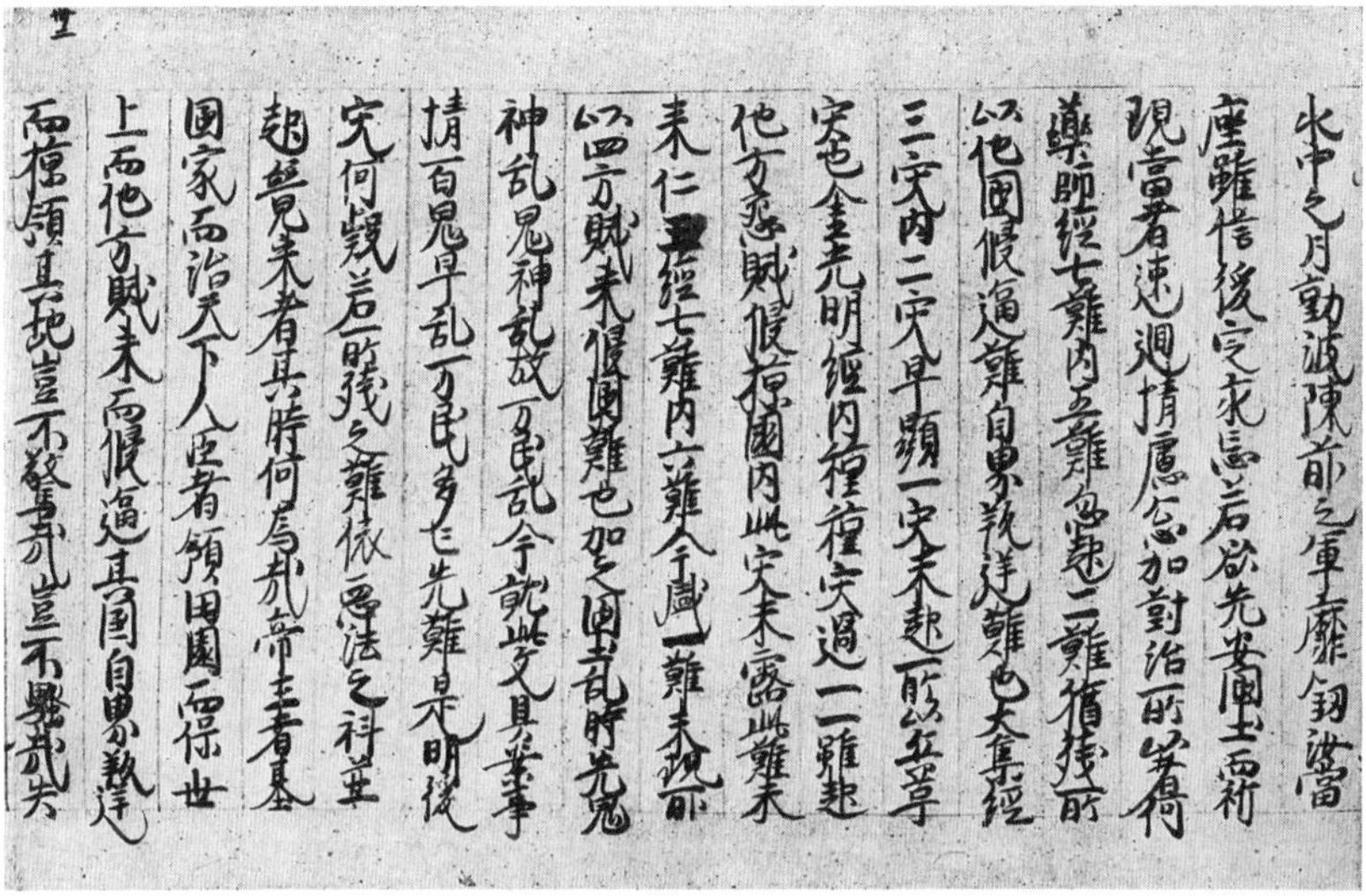
卅二
水中之月動波陳前之軍靡剣汝当
座雖信後定永忘若欲先安国土而祈
現当者速廻情慮忩加対治所以者何
薬師経七難内五難忽起二難猶残所以
以他国侵逼難自界叛逆難也大集経
三災内二災早顕一災未起所以兵革
災也金光明経内種種災過一一雖起
他方怨賊侵掠国内此災未露此難未
来仁王経七難内六難今盛一難未現所
以四方賊来侵国難也加之国土乱時先鬼
神乱鬼神乱故万民乱今就此文具案事
情百鬼早乱万民多亡先難是明後
災何疑若残之難依悪法之科並
起競来者其時何為哉帝王者基
国家而治天下人臣者領田園而保世
上而他方賊来而侵逼其国自界叛逆
而掠領其地豈不驚哉豈不騒哉

立正安国論（第三十二紙・御真蹟）

来《きた》り鬼《き》来り、災《さい》起こり難起こる」と。

一国こぞって邪法に執着して日蓮大聖人の正法に背くならば、諸天善神はその国を捨てて去り、聖人も所を辞して還らない。このゆえに魔《ま》・鬼《き》が国土に乱入し、災難がおこる——と仰せられる。

次いで大聖人は、国中の邪法の代表として念仏宗を挙げ、その邪義を破折された上で

「早く天下の静謐《せいひつ》を思わば、須《すべから》く国中の謗法《ほうぼう》を断《た》つべし」

と国主に促がされている。

そして文末にいたって、もし邪法に執着して正法に背き続けるならば、必ず他国によって我が国が破られることを断言されている。このご予言は安国論の肝要である。

「先難是《こ》れ明らかなり、後災《こうさい》何ぞ疑わん。若《も》し残る所の難、悪法の科《とが》に依って並び起こり競《きそ》い来《きた》らば、其の時何《いか》んが為《せ》んや」と。

「先難」とは、天変地夭など亡国の前兆たる災難。「後災」とは、亡国をもたらす他国侵逼・自界叛逆の二難である。先難がすでに現われている以上、後災の来ることは疑いないとして、もしこの二難が事実になったら「其の時何《いか》んが為《せ》んや」と厳しくお誡め下されている。

ついで後災の二難の恐るべきことを

「帝王は国家を基《もとい》として天下を治め、人臣《にんしん》は田園《でんえん》を領して世上《せじょう》を保《たも》つ。而るに他方の賊《ぞく》来《きた》りて其の国を侵逼《しんぴつ》し、自界叛逆《ほんぎゃく》して其の地を掠領《りゃくりょう》せば、豈《あに》驚かざらんや、豈《あに》騒がざらんや。国を失い家を滅せば、何《いず》れの所にか世を遁《のが》れん」

と強々とお示し下されている。

この他国侵逼のご予言は、蒙古襲来の実に十四年以前のこと、未だ何の萠《きざ》しもない時における御断言である。これを見るとき、大聖人の御予言は海外情勢などにより推測する世間のそれとは全く類を異にする、まさに諸天の動きを見据《す》えての仏智のご断定であられる。

松葉ヶ谷の草庵襲撃

この立正安国論の奏進を機に、いよいよ身命に及ぶ大難が波のごとく大聖人の御身に襲いかかってきた。

国主・北条時頼はこの重大な諫暁を用いなかった。これを見て念仏者たちが動き出した。国主が用いぬ法師ならば殺害しても罪にはならぬと、夜討《よう》ちを企てたのである。

立正安国論奏進の翌八月、念仏僧に率いられた暴徒数千人が深夜、大聖人を殺害せんとして松葉ヶ谷《まつばがやつ》の草庵を襲った。

「国主の御用《おんもち》ひなき法師《ほっし》なれば、あやまち《殺害》たりとも科《とが》あらじとやおもひけん。念仏者並びに檀那《だんな》等、又さるべき人々も同意したるぞと聞《きこ》へし。夜中《やちゅう》に日蓮が小庵《しょうあん》に数千人押し寄せて殺害せんとせしかども、いかんがしたりけん、其の夜の害もまぬかれぬ」（下山《しもやま》御消息）

不思議にも大聖人はこの難を免れ給うた。

夜討ちを実行した念仏者たちの背後には、幕府内で隠然たる勢力を持つ北条重時《しげとき》がいたのである。彼は執権・北条長時の実父で、極楽寺《ごくらくじ》を建てて良観を迎え入れたことから「極楽寺重時」と呼ばれたほどの念仏の狂信者。幕府内でも最も強く大聖人を憎悪していた。

「夜討ち」は当時の法律「御成敗式目《ごせいばいしきもく》」でも重大犯罪と規定されている。しかるに暴徒たちに何のとがめもなかった。大聖人を憎むあまり重時らは、「大事の政道」すら破ったのである。

伊豆御流罪

草庵襲撃九ヶ月後の弘長元年五月、こんどは国家権力による伊豆流罪が行われた。その理由は〝生き延びたのが怪しからん〟というものであった。

伊豆の伊東・川奈

「日蓮が生きたる不思議なりとて、伊豆の国へ流しぬ。されば人のあまりに憎きには、我がほろぶべき失《とが》をもかへりみざるか、御式目《ごしきもく》をも破らるるか。乃至、余《よ》、存《ぞん》の外《ほか》の法門を申さば、子細《しさい》を弁《わきま》へられずば、日本国の御帰依《ごきえ》の僧等に召し合《あわ》せられて、其れになお事ゆかずば、漢土《かんど》・月氏《がっし》までも尋ねらるべし。其れに叶はずば、子細ありなんとて、且《しばら》くまたるべし」（下山御消息）と。

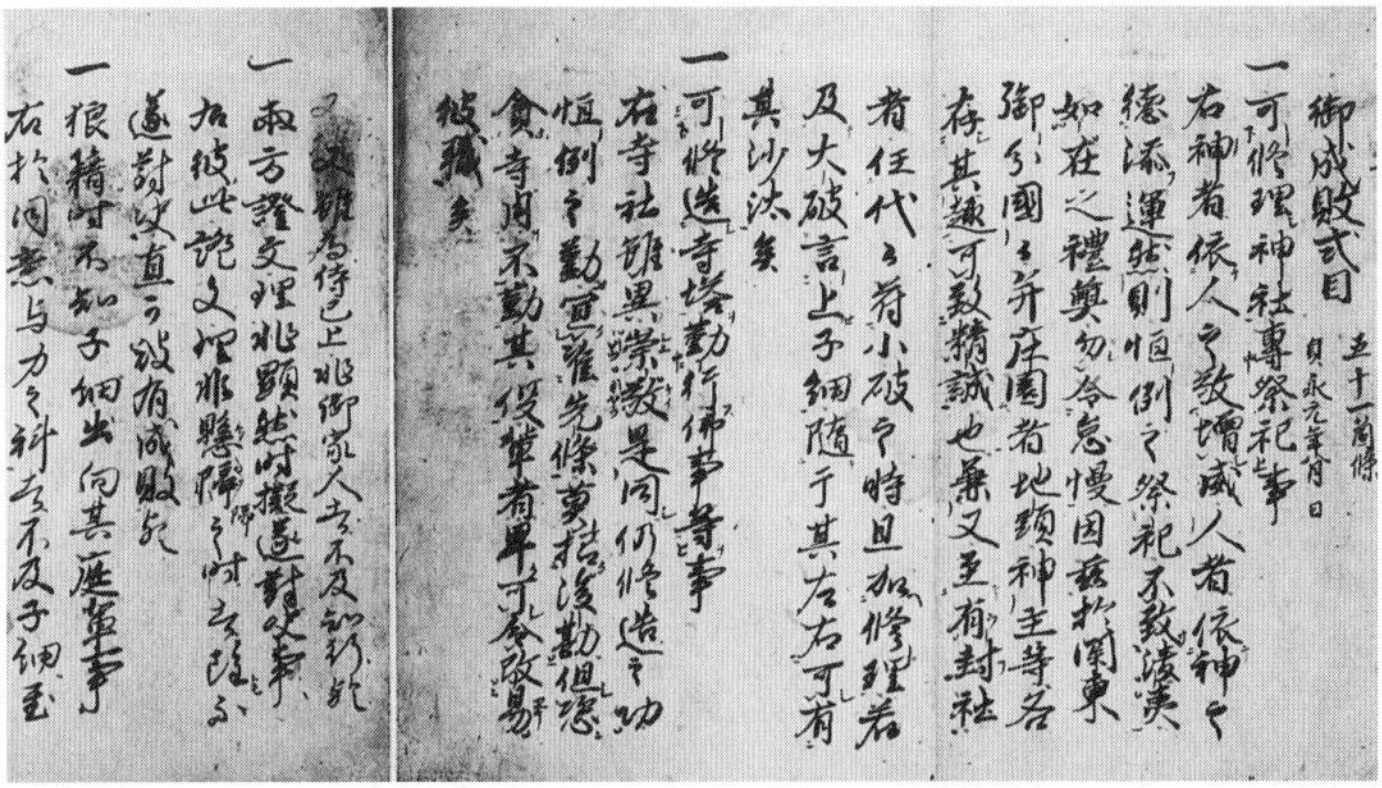
鎌倉幕府の基本法典「御成敗式目」

——草庵を襲われても生き延びたのが怪しからんといって伊豆へ流した。憎さのあまり、我が身の亡ぶのも顧みないのか、また国法をも破るのか。もし余が存外の法門を申し立てているというのなら、国中の高僧と対決させたらどうか。それでもなお不審があれば、中国・インドまで尋ねたらどうか。それでもわからなかったら、これには定めて深い子細があるのであろうと静観すべきではないか——と。

この理不尽の流罪は執権・北条長時が、大聖人を憎む父・重時の心を知って、国法をも無視し裁判にもかけずに断行したものであった。

御本仏を憎んで流罪に処した罰《ばち》は、どのようなものであったか——。重時は大聖人を流罪にした翌月、にわかに発病し、夜ごとの発作が高じてついに狂乱状態となり、地獄の悪相を現じて死んだ。次いで長時はその三年後に三十五歳で夭死《ようし》。三男・時茂《ときしげ》は三十歳、四男・義政《よしまさ》も三十九歳で相次いで夭折《ようせつ》。かくて北条重時一門はことごとく亡んでしまった。

この罰について大聖人は

「されば極楽寺殿（重時）と長時と彼《か》の一門、皆ほろぶるを各《おのおの》御覧あるべし」（妙法比丘尼御返事）

「極楽寺殿はいみじかりし人ぞかし。念仏者等にたぼらかされて日蓮を怨《あだ》ませ給ひしかば、我が身といい、其の一門皆ほろびさせ給う」（兵衛志殿御返事）

と示されている。御本仏を怨《あだ》む罰の恐しさ、慄然《りつぜん》とせざるを得ない。

伊豆流罪は一年九ヶ月で終わった。国主・北条時頼が「讒言《ざんげん》による冤罪《えんざい》」と知って、赦免状《めんじょう》を発したのである。幕府内の有力者がこぞって大聖人を憎む中、この時頼だけは少しく、大聖人の只人《ただびと》ならぬを感じていたのである。

小松原の剣難

伊豆赦免《しゃめん》の翌文永元年の秋、大聖人は母君の「病篤《やまいあつ》し」の報を受け、故郷《ふるさと》の房州小湊《こみなと》へ還《かえ》られた。

房州小松原付近の松林

このとき、小松原の剣難がおきた。地頭・東条景信が軍勢を率いて待ち伏せ、襲撃したのであった。

この景信は、大聖人が立宗のおり念仏破折の説法をされたことに憤激して、その場で危害を加えんとしたほどの念仏の狂信者である。以来、大聖人を「アミダ仏の敵《かたき》」と憎悪し、殺害の機会を狙っていたのであった。

文永元年十一月十一日の夕刻、天津《あまつ》の領主・工藤吉隆《よしたか》の請《こ》いにより説法に赴かれた大聖人のご一行は、小松原にさしかかった。あたりはすでに薄暗い。その松林の中で景信は数百人の軍勢を率いて待ち伏せしていた。

突如、ご一行に矢が雨のごとく降りそそいだ。次いで軍勢がなだれのごとく襲ってきた。

ご一行はわずか十人ばかり、大聖人をお庇《かば》いした鏡忍房《きょうにんぼう》はたちまちに討たれ、二人の弟子も深手を負った。急を聞いて駆けつけた工藤吉隆は身を楯《たて》として大聖人をお守り申し上げたが、全身に傷を負い、ついに命終した。

この乱戦の中で、景信は虎視眈眈《こしたんたん》と大聖人ただ一人を狙っていた。やがて彼は馬を躍《おど》らせて大聖人に近づくや、大刀を振り下した。

凶刃《きょうじん》は頭上の笠を切り裂き、大聖人の右の御額《おんひたい》に四寸（十二センチ）の傷を負わせ奉った。左の手も打ち折られ、まさに御命も危うしと見えた。しかし不思議にも、このときも虎口《ここう》を脱し給うた。

「今年も十一月十一日、安房国《あわのくに》東条の松原と申す大路《おおじ》にして申酉《さるとり》の時、数百人の念仏等にまち《待》かけられ候ひて、日蓮は唯一人、十人ばかり、ものの要に合うものわづかに三・四人なり。射《い》る矢はふる雨のごとし、討つ太刀《たち》はいなづまのごとし。弟子一人は当座《とうざ》にうちとられ、二人は大事の手にて候。自身もきられ打たれ結句《けっく》にて候ひし程に、いかが候いけん、うちもらされて、いままで生きてはべり」（南条兵衛七郎殿御書）と。

法華経の勧持品《かんじほん》には「及び刀杖《とうじょう》を加うる者有《あ》らん」とあるが、この小松原の剣難はまさにその経文に符合するものであった。

それにしても東条景信は、御本仏の身より血を出《いだ》す「出仏身血《すいぶつしんけつ》」という大逆罪を犯したのである。その現罰を見よ。彼はこの直後、重病を発し、大苦悶《くもん》のなかに狂死をとげている。

文永の大彗星

文永元年七月、大彗星が出現した。正嘉元年の大地震からは七年目、大地震に呼応するごとくの出現であった。

大聖人御在世には前後の時代に比べて彗星が多発しているが、この彗星の巨大さは前代未聞で「長さ一天にわたる」といわれ、まさに全天空を横断する長大さであった。

彗星は古来より「兵乱の凶兆《きょうちょう》」とされ、経典にも多く示されている。

彗星はどこから出現するのかといえば、最近の天文学によれば、彗星のふるさとは太陽から十兆キロメートルも離れた「オールトの雲」である。太陽はここから彗星を引き寄せたうえ、太陽熱と太陽風によって、青白い光芒《こうぼう》を放つあの長い尾を作らせるという。これをみれば、彗星はまさしく太陽の眷属《けんぞく》である。そして太陽は仏法においては「日天子《にってんじ》」といわれ、諸天の一つである。

彗星も地震も、一般常識では「自然現象であって人間社会とは何ら関係はない」とする。しかしそう見るのは、限られた部分だけをみて全体を見ない凡夫の偏見である。

人間は大宇宙から生じたものであり、これを生ぜしめた宇宙は、人間を一細胞とする一大生命体である。ゆえにその中のあらゆる存在は、相互に関連し影響し合っている。

仏法では、果報の主体たる人間の生命を「正報《しょうほう》」といい、正報に伴う環境世界を「依報《えほう》」という。正報と依報とは一体不二である。ゆえにもし衆生の心が地獄界になれば、国土も地獄の相を現ずる。

この「依正不二」の原理を瑞相御書《ずいそうごしょ》には

「夫《そ》れ十方は依報《えほう》なり。衆生は正報《しょうほう》なり。依報は影のごとし、正報は体《たい》のごとし。身なくば影なし、正報なくば依報なし。又正報をば依報をもって此れをつくる」

「人の悦《よろこ》び多々《たた》なれば天に吉瑞《きちずい》をあらはし、地に帝釈《たいしゃく》の動《どう》あり。人の悪心盛《さかん》なれば天に凶変《きょうへん》、地に凶夭出来《きょうようしゅったい》す。瞋恚《しんに》の大小に随って天変の大小あり、地夭も又かくのごとし」と。

このように依正は不二《ふに》、そして衆生の心に感応して環境世界に変動をもたらすのが「諸天」の力用《りきゆう》なのである。

平成九年に出現した大彗星

では、前代未聞といわれる正嘉の大地震・文永の大彗星について、大聖人はどのように仰せられているか。法蓮抄には

「立正安国論を造《つく》りて最明寺《さいみょうじ》入道（北条時頼）殿に奉る。彼《か》の状に云く取詮此の大瑞《だいずい》は他国より此の国をほろぼすべき先兆なり。乃至、其の後文永の大彗星の時は又手ににぎりて之《これ》を知る」と。

諸天は何ゆえこの大地震・大彗星を現わしたのかといえば、同じく法蓮抄に

「予、不肖《ふしょう》の身なれども、法華経を弘通する行者を王臣人民之《これ》を怨《あだ》む間、法華経の座にて守護せんと誓いをなせる地神《ちじん》いかりをなして身をふるひ、天神《てんじん》身より光を出だして此の国をおどす。いかに諫《いさ》むれども用ひざれば、結句《けっく》は人の身に入って自界叛逆《じかいほんぎゃく》せしめ、他国より責むべし」と。

——法華経の肝心たる「南無妙法蓮華経」を弘める大聖人を、国主・人民怨《あだ》み迫害するゆ

えに、二千余年前、法華経の会座《えざ》において釈尊に「末法の御本仏を守護し奉る」と誓った諸天善神は怒りをなし、まず大地震・大彗星をもってその国を威《おど》す。だがなおも迫害を続けるならば、ついに諸天は人の身に入って自界叛逆せしめ、さらに他国よりこの国を責めしむる――と仰せられている。

四、諸天善神とは

このように諸天善神は、御本仏のご化導を助け奉るにおいて、まことに重要な存在である。もし仏法を浅薄に理解して諸天善神の存在を軽視するならば、御聖意を如実に拝することはとうていできない。よって改めて、ここに「諸天善神」について説明しておきたい。

まず諸天とは、その名を挙げれば大梵天王《だいぼんてんのう》・帝釈天王《たいしゃくてんのう》・日天《にってん》・月天《がってん》・四王天《しおうてん》などで、本来、宇宙に具わっている仏法守護の生命活動である。

これを十界の上から論ずれば、まさしく天上界の衆生である。仏法は宇宙法界の衆生をそれぞれの境界にしたがって十界（地獄・餓鬼・畜生・修羅・人間・天上・声聞・縁覚・菩薩・仏）に分類しているが、諸天はこの中の天上界に属する。仏法を守護する功徳により、天上界の果報を得ているのである。

次に善神とは、天照太神《てんしょうだいじん》・八幡大菩薩《はちまんだいぼさつ》等をいう。「神」といっても、キリスト教における天地創造の「ゴッド」とは全く異なる。ゴッドは架空の存在であるが、仏法上の善神は実在である。

すなわち天照太神は皇室の祖先で日本国最初の国主。八幡大菩薩は第十六代・応神天皇のことである。このように、実在する有徳の国主の崩御《ほうぎょ》せられたるを、生けるがごとく崇《あが》めたのが仏法上の神である。

「神と申すは、又国々の国主等の崩御し給へるを、生身《しょうしん》のごとくあがめ給う。此れ又国王・国人のための父母なり、主君なり、師匠なり。片時も背《そむ》かば国安穏なるべからず」(神国王御書)と。

では、これら善神がなぜ仏法に関わりをもっているのかといえば、日本は仏法有縁の国であり、とりわけ下種本仏が出現される世界唯一の国である。この御本仏を守護するために、あらかじめ日本国の国主として出現したのが天照太神・八幡大菩薩なのである。

ゆえに大聖人はその本地について、甚深のご教示を下されている。

「天照太神・八幡大菩薩も、其の本地は教主釈尊なり」(日眼女抄)

また産湯相承事《うぶゆそうじょうのこと》には

「久遠下種の南無妙法蓮華経の守護神の、我が国に天下《あまくだ》り始めし国は出雲《いずも》なり。出雲に日《ひ》の御崎《みさき》と云う所あり、天照太神始めて天下《あまくだ》り給う故に日の御崎と申すなり」と。

この仰せのごとく、天照太神・八幡大菩薩は共に釈尊の垂迹であり、久遠元初下種の南無妙法蓮華経を守護するため、日本国に出現されたのである。

これら善神の力用《りきゆう》も、つきつめれば諸天と異なるところはない。よって諸天と同じく「宇宙に具わる仏法守護の働き」と理解すればよい。

諸天はなぜ大聖人を守護し奉るのか

では、諸天はなぜ末法出現の日蓮大聖人を守護し奉るのかといえば、理由は二つある。

一には、南無妙法蓮華経こそ諸天自身が成仏を得ることのできた大法である。その大法を日蓮大聖人が末法に弘通される。どうしてこの大恩を報じないことがあろうか。

二には、法華経会座《えざ》における釈尊との誓いを果すためである。

まず一についていえば、法華経の序品を拝見するに、梵天《ぼんてん》・帝釈《たいしゃく》・日月《にちがつ》・四天《してん》等の諸天は、もろもろの菩薩等とともにその会座《えざ》に連なり、前四十余年には未だ聞いたことのない甚深の法を聴聞した。しかし法華経の迹門においては未だ成仏が叶わなかった。そして本門寿量品にいたって、初めてその文底に秘沈された久遠元初の下種の南無妙法蓮華経を覚知し、「妙覚《みょうかく》の位」という真実の仏果を得ることができたのである。この自身成仏の大法が日蓮大聖人によっていま末法に弘められる。どうしてその大恩を報ぜぬことがあろうか。

ゆえに法華経・安楽行品には

「諸天は昼夜《ちゅうや》に、常に法の為の故に、而も之《これ》を衛護《えいご》す」

と説かれている。

二についていえば、釈尊が日蓮大聖人の末法弘通を予言証明するために、法華経神力品において上行菩薩に寿量品文底の大法を付嘱したことは前に述べた。さらに釈尊は次の嘱《ぞく》累品《るいぼん》において、もろもろの諸天に対し「末法の法華経の行者」を守護すべきを命じている。

この仏勅《ぶっちょく》に対し諸天は

「世尊《せそん》の勅《みことのり》の如く、当《まさ》に具《つぶ》さに奉行《ぶぎょう》すべし」

との誓言《せいごん》を、三たび繰り返し誓いを立てている。つたなき者は約束を忘れ、高貴の人は約束を違《たが》えずという。梵天、帝釈、日月、四天等の果報いみじき諸天が、どうしてこの堅き誓いを忘れることがあろうか。

人間なら寿命も短いゆえに、釈尊在世の人が末法まで生き長らえるということはない。しかし寿命長き諸天にとっては、二千二百余年などはわずかの日数でしかない。たとえば四王天の一昼夜は人間の五十年、ゆえに人間の二千二百余年は四王天の四十四日である。わずか四十四日で、どうして仏前の堅き誓いを忘れることがあろうか。

ゆえに大聖人は祈祷抄において

「人間の五十年は四王天《しおうてん》の一日一夜なり。乃至、されば人間の二千二百余年は四王天の四十四日なり。されば日月《にちがつ》並びに毘沙門《びしゃもん》天王は仏におくれたてまつりて四十四日、いまだ二月《ふたつき》にたらず。帝釈・梵天なんどは仏におくれ奉りて一月一時《いちげついちじ》にもすぎず。わずかの間に、いかでか仏前の御誓い並びに自身成仏の御経の恩をば忘れて、法華経の行者をば捨てさせ給うべき」

と仰せられている。時間・空間ともに諸天の尺度は人間とは異なるのである。

諸天の力用

日蓮大聖人を怨嫉迫害する国を、諸天がどのように罰するかを重ねて述べる。

諸天はまず大地震・大彗星・異常気象・大飢饉・大流行病などの天変地夭でこれを罰し、それでもなお迫害を止《や》めなければ、人の心に入って内乱を起こさしめ、ついには隣国の王を動かしてその国を責めしめる。

梵天・帝釈・日月・四天等は、このように宇宙的スケールの力用《りきゆう》を以て大聖人を守護し、その御化導を助けまいらせている。これら諸天の中でも、我々の目に見えて力用を発揮しているのが、日天《にってん》（太陽）と月天《がってん》（月）である。

「**法華経の行者《ぎょうじゃ》をば諸天善神守護すべきよし、嘱累品《ぞくるいぼん》にして誓状《せいじょう》をたて給い、一切の守護神・諸天の中にも、我等が眼に見へて守護し給うは日《にち》・月天《がってん》なり。争《いか》でか信をとらざるべき**」（四条金吾殿御返事）と。

太陽や月に精神活動があるごときこの仰せは、世間の人々の理解を超えるであろう。しかし仏法は宇宙自体を一大生命体として、その中の太陽・月等もことごとく色法《しきほう》（物質）と心法《しんぽう》（精神）を具えた生命体としてとらえる。

草木や国土のように精神活動がないと思われている物質世界を「非情《ひじょう》」というが、法華経はこの非情世界にも色心《しきしん》の二法が存在することを明かしている。

ゆえに観心本尊抄には

「**観門《かんもん》の難信難解《なんしんなんげ》とは百界千如《ひゃっかいせんにょ》・一念三千《いちねんさんぜん》、非情の上の色心の二法・十如是《じゅうにょぜ》是《こ》れなり**」

と。

非情世界に心法が具っていることを認識するのは「難信難解」ではあるが、これが生命の実相・一念三千の深理である。

妙楽大師も「一草《いっそう》・一木《いちもく》・一礫《いちりゃく》・一塵《いちじん》、各一仏性《おのおのいちぶっしょう》、各一因果《おのおのいちいんが》あり、縁了《えんりょう》を具足《ぐそく》す」（金錍《こんぺい》論《ろん》）と述べている。

一草・一木・一礫・一塵にさえ仏性があり、色心の二法があり、成仏するならば、いわんや太陽・月等においてをやである。まさしく太陽・月は色心の二法を具えて常時に人心に感応しつつ、地球に強い影響をおよぼしているのである。

そもそも地球上のあらゆる生物は、太陽と月の力用によって発生し、生命を維持しているのであるから、あらゆる生物にとって太陽・月の影響は根底かつ死活的である。最近の科学はこれらの事実を明かしつつある。

この太陽・月は「日天子《にってんし》」「月天子《がってんし》」として諸天の一つである。ゆえに仏法に背く国土においては「日月、明を現ぜず」等の異変がおこる。日・月に異変が起これば異常気象をもたらし、大旱魃《かんばつ》・大火・大水・大風・大飢饉等がおこる。また彗星が太陽の力によって出現するように、大地震もインフルエンザ・ウィルスも、表面の発生メカニズムはともかく、その根底には日・月の力が作用しているのである。

諸天には、この日天・月天のほかに梵天・帝釈・四王天のごとく、目には見えないが日・月天以上の力用を持つ存在がある。目に見えないからといって、これら諸天の存在を否定してはならない。

現代科学は大きくは宇宙の構造から小は素粒子にいたるまで、その実相を次々と解明してきた。しかし分かっていることはまだほんの一部で、わからないことのほうが断然多い。科学は試行錯誤をくり返しつつの進行形なのである。ゆえに現在の智識にこだわって未知の分野を否定するのは、思い上がり、かつ非科学的な態度といわねばならない。

たとえば銀河系の中心部に巨大なブラックホールが存在することがわかったのは、つい近年のことである。しかし人々が認識しようとしまいと「ブラックホール」はあったのだ。また宇宙の質量において、暗黒物質や暗黒エネルギーの存在がわかってきたのもつい最近のことで、暗黒物質は宇宙の全質量の二三%を占め、暗黒エネルギーは七三%を占めるという。我々の知っていた宇宙は、わずか四%にすぎなかったのだ。四%を全宇宙と固執すれば、地動説を否定した神父らと何ら異なるところはない。まさに科学は未だ進行形であって、人間と宇宙を貫く究極の真理を求めて試行錯誤をくり返しているのである。

では、その究極の真理とは何か。

それは――日蓮大聖人が証得された生命の極理たる「人《にん》の全体即法、法の全体即人、人法体一・事《じ》の一念三千の南無妙法蓮華経」に尽きる。

そこにたどりつくまで、科学は試行錯誤を続ける。ゆえに現在のわずかな科学智識をもって「諸天」の存在を否定してはならない。まして現証あれば誰人がこれを疑えよう。その現証とは、日蓮大聖人の御化導に応じて諸天が現わした数々の徴《しるし》である。

正嘉の大地震・文永の大彗星

まず正嘉の大地震と文永の大彗星は、諸天この国を罰する徴《しるし》の第一であった。

「日蓮は閻浮《えんぶ》第一の法華経の行者なり。此《こ》れをそしり此れをあだむ人を結構《けっこう》せん人は、閻浮第一の大難にあうべし。これは日本国をふりゆるがす正嘉《しょうか》の大地震、一天を罰する文永の大彗星《すいせい》等なり。此れ等をみよ。仏滅後の後、仏法を行ずる者にあだをなすといえども、今のごとくの大難は一度もなきなり。南無妙法蓮華経と一切衆生にすゝめたる人一人もなし。此の徳はたれか一天に眼を合はせ、四海に肩をならぶべきや」（撰時抄）と。

南無妙法蓮華経をお勧めくださる大慈大悲の御本仏に怨《あだ》をなすゆえに、前代未聞の大地震・大彗星の大難が起きたのだ。そしてこの大難は**「他国より此の国をほろぼすべき先兆《せんちょう》」**（法蓮抄）であったのである。

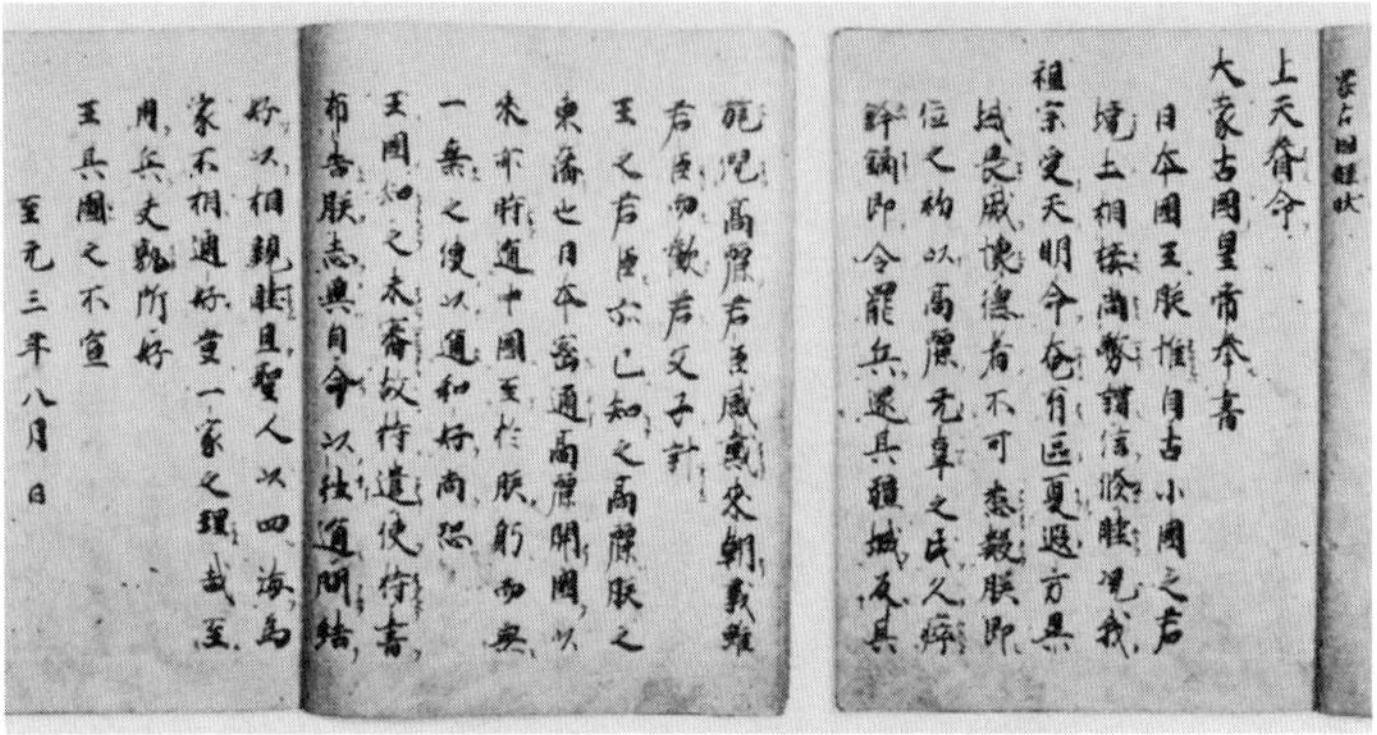
蒙古國牒状
上天眷命
大蒙古國皇帝奉書
日本國王朕惟自古小國之君
境土相接尚務講信脩睦況我
祖宗受天明命奄有區夏遐方異
域畏威懷德者不可悉數朕即
位之初以高麗無辜之民久瘁
鋒鏑即令罷兵還其疆域反其
旄倪高麗君臣感戴來朝義雖
君臣而歡若父子計
王之君臣亦已知之高麗朕之
東藩也日本密邇高麗開國以
來亦時通中國至於朕躬而無
一乘之使以通和好尚恐
王國知之未審故特遣使持書
布告朕志冀自今以往通問結
好以相親睦且聖人以四海為
家不相通好豈一家之理哉以至
用兵夫孰所好
王其圖之不宣
至元三年八月　日

大蒙古国王・クビライの日本への国書

大蒙古より国書到来

果せるかな。文永五年の正月十八日、大蒙古より「属国となって朝貢《ちょうこう》しなければ侵略する」旨の国書が到来した。

当時の蒙古は、東は中国・朝鮮から、西はウクライナ・ドイツ・ポーランド、南はトルコ・イランまで、ユーラシア大陸のほぼ全域を征服した人類史上最大・最強の帝国であった。この超軍事大国が、いよいよ日本に侵略の矛先を向けてきたのだ。

これこそ日本国始まって以来の国難である。一国上下、虎の咆哮を聞く羊のごとく怖《おそ》れ戦《おのの》いた。

日蓮大聖人が九年前の立正安国論に予言された「他国侵逼」は、ここについに事実となったのである。

もし日本一同なお大聖人に背き続けるならば
「此の国の人々、今生《こんじょう》には一同に修羅道《しゅらどう》に堕《だ》し、後生《ごしょう》には皆阿鼻大城《あびだいじょう》（無間地獄）に入らん事、疑い無き者なり」（曽谷抄）と。
大聖人がもっとも憂え不憫《ふびん》とおぼされたのは、この一事であった。

五、公場対決を迫る

ここに大聖人は日本国を救うべく、「公場対決」を以て仏法の邪正を一挙に決せんとされた。

公場対決とは、国王・大臣等の面前で法論をして正邪を決することで、仏法では古来より、邪正対決にこの方法が用いられてきた。中国の天台大師が、陳《ちん》の国王の面前で南北十師の邪義を打ち破り法華経に帰伏させたのもこの公場対決。日本の伝教大師が、桓武《かんむ》天皇の御前において奈良の六宗の邪義を破して法華経に帰一させたのもこれによる。公場対決こそ、公明正大に正邪を決する唯一の方法なのである。

文永五年十月十一日、大聖人は公場対決申し入れの書状を十一箇所に送られた。これが「十一通申状《もうしじょう》」である。

その宛て先は、為政者としては北条時宗・平左衛門《へいのさえもん》・宿屋《やどや》入道・北条弥源太《やげんた》の四人。諸宗の代表としては建長寺道隆《どうりゅう》・極楽寺良観・大仏殿別当《だいぶつでんべっとう》・寿福寺・浄光明寺《じょうこうみょうじ》・多宝《たほう》寺・長楽寺の七箇所、都合十一通である。

文面は、為政者には諸宗の僧を召し合わせて邪正を決することを促がし、諸宗の代表には対決に応ずるよう呼びかけられている。

北条時宗への御状

そのうちの一つ、北条時宗への御状を拝してみよう。

「謹んで言上《ごんじょう》せしめ候。抑《そもそ》も正月十八日、西戎《さいじゅう》大蒙古国の牒状《ちょうじょう》到来すと。日蓮先年諸経の要文《ようもん》を集め之を勘《かんが》えたること、立正安国論の如く少しも違《たが》わず普合《ふごう》しぬ。日蓮は聖人《しょうにん》の一分に当れり。未萠《みぼう》を知るが故なり。

然る間、重ねて此の由《よし》を驚かし奉る。急ぎ建長寺・寿福寺・極楽寺・多宝寺・浄光明寺・大仏殿《だいぶつでん》等の御帰依を止めたまへ。然らずんば重ねて又四方より責め来るべきなり。速《すみや》かに蒙古国の人《にん》を調伏《ちょうぶく》して我が国を安泰ならしめ給へ。彼を調伏《ちょうぶく》せられん事、日蓮に非《あら》ざれば之《これ》叶うべからず。諫臣《かんしん》国に在《あ》れば則《すなわ》ち其の国正しく、争子《そうし》家に在れば則ち其の家直《なお》し。国家の安危《あんき》は政道の直否《じきひ》に在り、仏法の邪正は経文の明鏡に依る。

夫れ此の国は神国《しんこく》なり、神は非礼《ひれい》を稟《う》けたまわず。天神七代《てんじんしちだい》・地神五代《ちじんごだい》の神々、其の外《ほか》諸天善神等は一乗擁護《いちじょうおうご》の神明《しんみょう》なり。然も法華経を以て食《じき》と為し正直を以て力《りき》と為す。法華経に云く『諸仏救世者《しょぶつぐせしゃ》、大神通《だいじんづう》に住して衆生を悦《よろこ》ばしめんが為の故に無量の神力を現ず』と。一乗棄捨《いちじょうきしゃ》の国に於ては豈《あに》善神怒《いかり》を成《な》さざらんや。仁王《にんのう》経に云く『一切の聖人去る時七難必ず起る』と。彼《か》の呉王《ごおう》は伍子胥《ごししょ》が詞《ことば》を捨て吾が身を亡《ほろぼ》し、桀紂《けっちゅう》は竜比《りゅうひ》を失って国位を喪《ほろ》ぼす。今日本国既に蒙古国に奪《うば》われんとす。豈《あに》歎かざらんや豈驚かざらんや。日蓮が申す事、御用い無くんば定めて後悔之《これ》有るべし。日蓮は法華経の御使《おんつかい》なり。経に云く『則ち如来の使《つかい》、如来の所遣《しょけん》として如来の事《じ》を行ず』と。三世諸仏の事《じ》とは法華経なり。

此の由方々《よしかたがた》へ之を驚かし奉る。一所に集めて御評議《ごひょうぎ》有って御報《ごほう》に予《あず》かるべく候。所詮は万祈《ばんき》を抛《なげう》って諸宗を御前《ごぜん》に召し合せ、仏法の邪正を決し給え。澗底《かんてい》の長松《ちょうしょう》未だ知らざるは良匠《りょうしょう》の誤り、闇中《あんちゅう》の錦衣《きんい》を未だ見ざるは愚人の失《とが》なり。三国仏法の分別《ふんべつ》に於ては殿前《てんぜん》に在り。所謂《いわゆる》、阿闍世《あじゃせ》・陳隋《ちんずい》・桓武《かんむ》是れなり。敢《あえ》て日蓮が私曲に非ず。只偏《ひとえ》に大忠を懐《いだ》く、故に身の為に之を申さず、神の為・君の為・国の為・一切衆生の為に言上《ごんじょう》せしむる所なり。

恐恐謹言《きょうきょうきんげん》」

良観への御状

また、生き仏のごとく崇《あが》められていた偽善者・良観への書状には

「西戎《さいじゅう》大蒙古国簡牒《かんちょう》の事に就《つい》て、鎌倉殿其の外へ書状を進ぜしめ候。日蓮去る文応元年の比《ころ》勘え申せし立正安国論の如く、毫末《ごうまつ》計《ばか》りも之《これ》に相違せず候。此の事如何。長老忍性《ちょうろうにんしょう》、速かに嘲哢《ちょうろう》の心を飜《ひるが》えし、早く日蓮房に帰せしめ給え。若し然らずんば人間を軽賤《きょうせん》する者、白衣《びゃくえ》の与《ため》に法を説くの失《とが》脱《のが》れ難きか。依法不依人《えほうふえにん》とは如来の金言なり。良観聖人の住処を法華経に説て云く『或いは阿練若《あれんにゃ》に有り、納衣《のうえ》にして空閑《くうげん》に在り』と。阿練若《あれんにゃ》は無事《ぶじ》と飜《ほん》ず、争《いか》で日蓮を讒奏《ざんそう》するの条、住処と相違せり。併《しか》ながら三学《さんがく》に似《に》たる矯賊《きょうぞく》の聖人なり。僣聖増上慢《せんしょうぞうじょうまん》にして今生は国賊、来世は那落《ならく》に堕在《だざい》せんこと必定《ひつじょう》なり。聊《いささ》かも先非《せんぴ》を悔《く》いなば日蓮に帰すべし。

此の趣《おもむ》き鎌倉殿を始め奉り、建長寺等其の外へ披露《ひろう》せしめ候。所詮本意を遂げんと欲せば対決に如《し》かず。即ち三蔵浅近《さんぞうせんごん》の法を以て諸経中王《しょきょうちゅうおう》の法華に向うは、江河《こうが》と大海と、華山《かざん》と妙高《みょうこう》との勝劣の如くならん。蒙古国調伏《ちょうぶく》の秘法定めて御存知有るべく候か。日蓮は日本第一の法華経の行者・蒙古国退治の大将為《た》り。『於一切衆生中亦為第一《おいっさいしゅじょうちゅうやくいだいいち》』とは是れなり。文言多端《もんごんたたん》にして理を尽す能《あた》わず。併《しか》ながら省略せしめ候。恐恐謹言」と。

良観は民衆をたぶらかして「生き仏」をよそおい、裏では権力者と結託して私利を貪《むさぼ》っ

ていた偽善者。彼の最も恐れていたのは、大聖人の破折により自身の正体が露見することであった。よって、ことあるたびに大聖人を讒奏《ざんそう》しては陥《おとしい》れようとしていた。

ゆえに大聖人はこの書状において、良観の正体を「矯賊《きょうぞく》の聖人」「僣聖増上慢《せんしょうぞうじょうまん》」と露《あら》わし、「今生は国賊、来世は那落《ならく》」と決判され、「所詮本意を遂げんと欲せば対決に如《し》かず」と結ばれている。

もし良観にいささかの確信でもあれば、この対決は喜びであったはずである。だが彼は、師子吼《ししく》を聞いた狐のごとく、四肢《しし》をすくませてしまった。

この十一通申状に対する反応はどうであったか——。いずれも国難を前にしながら、大聖人を憎むのあまり、あるいは使いを罵《ののし》り、欺《あざむ》き、拒絶し、あるいは受領しても返事をせず、返事をしても上《かみ》にこれを取り次がず、という有りさまであった。

このままではいよいよ国は亡びる。なお不憫《ふびん》とおぼされた大聖人は翌文永六年十一月、再び各所に諫状を送られた。この重ねての強き諫めに、怨嫉はますます強まった。

幕府内ではひそかに、大聖人の頸《くび》を刎《は》ねるべきと検討する動きも出た。これ諸宗の高僧らの働きかけによる。

高僧らは窮地に追いつめられていた。彼らは公場対決で日蓮大聖人に敵し得ないことを誰よりも知っている。彼らには法の邪正も成仏も眼中になかった。守るべきは己れの名声と利権、恐れるは己れの正体が露見することだけであった。

ここに律宗の良観、禅宗の道隆、念仏宗の念阿等の〝生き仏〟たちは、日蓮大聖人を殺害する以外に生きる道なしと、その機を窺った。かくて恐るべき陰謀を孕《はら》みつつ、三年の時が静かに流れた。

良観 祈雨に敗れる

この静穏は〝大旱魃《かんばつ》〟によって破られた。文永八年は春から一滴の雨もふらず、野山に青色なく、作物はことごとく枯死する有様であった。焦燥にかられた幕府は良観に「雨の祈り」を命じた。

良観は喜びこれを承諾した。実は良観は祈雨においては超能力を持ち、これまでもしばしば雨を降らせた実績がある。このような超能力を「魔の通力《つうりき》」という。邪教の教祖などが人々をたぶらかすのは、すべてこの通力の類《たぐ》いである。天魔その身に入る者は「**或《あるい》は魔にたぼらかされて通《つう》を現ずるか**」（唱法華題目抄）とある。

良観が祈雨《きう》を受諾したことを伝え聞かれた大聖人は、この祈雨につけて、彼の正体を露《あらわ》さんとされた。本来、雨の降る降らぬは成仏・不成仏とは関係ない。しかし法論を逃避する良観に対して、彼のもっとも得意とする祈雨で事を決せんとされたのである。

大聖人は「七日のうちに一滴の雨でもふれば良観房の弟子となる。もしふらなかったら余の弟子となるべし」（取意）との書状を送られた。

これを見て良観は悦《よろこ》び泣いた。よほど自信があったのであろう。さっそく良観は弟子百二十人を集め、旱天《かん》の下《もと》で頭から煙を出して祈った。

だが、七日たっても、雨は一滴もふらなかった。未練にも良観は「あと七日の猶予を」と哀請《あいせい》した。大聖人は承諾された。

再び良観の必死の祈りが始まった。人数は前にも増して諸宗の僧まで加わった。数百人の脳天よりしぼり出す声は旱天に響きわたった。が、落ちるは汗と涙ばかり。ついに十四日間、一雨《いちう》もふらぬうえ、悪風だけが吹きまくったのであった。

良観は完敗した。もし彼にいささかの道念でもあれば、大聖人の弟子となったであろう。また一分の廉恥《れんち》心だにあれば、身を山林に隠したであろう。

だが「悪鬼其《あっきそ》の身に入る」の良観の胸に湧いた念《おも》いは、「この上は何としても日蓮房を殺害せねば……」との悪念だけであった。

良観の讒奏《ざんそう》

祈雨完敗の数日後、良観は日ごろ心を通じている念仏宗の行敏《ぎょうびん》に、大聖人に対する法論申し入れをさせた。これ公場対決を逃げていることの取り繕《つくろ》いであると同時に、この法論を利用して〝勝った勝った〟と偽りの宣伝をしようとの魂胆からであった。

大聖人は直ちに返書をしたためられた。

「条々御不審《ごふしん》の事、私《し》の問答は事《こと》行き難く候か。然れば上奏を経《へ》られ、仰せ下さるゝの趣《おもむき》に随って是非を糺明《きゅうめい》せらるべく候か」（行敏御返事）

問答は大いに結構であるが、私的な法論ではなく、上奏を経たうえでの公場対決にすべし――と仰せられた。

良観の思惑ははずれた。彼は次策として、再び行敏の名を以て大聖人を告訴せしめた。背後で訴状を作ったのは良観・念阿《ねんあ》等の〝生き仏〟たちであった。

訴状には、大聖人が法華経だけを正として念仏・禅・律宗を破していることを批判し、加えて「凶徒を室中に集む」として、大聖人が武器を蓄え凶徒を集め不穏な動きを企んでいると訴えている。これこそ大聖人を国事犯・謀叛人に仕立てようとする陰謀であった。訴状を受理した問注所は、大聖人にその答弁を求めた。大聖人は法義においてはその一々の理非を明らかにし、「凶徒を室中に集む」等の誣告《ぶこく》に対しては、これを厳しく打ち砕かれた。告訴は失敗におわった。

公場対決は逃避《とうひ》、祈雨は完敗、告訴も効なしとなれば、良観らに残された策は一つしかない。

それは、権力者に讒奏《ざんそう》して、斬罪を実行させることだった。「生き仏」たちは見栄《みえ》も外聞もかなぐり捨て、行動を開始した。そのさまは

「**極楽《ごくらく》寺の生仏《いきぼとけ》の良観聖人折紙《おりがみ》をささげて上《かみ》へ訴え、建長寺の道隆《どうりゅう》聖人は輿《こし》に乗りて奉行人にひざまづく。諸《もろもろ》の五百戒の尼御前《あまごぜん》等は帛《はく》をつかひて伝奏《でんそう》をなす**」（妙法比丘尼御返事）と。

さらに良観は権力者を動かすため、権閨《きり》女房（権力者の妻）や後家尼御前《ごけあまごぜ》たちに「日蓮房は日本が亡ぶようにと咒咀《じゅそ》している。故北条時頼殿・北条重時殿を無間地獄に堕ちたと悪口している」等と讒言《ざんげん》し煽動した。良観に心酔していた彼女たちはこれを真《ま》に受け、権

力者に申し入れた。

「天下第一の大事、日本国を失わんと咒咀《じゅそ》する法師《ほっし》なり。故最明寺殿《さいみょうじ》（北条時頼）・極楽寺殿《ごくらくじ》（北条重時）を無間《むげん》地獄に堕ちたりと申す法師《ほっし》なり。御尋《おんたず》ねあるまでもなし、但須臾《ただしゅゆ》に頸《くび》をめせ、弟子等をば又或いは頸《くび》を切り、或いは遠国《おんごく》につかはし、或いは籠《ろう》に入れよ」（報恩抄）と。

この良観の讒奏《ざんそう》・煽動に呼応して、幕府内で弾圧の動きを見せたのが平左衛門尉頼綱《へいのさえもんのじょうよりつな》であった。

頼綱は執権・北条時宗の下にあって得宗《とくそう》（北条一族の嫡流）の家司《けいし》かつ侍所《さむらいどころ》の所司《しょし》として、軍事・警察権を一手ににぎる幕府内の最高実力者であった。彼は念仏・真言を強く信じ、大聖人を前々から憎悪し、良観とも深く通じていた。

平左衛門への直諫

頼綱は文永八年九月十日、大聖人を評定所《ひょうじょうしょ》に呼び出した。彼は胸中すでに「斬罪」を決めていた。その口実を得るための尋問であった。

彼は威圧的に、良観らの讒言《ざんげん》の一々を取り上げ、大聖人に返答を迫った。
大聖人は恐れる色もなく讒言を砕かれるとともに、道隆・良観らの謗法を禁断して国を救うため、早く公場対決を実現すべしと促がされた。そして最後に
「詮ずるところ、上件《かみくだん》の事どもは此の国を思いて申す事なれば、世を安穏にたもたんとをぼさば、彼《か》の法師ばらを召し合わせてきこしめせ。さなくして彼等にかわりて理不尽に失《とが》に行わるるほどならば、国に後悔あるべし。日蓮御勘気をかほらば仏の御使を用ひぬになるべし。梵天・帝釈・日月・四天の御とがめありて、遠流《おんる》・死罪の後、百日・一年・三年・七年が内に自界叛逆難《じかいほんぎゃくなん》とて此の御一門同士《どしう》討ちはじまるべし。其の後は他国侵逼難《たこくしんぴつなん》とて四方より、ことには西方よりせめられさせ給ふべし。其の時後悔あるべし」（下種本仏成道御書）
と言い切られた。問い詰めるはずの平左衛門は、かえって諫められて「すこしも憚《はばか》る事なく物に狂う」（同前）の態《てい》を示した。
その翌々日、大聖人は一書（一昨日御書）をしたため重ねて暁諭《ぎょうゆ》されるとともに、改めて立正安国論を進呈された。書中には次のような御文がある。
「法を知り国を思うの志、尤《もっと》も賞せらるべきの処《ところ》、邪法・邪教の輩讒奏《ざんそう》・讒言《ざんげん》するの

間、久しく大忠を懐《いだ》いて而も未だ微望《みもう》を達せず。剰《あまつさ》へ不快の見参《けさん》に罷《まか》り入ること、偏《ひと》えに難治の次第を愁《うれ》うる者なり」

そして末文には

「抑《そもそも》貴辺は当時天下の棟梁《とうりょう》なり、何ぞ国中の良材を損《そん》ぜんや。早く賢慮《けんりょ》を回らして須《すべから》く異敵《いてき》を退くべし。世を安んじ国を安んずるを忠と為《な》し孝と為《な》す。是れ偏《ひと》えに身の為《ため》に之《これ》を述べず、君の為、仏の為、神の為、一切衆生の為に言上せしむる所なり。恐々謹言《きょうきょうきんげん》」

と。

まさに身命を賭してのこのご諫暁は、ただ国を救わんとの大慈悲より発するものである。

しかし「悪鬼其《あっきそ》の身に入《い》る」の平左衛門には、その崇高の御心は通じなかった。

この日の夕刻、彼は恐るべき行動を起こした。

六、竜の口大法難

文永八年九月十二日の午後五時ごろ、平左衛門は数百人の武装兵士を率いて大聖人の草庵を襲った。その時のもようは下種本仏成道御書にくわしい。

「文永八年九月十二日、御勘気《ごかんき》をかほる。其の時の御勘気のやうも常ならず、法にすぎてみゆ。了行《りょうこう》が謀反《むほん》ををこし、大夫律師《たいうりっし》が世をみださんとせしを召しとられしにもこへたり。平左衛門尉《じょう》大将として、数百人の兵者《つわもの》にどうまろ《胴丸》きせてゑぼうし《烏帽子》かけして、眼《まなこ》をいからし声をあら《荒》うす」と。

ただ御一人の大聖人を召し取るのに、数百人の武装兵士を引き連れての仰々《ぎょうぎょう》しさ、これはいったい何を物語るか。

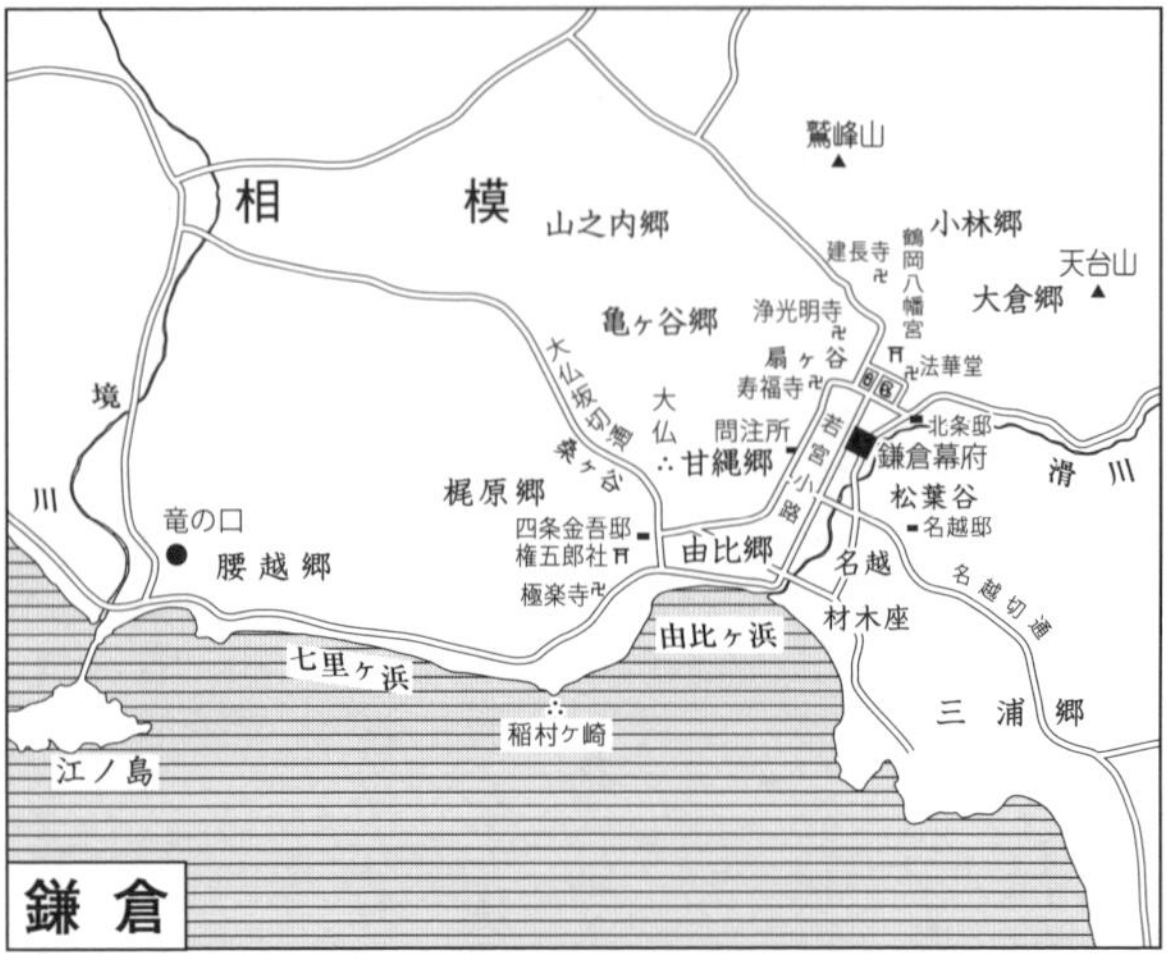

これ、大聖人を国事犯・謀叛人に仕立て上げるための演出であった。幕府には後《うし》ろめたさがあった。それは諸宗の僧らと召し合わせることもなく、一方的に彼等の側に立って刑を行うという理不尽である。自らこれを知ればこそ、謀叛人のごとくに見せなければならなかったのである。

ここに国家権力はついに邪法・邪師に味方して、一切衆生の主君・師匠・父母にてまします日蓮大聖人の御頸《おんくび》を刎《は》ねる大逆罪を決断したのであった。

第二の国諌

庵室になだれ込んだ兵士たちの狼藉《ろうぜき》は目にあまるものがあった。

平左衛門の一の郎従《ろうじゅう》といわれた少輔房《しょうぼう》（退転叛逆者）が、まず大聖人のもとに走り寄った。彼はいきなり大聖人が懐中されていた法華経第五の巻を抜き取り、その経巻をもって大聖人の御面《おんかお》を三たび打ち奉り、さらに経巻を打ち散らした。

これを見た兵士どももこれに倣《なら》い、残り九巻の法華経を室中に散らし、足に踏《ふ》み、あるいは肩にかけて身にまとうなど、狂態の限りを尽くした。

このさまをじっとご覧になっておられた大聖人は、突如、大高声《だいこうしょう》で叫ばれた。

「あらをもしろや。平左衛門尉《じょう》がものに狂うを見よ。とのばら、但今《ただいま》ぞ日本国の柱を倒す」（下種本仏成道御書）と。

また撰時抄には

「日蓮は日本国の棟梁《とうりょう》なり。予を失うは日本国の柱橦《はしら》を倒すなり。只今に自界叛逆難とてどしうちして、他国侵逼難とて此の国の人々他国に打ち殺さるのみならず、多くいけどりにせらるべし」と。

これ第一回の諫暁たる立正安国論に次ぐ、第二の国諫であられた。

この師子吼・大叱咤《しった》は、平左衛門の心胆《しんたん》を寒からしめた。彼は恐怖のあまり顔面蒼白となり、棒のごとくに立ちすくんだ。

これを見て兵士たちは動揺した。「臆《おく》すべきは日蓮房なのに、逮捕に来た大将が臆するとはどういうことか」と。

このような中で、平左衛門は大聖人を漸く連行し、そのさまをわざと鎌倉の人々に見せつけた。「日中に鎌倉の小路《こうじ》をわたす事、朝敵のごとし」（神国王御書）と。そして大聖人の身柄は、そのまま武蔵守宣時《むさしのかみのぶとき》の邸に預けられた。

八幡大菩薩を叱責

その日の子《ね》の刻（午前零時ごろ）、大聖人は数百人の武装兵士の警護のもと、宣時《のぶとき》の邸を出られた。行先は竜の口の刑場である。死を前にして、大聖人は泰然として馬上の人となられた。

一行は粛々と暗闇の中を進む。若宮小路《わかみやこうじ》を出て鎌倉八幡宮の前にさしかかったとき、大聖人は馬を止められた。

「何ごと……」

と驚きさわぐ兵士を制して

「各々さわがせ給うな。別の事はなし。八幡大菩薩に最後に申すべき事あり」

とて馬より下り、凛々たる高声《こうしょう》で仰せられた。

「いかに八幡大菩薩はまことの神か。……今日蓮は日本第一の法華経の行者なり。其の上身に一分のあやまちなし。日本国の一切衆生の法華経を謗《ぼう》じて無間大城《むげんだいじょう》におつ

鎌倉の若宮小路

べきをたすけんがために申す法門なり。又大蒙古国よりこの国をせむるならば、天照太《てんしょうだい》神《じん》・正八幡《しょうはちまん》とても安穏におはすべきか。其の上、釈迦仏 法華経を説き給いしかば、……一々に御各々《おのおの》法華経の行者にをろか《疎略》なるまじき由《よし》の誓状まいらせよとせめられしかば、誓状を立てられしぞかし。さるにては日蓮が申すまでもなし、急ぎ急ぎこそ誓状の宿願をとげさせ給うべきに、いかに此の処《ところ》には落ちあわせ給はぬぞ」（成道御書）

八幡大菩薩は天照太神とともに仏法守護の善神である。その八幡大菩薩が守護の責務を果さぬ怠慢を「いかに八幡大菩薩はまことの神か」と、ここに叱責し給うたのである。そして

―いま日蓮は日本第一の法華経の行者である。しかも身に世間の過失は一つもない。ただ日本国の一切衆生の無間地獄に堕ちるを救わんがために申す法門である。また大蒙古がこの国をせめるならば、天照太神・正八幡《しょうはちまん》とて安穏でいられようか。そのうえ天照・八幡等の善神は、もろもろの諸天と共に法華経の会座《えざ》において釈尊より「末法の法華経の行者をおろそかにしない誓状を立てよ」と責められたとき、一々に誓状を立てたではないか。ならば、日蓮が申すまでもない。急ぎ急いでその誓状の宿願を遂げるべきなのに、どうしてこの処《ところ》に駆《か》けつけないのか――と。

最後に

「日蓮今夜頸《くび》切られて霊山浄土《りょうぜんじょうど》へまいりてあらん時は、まづ天照太神・正八幡こそ起請《きしょう》を用いぬ神にて候いけれと、さしきりて教主釈尊に申し上げ候わんずるぞ。いたしとおぼさば、いそぎいそぎ御計《おんはから》いあるべし」と。

この仰せは〝どうか守ってほしい〟などの歎願ではない。〝なぜ守らぬのか〟とその怠慢を責め、「急ぎ急ぎ計《はから》うべし」と申し付け給うておられるのである。

なぜこのような「申し付け」ができるのか――。

それは、日蓮大聖人こそ「日本第一の法華経の行者」すなわち久遠元初の自受用身・末法下種の本仏であられるからに他ならない。

この御振舞いを見て、兵士たちは驚いた。当時鎌倉の八幡宮といえば、将軍自らが毎年参詣し、国中の武士たちの尊崇措《お》くあたわざる聖域である。その八幡大菩薩を大音声で叱咤されたのであるから、兵士たちは度胆《どぎも》を抜かれたに違いない。このお振舞いこそ、まさしく「下種本仏」の御内證を示される序分の説法であった。

大聖人は再び馬を召される。由比ヶ浜《ゆいがはま》に出たところで、大聖人は兵士たちに

「しばし殿《との》ばら、これに告ぐべき人あり」

とて、近くに住む四条金吾のもとへ熊王《くまおう》という童《わらべ》を遣《つか》わされた。報を聞いて四条金吾は驚愕《きょうがく》し、裸足《はだし》のまま駆けつけ、馬の轡《くつわ》にとりすがり竜の口まで御供した。この四条金吾は立宗直後の入信で純粋一筋の信心の人。北条支流の江馬家《えまけ》に仕え、学問に秀で医道を修め、そのうえ武芸の達人、鎌倉武士の典型のような人であった。

大聖人は馬上より諄々《じゅんじゅん》と四条金吾に仰せられた。

「今夜、頸《くび》切られへまかるなり。この数年《すねん》が間、願いつる事これなり。此の娑婆《しゃば》世界にして雉《きじ》となりし時は鷹《たか》につかまれ、ねずみとなりし時はねこにくらわれき。或いは妻《め》に子に敵《かたき》に身を失いし事、大地微塵《みじん》より多し。法華経の御ためには一度も失うことなし。されば日蓮貧道《ひんどう》の身と生れて父母の孝養心《こころ》にたらず、国の恩を報ずべき力なし。今度頸《くび》を法華経に奉りて、其の功徳《くどく》を父母に回向《えこう》せん。其のあまりは弟子檀那《だんな》等にはぶく《配当》べしと申せし事これなり」と。

――今夜、これより頸《くび》を切られに参る。この数年の間願っていた事はこれである。この娑婆世界において、あるいは雉《きじ》と生まれたときは鷹につかまれ、鼠《ねずみ》と生まれたときは猫に食われ、また人と生まれても妻や子のため、あるいは敵に命を失うことはあっても、法華経のためには一度も命を捨てたことはない。されば日蓮は力なき出家の身として父母への孝養も心に足りず、国の恩を報ずべき力もない。しかしこんど頸を法華経に奉って、その功徳をまず父母に回向《えこう》したい。さらにその余りは弟子檀那に分け与えるであろう——と仰せあそばす。

理不尽きわまる死刑を前にして、何という澄み切った崇高の御心であられるか。

四条金吾は顔も上げ得ず、ただ滂沱《ぼうだ》たる涙の中にこの仰せをお聞きした。彼はこのとき

「もし大聖人の御頸《おんくび》刎《は》ねられたら、その場を去らずに追い腹切って御供を……」

との決意を固めていた。

国家権力がひれ伏す

ついに刑場・竜の口に到着した。暗闇のなかに、大勢の兵士がうごめき屯《たむろ》している。その中央こそ頸《くび》の座であった。これを眼前にして四条金吾は

「只今なり」

と泣き伏した。

大聖人は

「不覚《ふかく》のとのばらかな、これほどの悦《よろこ》びをば笑へかし。いかに約束をば違《たが》へらるゝぞ」と仰せられた。

そして泰然と頸《くび》の座に坐《ざ》し給うた。時刻は、闇《やみ》もっとも深くして暁に移る丑寅《うしとら》の刻《こく》（午前三時ごろ）。

太刀《たち》取りの越智三郎《えちのさぶろう》、大聖人の傍《かたわら》に立つ。そして大刀一閃《いっせん》、まさに降り下されんとしたとき、思議を絶することが起きた。

「江の島のかたより、月のごとく光りたる物鞠《まり》のやうにて、辰巳《たつみ》のかたより戌亥《いぬい》のかたへ光りわたる。十二日の夜のあけぐれ、人の面《おもて》もみへざりしが、物のひかり月夜のやうにて人々の面《おもて》もみな見ゆ。太刀《たち》取り目くらみ倒《たお》れ臥《ふ》し、兵共《つわものども》おぢ怖《おそ》れ興《きょう》さめて一町計《いっちょうばか》りはせのき、或《ある》いは馬よりをりてかしこまり、或いは馬の上にてうずくまれるもあり」

竜の口刑場付近の砂浜

突如として暗闇の中から、巨大な満月のごとき光り物が出現したのである。その光りがいかに強烈であったか。練達強剛の太刀取りも眼《まなこ》くらんでその場に倒れ伏した。その衝撃がいかに凄まじかったか。大刀がいくつにも折れてしまった。

四条金吾はこれを眼前にした。後日、この金吾に賜った御消息には

「**普門品《ふもんぼん》に云く、刀尋段段壊《とうじんだんだんね》**（刀尋《つ》いで段々に壊《お》れなん）。**此等の経文、よも虚事《そらごと》にては候はじ**」とある。

頸の座を取り囲んでいた数百人の兵士たちは、これを見て恐怖のあまり、一斉にクモの子を散らすように逃げ出した。馬上の武士たちも馬から下りて畏《かしこ》まり、あるいは馬上でうずくまってしまった。もう頸を切るどころではない。

ひとり砂浜に坐し給う大聖人は厳然と叫ばれた。

「**いかにとのばら、かかる大禍《だいか》ある召人《めしうど》には遠のくぞ。近く打ちよれや、打ちよれや**」

だが一人として近寄る者とてない。大聖人は再び高声《こうしょう》で叫ばれた。

「**夜あけば、いかに、いかに。頸《くび》切るべくわ急ぎ切るべし、夜明《あ》けなば見苦《みぐる》しかりなん**」

――夜が明けたらどうする。頸を切るならば早く切るべきである。夜が明けたら見苦しい

であろう――と死刑を催促し給うた。

響くは凛々《りんりん》たる大聖人の御声のみ。返事をする者とてない。全員が腰をぬかし、へたり込んでしまったのだ。

まさしく国家権力が、ただ一人《いちにん》の大聖人の御頸《くび》を切ることができず、その御威徳の前にひれ伏してしまったのである。

久遠元初の自受用身と成り給う

かかる思議を絶する荘厳・崇高・威厳に満ちた光景が、この地球上・人類史上において、あったであろうか。この大現証こそ、日蓮大聖人が立宗以来の不惜身命の御修行ここに成就し、ついに久遠元初《くおんがんじょ》の自受用身《じじゅゆうじん》と成り給うたお姿、まさに御成道を示し給うものである。

開目抄には

「日蓮といゐし者は、去年《こぞ》九月十二日子丑《ねうし》の時に頸《くび》はねられぬ。此れは魂魄佐土《こんぱくさど》の国にいたりて、返《かえ》る年の二月、雪中《せっちゅう》にしるして有縁《うえん》の弟子へをくれば、をそ《怖》ろしくてをそろしからず。みん人いかにをぢ《怖》ぬらむ」と仰せあそばす。

この御文の意について日寛上人は

「此の文の元意は、蓮祖大聖、名字《みょうじ》凡夫の御身《おんみ》の当体、全く是れ久遠元初の自受用身と成り給い、内証真身《しんじん》の成道を唱え、末法下種の本仏と顕われ給う明文なり」

と指南下されている。

凡夫には御本仏成道の深意は知るべくもない。しかし、日本国中が寄って集《たか》って殺害せんとし、ついには国家権力が頸《くび》を刎《は》ねんとしてかえってひれ伏した厳然たるお姿は、誰人の脳裏にも灼《や》き付く。まさにこの大現証こそ、末法の全人類に「下種本仏とはかくなるものぞ」ということを、理屈ぬきの強烈なる事実を以て見せて下さったものである。

兵士たちの帰依

この始終を目のあたりにしていた兵士たちの反応はどうであったか。

彼らは一人のこらず念仏の妄信者であり、大聖人を「阿弥陀仏《あみだぶつ》の敵《かたき》」と思いこんでいた者たちである。ゆえに平左衛門に率いられて庵室になだれ込んだとき、憎悪のあまりかの乱暴狼藉をしたのであった。

だがそのおり、平左衛門が臆したのを見てまず不審を感じ、次いで八幡大菩薩を叱咤されるお振舞いに度胆《どぎも》を抜かれ、ついに頸の座においては、腰をぬかしたのであった。

一夜が明けて、幕府はとりあえず、大聖人の身柄を佐渡の守護代《だい》・本間六郎左衛門の邸に預けるべく、兵士たちに送らせた。

依智《えち》（厚木市）の六郎左衛門邸には正午あたりに着いた。兵士たちの心にはすでに敵意は全く消え失せ、尊敬の念が湧いていた。

大聖人は彼等の労をねぎらい、酒を取り寄せふるまわれた。やがて彼らは打ち揃い「帰る」とて、頭をうなだれ手を交《あざ》えて大聖人の前に進み出《い》で、言上した。

「このほどは、いかなる人にてやをはすらん。我等がたのみて候阿弥陀仏《あみだぶつ》をそしらせ給うとうけ給われば、憎みまいらせて候いつるに、まのあたり拝《おが》みまいらせ候いつる事どもを見て候へば、尊《とう》とさに、としごろ申しつる念仏は捨て候いぬとて、火打ち袋《ぶくろ》より数珠《ずず》とりいだして捨つる者あり。今は念仏申さずと誓状を立つる者もあり」（下種本仏成道御書）

――このたびのこと、いったい貴方《あなた》さまはいかなるお人なのでございましょうか。我らが信ずる阿弥陀仏《あみだぶつ》をそしっていると聞いていたので憎んでおりましたが、昨夜来、まのあたりに拝《おが》みまいらせたことなど見れば、あまりの尊とさに、これまで唱えていた念仏はもう捨てました、といって数珠《じゅず》を捨てる者、あるいは念仏はもう唱えませんと誓状を立てる者もいた――と。

殺意は一変して帰依となったのだ。もう護送兵士と罪人の関係ではない。帰依信順の衆生と御本仏との関係になったのであった。

この兵士たちの帰依信順こそ広宣流布の瑞相である。やがて全日本人が、日蓮大聖人の大恩徳にめざめ、手を合わせて「南無妙法蓮華経」と唱えるときが必ず来る。その瑞相を、兵士たちが七百年前に示したのであった。

七、佐渡御流罪

竜の口の衝撃は幕府に茫然自失《ぼうぜんじしつ》をもたらした。大聖人の処置をどうするかを決めかねたまま、幕府は約一ヶ月にわたり大聖人を本間六郎左衛門の邸に滞留させた。そして評議を重ねた結果、佐渡流罪とした。

しかし遠流《おんる》とは表向《おもて》きで、内実は、機をうかがって首を切るというのが平左衛門の心算であった。

文永八年十月十日、大聖人は依智《えち》を発《た》ち、同二十八日、佐渡に着かれた。御供申し上げた弟子の数名は途中で帰され、佐渡への御供は二十六歳の日興上人ただお一人であった。

大聖人に住居として充《あ》てられたのは、死人を捨てる塚原という山野に建つ、一間四面の廃屋「三昧堂《さんまいどう》」であった。とうてい人の住めるところではない。ここがどれほど凄まじいところであったか。

「上《うえ》は板間《いたま》あはず、四壁《しへき》はあばらに、雪ふりつもりて消ゆる事なし。かゝる所に敷皮《しきがわ》打ちしき蓑《みの》うちきて、夜をあかし日をくらす。夜は雪・雹《あられ》・雷電《いなずま》ひまなし、昼は日の光も

佐渡の塚原付近

さゝせ給わず、心細《こころぼそ》かるべきすまゐなり」（下種本仏成道御書）と。

屋根も壁もすき間だらけ、凍るような寒風は吹きぬけ、床には雪がふりつもるという有様、ほとんど屋外と変らない。

当時の日本は寒冷期であったから、佐渡の冬は零下二十度、三十度まで下ったと思われる。その中で、寒を防ぐは茅《かや》で編《あ》んだ蓑《みの》一枚、食糧もない、そのうえ命を狙われている。

「**衣薄《きぬうす》く、食ともし。乃至、現身に餓鬼道《がきどう》を経《へ》、寒《かん》地獄《じごく》に堕《お》ちぬ**」（法蓮抄）と。

このような寒地獄、凡夫なら三日と命はもたないであろう。

だが大聖人は

「**あらうれしや**」（下種本仏成道御書）と仰せられた。

このお言葉こそ、立宗以来の身命も惜しまぬ御修行ここに成就して、ついに久遠元初の自受用身の成道を遂げ給うた大法悦をお示し下されたものである。

そしてこの仏果を得られたのも、強敵あればこそとして

「人をよく成《な》すものは、方人《かたうど》よりも強敵《ごうてき》が人をばよくなしけるなり。乃至、日蓮が仏にならん第一のかたうどは景信《かげのぶ》、法師には良観・道隆・道阿弥陀仏《どうあみだぶつ》、平左衛門尉《じょう》・守殿《こうどの》ましまさずんば、争《いかで》か法華経の行者とはなるべきと悦《よろこ》ぶ」（同前）と。

さらにこの大法悦を最蓮房御返事には

「我等は流人《るにん》なれども、身心共にうれしく候なり。大事の法門をば昼夜に沙汰《さた》し、成仏の理《ことわり》をば時々刻々《じじこくこく》にあぢはう。乃至、劫初《こっしょ》より以来《このかた》、父母・主君等の御勘気《ごかんき》を蒙《こおむ》り遠国《おんごく》の島に流罪せらるるの人、我等が如く悦び身に余りたる者よもあらじ」と。

骨まで凍る極寒、飢え、そのうえ「今日切る、あす切る」という地獄のような環境で、「成仏の理《ことわり》をば時々刻々にあぢはう」「悦び身に余る」と仰せられる。これが、法界を自身と開かれた自受用身、誰人も壊わし得ぬ下種御本仏の大境界なのである。

阿仏房夫妻の帰依

「アミダ仏の敵《かたき》・日蓮房がこの島に流されて来た」――この噂はあっという間に佐渡中に広がった。島は念仏者で充満しており、大聖人を憎む心は鎌倉よりも強かった。

その中のひとり阿仏房《あぶつぼう》が、ある日、塚原の三昧堂を訪れた。阿仏房は、承久《じょうきゅう》の乱で佐渡に配流された順徳上皇に供奉《ぐぶ》して佐渡に住みついた北面《ほくめん》の武士と伝えられている。文武に秀で人柄もすぐれ、島民の尊敬を集めていたが大の念仏信者。流人《るにん》の大聖人を「アミダ仏を誇《そし》る許しがたき悪僧」と思いこみ、わが手で切らんと乗りこんできたのであった。

阿仏房は殺気をみなぎらせつつも、刀を抜く前に問うた。

「なぜ念仏無間《むげん》と悪口《あっく》するのか」

大聖人は穏かに諄々《じゅん》とその理由を説き示された。その明らかなる道理、犯すべからざる威厳、そして気品と慈悲を湛《たた》えた温容に接した阿仏房は、たちまちに己れの誤りに気づき、その場で念仏を捨てるのみならず、命かけての帰依を誓い奉った。

阿仏房は家に帰るや、さっそく妻の千日尼《せんにちあま》に、日蓮大聖人に帰依したことを伝えた。もしこのことが世間に知れれば阿仏房の身が危うくなる。女人ならば夫の身を案じて引きとめて当然なのに、千日尼も夫と同じく大聖人を心から信じまいらせた。この姿こそ深き宿縁というほかはない。

これより夫妻の献身の外護《げご》が始まった。二人は人目を忍び、夜中に大聖人の庵室《あんしつ》を訪れては飯《いい》を供養し、大聖人の御命《おんいのち》を継《つ》ぎまいらせたのである。千日尼へのお手紙には

「地頭・地頭等、念仏者・念仏者等、日蓮が庵室に昼夜に立ちそいて、通《かよ》う人あるをまどわさんと責めしに、阿仏房に櫃《ひつ》をしおわせ夜中に度々《どど》御わたりありし事、いつの世にか忘らむ。只《ただ》悲母の佐渡の国に生まれかわりて有るか」（千日尼御前御返事）と。

阿仏夫妻の、身の危険をも顧みぬこの献身、ただただ涙がこみ上げてくる。

この夫妻に次いで国府入道《こうのにゅうどう》夫妻、本間家の家人《けにん》の中興《なかおき》入道等も入信した。さらに島民の帰依も相次いだ。官憲の厳重な警戒下にもかかわらず、このような捨身の入信を見るということは、大聖人のお徳のただならぬを示すものである。

野外の大法論

鎌倉にいる良観は、佐渡の弟子や念仏僧たちに指令を出した。〝アミダ仏の敵《かたき》を殺せ〟と。この指令を受けて、数百人の念仏者たちが集り謀議をこらした。その模様は下種本仏成道抄に詳しい。次のごとくである。

ある者は

「音に聞こえた阿弥陀仏《あみだ》の怨敵《おんてき》日蓮房がこの国に流されて来た。この国に流されて生き延びた者はない。生き延びたとしても帰ることはできない。また殺しても咎《とが》めはない。いま日蓮房は塚原にただ一人でいる。どれほど力が強くともみなで射殺《いころ》そうではないか」と。

ある者は

「いずれ頸《くび》を切られることになっているが、守殿《こうどの》（北条時宗）の夫人がご懐妊なのでしばらく延びている」と。

ある者は

「六郎左衛門に申し出て、もし切らないといったら、その時は我々がやろうではないか」と。

議はこれに一決した。一同そろって本間六郎左衛門の守護所に押しかけた。このさまはあたかも、囚《とら》われたる師子を、猿猴《えんこう》の群《む》れが蔑《あなず》り嬲《なぶ》らんとしているごとくである。

一同の訴えを聞いた六郎左衛門は云った。

「上《かみ》より、殺してはならぬ旨の副状《そえじょう》が下りている。決して蔑《あなず》るべき流人《るにん》ではない。もし過《あやま》ちを起こしたら重連《しげつら》の過失となる。それよりも僧侶ならば法門で攻めたらどうか」と。

本間六郎左衛門尉重連《じょうしげつら》は佐渡国を知行する北条宣時《のぶとき》の家人《けにん》で、本領を相模国《さがみのくに》の依智《えち》に持ち、佐渡の新穂《にいほ》の地頭でもあった。竜の口法難の直後、大聖人はこの重連の邸に逗留《とうりゅう》されている。また佐渡塚原の三昧堂も重連の所領内にある。これらから見て、佐渡における日蓮大聖人の身柄の責任者は重連であったごとくである。この重連は大聖人の御振舞いを目《ま》のあたりに拝見している。恐らく心中深く敬服していたものと思われる。

かくて文永九年正月十六日、野外の大法論が行われた。

三昧堂前の山野には、佐渡だけではなく、北陸・東北から応援にかけつけた念仏・真言・天台の僧ら、総勢数百人が集まった。六郎左衛門の一家、地元の百姓・入道らもこれに加わり、さしも広い大庭も埋め尽くされた。

諸宗の僧らは法論の始まる前から興奮し、その罵声は雷のごとく山野に響いた。

大聖人はしばらく騒がせたのち、大音声で叫ばれた。

「**各々《おのおの》、しづまらせ給へ。法門の御為《おんため》にこそ御渡《おわた》りあるらめ、悪口《あっく》等よしなし**」（成道御書）と。

六郎左衛門も「その通り」とうなずき、そばで喚《わめ》いていた念仏者の首根っこを押さえつけた。

いよいよ数百人対一人の法論が始まった。諸僧らは口々に「自宗勝れたり」を主張した。大聖人はその一々を取り上げ、確認しては、一言・二言でこれを打ち砕かれた。その破折の鋭きこと強烈なるさまは、あたかも

「利剣をもて瓜《うり》を切り、大風の草をなびかすが如し」（成道御書）であった。

大聖人は道理と文証で邪義を糺《ただ》すのみならず、中国・念仏の祖師・善導が柳の枝で首つって自殺を図り、大地に堕ちて大苦悶の末に悪臨終を遂げたこと。また弘法《こうぼう》の大妄語・たばかり等の現証を以て責められた。

数を頼んだ悪僧どもも、大聖人の師子吼の前についに口を閉じ、顔色を失なった。中には「念仏は間違っている」と云い出したり、あるいはその場で袈裟《けさ》・平数珠《ひらじゅず》を捨て「もう念仏は申しません」と誓状を立てる者まで出た。

これは一対一の法論ではない、田舎法師《いなかほっし》とはいえ敵意に満ちた数百人が相手である。これらを閉口させたのみならず、誓状を立てる者まで出さしむるとは、大聖人の御威徳のほど、眼前に拝する思いである。

法華経涌出品《ゆじっぽん》には上行菩薩の徳を讃えて

「難問答《なんもんどう》に巧《たく》みにして、其《そ》の心畏《おそ》るる所無く、忍辱《にんにく》の心決定《けつじょう》し、端正《たんじょう》にして威徳有り」

とある。

自界叛逆を御予言

法論が終わり家に帰らんとする本間六郎左衛門を、大聖人は呼び戻され、仰せられた。

「いつ鎌倉へ上《のぼ》られるのか」

六郎左衛門は
「下人《げにん》どもに農《のう》させて、七月ごろ」

すると大聖人は
「弓矢とる者は、主君の大事に駆《か》けつけて所領を給わることこそ本懐ではないか。しかるに田畑つくるとはいえ、只いま鎌倉で軍《いくさ》が始まらんとしているのに何をしているのか。急ぎ打ち上《のぼ》って手柄を立て、所領をも給わらぬか。貴殿は相模の国では名ある侍ではないか。それが田舎で田など作って大事の軍《いくさ》に外《はず》れたら恥となろう」と。

六郎左衛門は何を感じたのか、あわてて物も云えなかった。そばにいた念仏者や在家の者たちは「いったい何を言い出すのか」と怪訝《けげん》の顔つきであった。

だが、翌二月の十八日、鎌倉から急使が来て「鎌倉・京で軍《いくさ》が起きた」と伝えた。まさに自界叛逆が勃発《ぼっぱつ》したのだ。しかも自界も自界、執権・北条時宗の兄・時輔《ときすけ》が謀叛《むほん》をおこしたのであった。

六郎左衛門はその日の夜、一門を引き連れ鎌倉へ上《のぼ》らんとし、その直前、大聖人のもとに詣《もう》でた。そして手を合わせて言うには

「どうかお助け下さいませ。正月十六日のお言葉を伺ったときには、『そんなことが……』と疑っておりましたところ、お言葉は三十日のうちに事実となりました。これを以て思えば、蒙古国も必ず来るでありましょう、念仏の無間地獄も疑いありません。もう念仏は断じて申しません」と。

六郎左衛門は自界叛逆の的中を見て、心から帰依し奉ったのである。

大聖人は幕府内の状況など知り得るお立場にはない。どうして掌《たなごころ》を指すように、このご断言ができたのであろうか。

それは、諸天、なかんずく日天・月天に「申し付け」給うたことによる。撰時抄には

「日月、天《てん》に処《しょ》し給いながら、日蓮が大難にあうを今度かわらせ給はずば、一つには日蓮が法華経の行者ならざるか、忽《たちま》ちに邪見《じゃけん》をあらたむべし。若《も》し日蓮法華経の行者な

らば、忽《たちま》ちに国にしるしを見せ給へ。若《も》ししからずば、今の日月等は釈迦《しゃか》・多宝《たほう》・十方《じっぽう》の仏をたぶらかし奉る大妄語《だいもうご》の人《にん》なり、提婆《だいば》が虚誑罪《こおうざい》・倶伽利《くぎゃり》が大妄語にも百千万億倍すぎさせ給へる大妄語の天なりと、声をあげて申せしかば、忽ちに出来《しゅったい》せる自界反逆の難なり」と。

日・月天はもろもろの諸天善神とともに法華経の会座《えざ》において、末法の法華経の行者を守り奉るとの誓いを立てている。しかるに大聖人が大難にあうを見ても国を罰しない。もし大聖人を「末法の法華経の行者」と思うなら「忽ちに徴《しるし》を見せよ」と申し付けられ、もし徴を見せないのであれば、今の日・月等は釈迦仏等をたぶらかす大妄語の天であると「声をあげて」叱責された。かくてたちまちに起きた「自界叛逆の難」なのである。

まさしく下種の御本仏なればこそ、日・月天をこのように叱責し、申し付けることができ、掌を指すごとくのご断言もなし得《え》給うのである。

三大秘法の法門開示

さて、釈尊は勧持品《かんじほん》に上行菩薩の受ける大難を「悪口罵詈《あっくめり》」「及加刀杖《ぎゅうかとうじょう》」「数数見擯出《さくさくけんひんずい》」等と予言証明したが、立宗より佐渡に至るまでの大聖人が受け給うた大難は、この経文に一々符合している。「悪口罵詈《あっくめり》」は説明の要もない。「及加刀杖《ぎゅうかとうじょう》」のうち、「杖」は少輔房《しょうぼう》が法華経第五の巻で大聖人の御面《おんかお》を打ち奉ったこと、「刀」は小松原と竜の口の大難。「数数見擯出《さくさくけんぴんずい》」は伊豆・佐渡の両度にわたる流罪である。

釈尊滅後二千二百余年の間、全世界において、このように勧持品を身に読まれた御方はない。まさに日蓮大聖人こそ釈尊が予言した上行菩薩その人であられること、疑わんとしてなお信ぜざるを得ないであろう。

ここに佐渡において大聖人は、外用《げゆう》は上行菩薩、内証《ないしょう》は久遠元初の自受用身《じじゅゆうじん》として、いよいよ三大秘法の御法門をお述べあそばすのである。

「法門の事は、佐渡の国へながされ候いし已前の法門は、ただ仏の爾前《にぜん》の経とをぼしめせ。乃至、去《いぬ》る文永八年九月十二日の夜、竜の口にて頸《くび》をはねられんとせし時よりのち、ふびんなり我につきたりし者どもにまことの事をいわざりける、と思うて佐渡の国より弟子どもに内内《ないない》申す法門あり」(三沢抄)と。

開目抄

野外の大法論があった翌二月、大聖人は「開目抄《かいもくしょう》」と題する長文の御書をしたためられた。「今日切る、あす切る」という身辺危険のなか、雪に埋もれた三昧《さんまい》堂の中で、凍《こご》える御《み》手《て》に筆を持ち、蓑《みの》を着てのご執筆である。

この開目抄こそ三大秘法中の「人《にん》の本尊」を開顕された重書である。

開目とは、目を開き見さしめるの意。何を見さしめ給うたのかといえば、いま佐渡雪中にまします日蓮大聖人こそ、三世十方の諸仏の本源たる久遠元初《くおんがんじょ》の自受用身《じじゅゆうじん》にして、末法の一切衆生の主《しゅ》・師《し》・親《しん》であることを見さしめ給うたのである。

この開目抄の文意については、大聖人御自身が下種本仏成道御書に次のごとく示されている。

「去年の十一月より勘《かんが》へたる、開目抄と申す文《ふみ》二巻造《つく》りたり。頸《くび》切らるゝならば日蓮が不思議とどめんと思ひて勘《かんが》へたり。此の文の心は、日蓮によりて日本国の有無《うむ》はあるべし。譬へば宅《いえ》に柱なければたもたず、人に魂なければ死人なり。日蓮は日本の人の魂なり、平左衛門既《すで》に日本の柱を倒しぬ。只今世乱れてそれともなくゆめの如くに妄語出来《もうごしゅったい》して此の御一門同士《どし》討《う》ちして、後には他国よりせめらるべし」と。

「日蓮が不思議」とは、日蓮大聖人こそ末法出現の久遠元初の自受用身であられるということである。そして開目抄は

「日蓮によりて日本国の有無はあるべし」

の意を顕わした書であると仰せられる。たとえば家に柱がなければ家は保《も》たず、人に魂がなければ死人であるように、日蓮大聖人こそ日本国の柱であり、日本の人の魂である。しかるに平左衛門は大聖人の頸《くび》を刎《は》ねた、日本国の柱を倒した。よってたちまちに自界叛逆の難がおこり、後には必ず他国からせめられるであろう――と。

久遠元初の御本仏・末法全人類の主・師・親であられればこそ、もし怨《あだ》をなせば諸天これを許さず、よって人も亡び国も亡ぶ。もし信敬《しんきょう》すれば人も栄え国も安泰となる。この重き重き大境界を

「日蓮によりて日本国の有無はあるべし」

と仰せあそばすのである。まさに日蓮大聖人こそ末法下種の「人《にん》の本尊」であられる。

観心本尊抄

また翌文永十年四月には「日蓮当身《とうしん》の大事」といわれる「如来滅後五五百歳始観心本尊《にょらいのめつごごごひゃくさいにはじむかんじんのほんぞん》抄《しょう》」を著わされている。

この観心本尊抄は三大秘法中の「法の本尊」をお示し下されたもので、大聖人ご図顕の

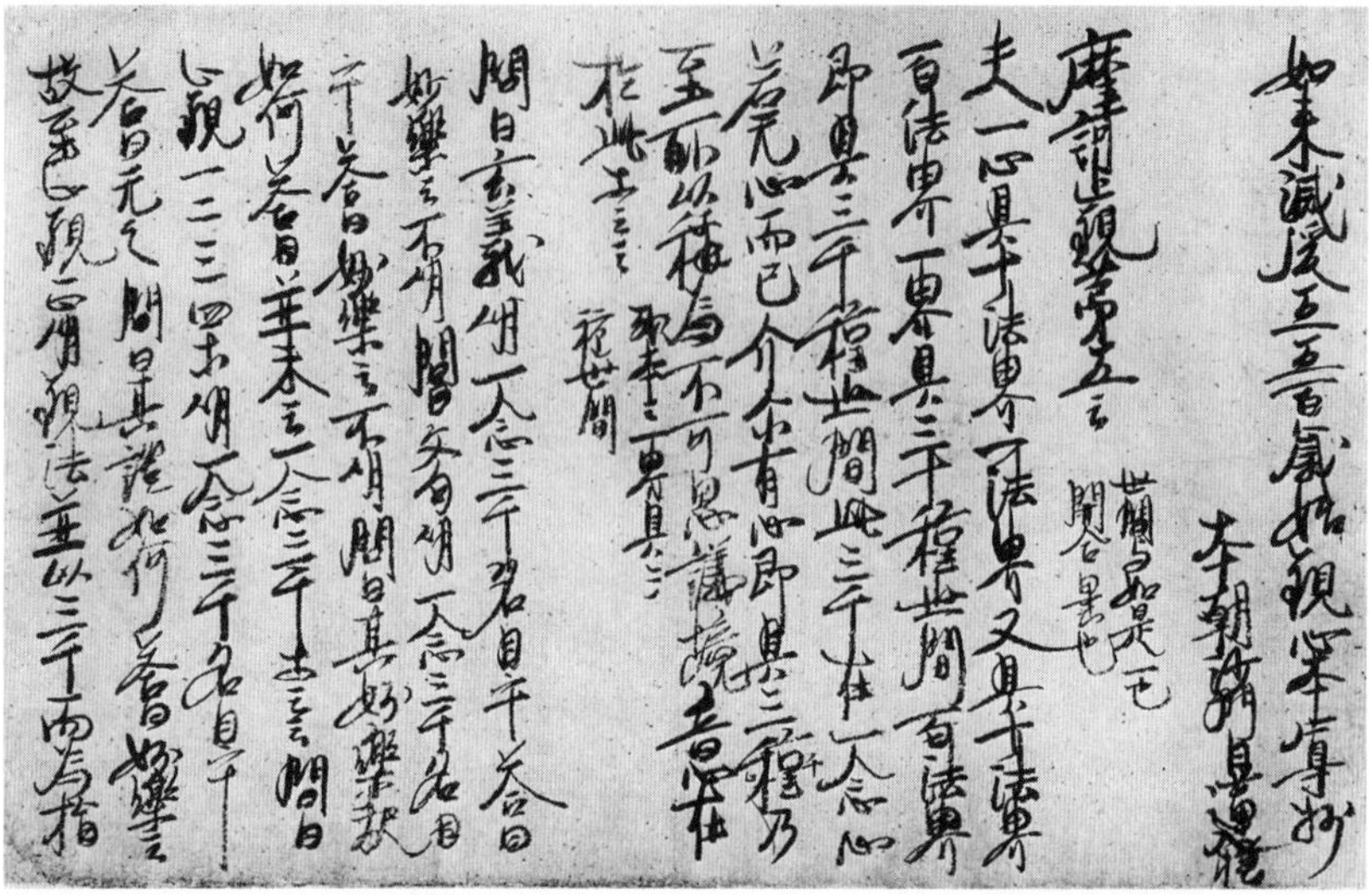

如来滅後五五百歳始観心本尊抄（第一紙・御真蹟）

「南無妙法蓮華経 日蓮 在御判」の御本尊こそ、三世十方の諸仏・諸経の能生の根源、末法全人類の成仏の法体であり、この御本尊を信じて南無妙法蓮華経と唱え奉れば、速かに観行成就するとの、受持即観心が明かされている。

そして結文《けちもん》には

「一念三千を識《し》らざる者には、仏大慈悲を起こし、五字の内に此の珠《たま》を裹《つつ》み、末代幼稚の頸《くび》に懸《か》けさしめ給う」

と仰せられている。本抄こそ御書四百余篇中の最重要書である。

そして佐渡以後、御本尊を書き顕わされ強信の弟子等に授与し給うておられる。

佐渡よりご帰還

月日が経つにつれ、大聖人のご威徳は佐渡中に知れわたり、帰依入信する者が増えてきた。これを見て念仏僧たちは大いにあせり、対策を協議した。

「かうてあらんには我等餓《かつ》へ死ぬべし、いかにもして此の法師《ほっし》を失わばや」（成道御書）

と。

かくて代表が鎌倉の武蔵守宣時《むさしのかみのぶとき》に訴え出た。宣時は本間六郎左衛門の主であり、良観とも深く通じていた。宣時はこの訴えを聞き入れ「私の下文《くだしぶみ》」すなわち虚偽の命令書を文永十年十二月七日に下した。その状には

「佐渡国の流人《るにん》の僧日蓮、弟子等を引率《いんそつ》して悪行を巧《たく》むの由《よし》、其《そ》の聞こえ有り。所行の企《くわだ》て甚《はなは》だ以て奇怪なり。今より以後、彼《か》の僧に相随《あいしたが》わんの輩《やから》においては炳誡《へいかい》を加へしむべし」とあった。

大慈大悲の御本仏を「弟子等を引率して悪行を巧む」とは何ごとか。これ良観の入れ智恵であろう。

さらに二度目の下文《くだしぶみ》には

「国中のもの日蓮房につくならば、或いは国を追い、或いは牢《ろう》に入れよ」と。

このような命令書の下ること三度。かくて「庵室の前を通れり」といっては牢に入れ、

「日蓮房に物をまいらせた」といっては佐渡より追放という理不尽な弾圧が行われた。

だが、この下文《くだしぶみ》の一・二ヶ月後、宣時や悪僧どもの頭ごしに、執権・北条時宗が直々《じきじき》に赦免《しゃめん》の決断を下した。幕府内に多くの反対渦まく中での決断であった。

時宗は、いったんは讒言《ざんげん》を信じて「流罪」にしたが、その後、大聖人に一分の科《とが》もないことを知った。それだけではない、大聖人ご断言のごとくに自界叛逆が起きた。これを見れば蒙古の襲来も疑いない。この大恐怖が時宗の心を動かし赦免の決断となったのである。

「**日蓮御勘気《ごかんき》の時申せしが如く同士討《どしう》ちはじまりぬ。それを恐るゝかの故に、又召し返されて候**」（妙法比丘尼御返事）と。

されば時宗が「許した」のではない。大聖人が諸天に申し付けてこれをなさしめ給うたのである。最蓮房御返事には

「**鎌倉殿はゆるさじとの給い候とも、諸天等に申して鎌倉に帰り……**」とある。

かくて佐渡流罪は二年六ヶ月で終わった。「生きて帰った者はない」といわれた佐渡から、大聖人は堂々の還御《かんぎょ》あそばしたのである。

第三の国諫

大聖人は再び鎌倉に入られた。平左衛門《へいのさえもん》に最後の諫暁をなさるためである。平左衛門は国家権力者として大聖人を斬罪に処したうえ佐渡へ流罪した張本人。この大科《だいか》により国は亡んで当然である。しかしいま一度、平左衛門に申し聞かせて国を救わんとの大慈悲であられた。

「此の事をいま一度平左衛門に申しきかせて、日本国にせめ残されん衆生をたすけんがために、のぼりて候いき」（高橋入道殿御返事）と。

不思議にも、幕府の意向として大聖人に招きがあった。

文永十一年四月八日、大聖人は殿中《でんちゅう》において幕府首脳と対面された。その空気は以前とは打って変わる。

あれほど大聖人を憎み斬罪まで行なった平左衛門が、威儀をやわらげ礼儀をただし、大聖人を迎えたのである。居ならぶ面々も辞を低くして、ある者は念仏を、ある者は真言を、ある者は禅宗をと、こもごも問いたずねてきた。平左衛門は「爾前《にぜん》経で成仏が叶うかどうか」と質問してきた。

大聖人はその一々に経文を引いて答えられた。そして平左衛門に対し

「王地に生まれたれば、身をば随へられたてまつるやうなりとも、心をば随へられた

てまつるべからず。念仏の無間獄《むげんごく》、禅の天魔《てんま》の所為《そい》なる事は疑いなし。殊《こと》に真言宗が此の国土の大なるわざわひにては候なり。大蒙古を調伏《ちょうぶく》せん事、真言師には仰せ付けらるべからず。若《も》し大事を真言師調伏するならば、いよいよいそいで此の国ほろぶべし」（撰時抄）

と強々と言い切られた。「聖人は言《ことば》をかざらず」という、諂《へつら》わないのである。ただ国のため、一切衆生のために真実《まこと》を仰せられる。平左衛門は念仏を信ずるのみならず、深く真言宗に傾倒していた。よって真言師を用いて蒙古調伏することが亡国をより早めることになると、強く諫め給うたのである。

しかし平左衛門は怒りをあらわさなかった。そして時宗の意を受けてのごとくに、重大な質問を発した。

「大蒙古はいつか渡り候べき」と。

大聖人は答えられた。

「経文にはいつとは見へ候はねども、天《てん》の御気色《みけしき》いかり少なからず急に見へて候。よも今年は過ごし候はじ」（撰時抄）

――経文にはいつとは書かれてないが、諸天の怒りはただならず急を告げている。よも今年を過ぎることはないであろう――と。この年は残り八ヶ月しかない。その間に「必ず蒙古は押し寄せてくる」との御断言である。

重ねて大聖人は

「それにとっては、日蓮已前《いぜん》より勘《かんが》へ申すをば御用《おんもち》いなし。譬《たと》へば病《やまい》の起こりを知らざらん人の病を治《じ》せば、弥《いよいよ》病は倍増すべし。真言師だに調伏するならば、弥此《いよいよ》の国、軍《いくさ》に負くべし」(下種本仏成道御書)と。

さらに後鳥羽《ごとば》上皇が真言の大祈祷をしてかえって北条義時に敗れた現証を挙げられ、もし真言師を用いるならば国必ず亡ぶことを言い切られたうえで

「さ言はざりけると仰せ候な、としたたかに申し付け候いぬ」(同前)——そうは言わなかったと仰せになってはいけないと、強く申し付けた——と。

なんという強きお諫めであろうか。このとき大聖人は佐渡から帰ったばかりのお立場である。ここでもし平左衛門の逆鱗《げきりん》に触れれば、再び佐渡に流され、今度こそ身命に及ぶかもしれない。しかるに、いささかも権威を恐れず諂《へつら》わぬこの御振舞い。まさに厳父が悪子《あくし》を誡めるの大慈である。

だがこの悪子、大聖人の最後の直諫をも無視して、折からの旱魃《かんばつ》に、なんと真言師の阿《あ》弥陀堂法印《みだどうほういん》を用いて祈雨《きう》を命じた。この平左衛門の真言への執着こそ、まさに「毒気深入《どっけじんにゅう》・

失本心故《しっぽんしんこ》」の姿であった。

「日蓮捨て去る時 七難必ず起こるべし」

ついに大聖人は鎌倉を去り、深山の身延に入り給うた。

「**本《もと》より存知せり。国恩を報ぜんがために三度までは諫暁《かんぎょう》すべし。用いずば山林に身を隠《かく》さんと思ひしなり**」（下山抄）と。

大聖人が諫暁をやめて去り給うことは、重大な意味を持つ。それは、いよいよ蒙古の責めが事実となるということである。

「**事《こと》、三箇度《みかど》に及ぶ、今諫暁を止むべし。後悔を致《いた》す勿《なか》れ**」（未驚天聴御書）と。

仁王経には「**聖人去らん時は七難必ず起らん**」とある。この経文は大聖人の御振舞いにより事実となる。すなわち佐渡御書には

「**日蓮捨て去る時、七難必ず起こるべし**」と仰せられている。

大慈大悲の御本仏に対し、日本国は二度も流罪し頸《くび》まで刎《は》ね奉った。この大科により、すでに国は亡んで当然なのに「いま一度平左衛門に申しきかせて」と、大聖人は第三度の諫

暁がおわるまで、諸天を抑《おさ》えておられたのである。ゆえに

「此の国の亡びん事疑いなかるべけれども、且《しばら》く禁《いまし》めをなして国をたすけ給へと日蓮がひかうればこそ、今までは安穏にありつれども、法に過ぐれば罰あたりぬるなり」(成道御書)と。

諸天の治罰により国の亡ぶことは疑いなきところであるが、大聖人がしばらくこれをとどめ、「国を助け給え」と諸天を抑えればこそ今まで安穏であった。しかし限度を超えれば罰が当る——と仰せられる。

いま大聖人が諫暁を止め鎌倉を去られたことは、まさしく諸天への「禁《いまし》め」がいよいよ解かれたことを意味する。このように、諸天を抑《おさ》え、そして申し付けるの御境界であればこそ、平左衛門に対し

「よも今年は過ごし候はじ」(撰時抄)

の御断言を、よくなし得《え》給うたのである。

大蒙古ついに襲来

大聖人のご断言は寸分も違《たが》わなかった。この年(文永十一年)の十月、大蒙古の軍兵は

ついに日本に押し寄せて来た。その兵力二万五千人、軍船九百余隻、戦闘は凄惨をきわめた。

「十月に蒙古国より筑紫《つくし》によせて有りしに、対馬《つしま》の者かためて有りしに、宗総馬尉逃《そうそうまのじょうにげ》ければ、百姓等は男をば或いは殺し或いは生取《いけどり》にし、女をば或いは取り集めて手を通して船に結《ゆ》い付け、或いは生け取りにす。一人も助かる者なし」（一谷入道女房御書）と。

最初に襲われた対馬では、守護代の宗総馬尉《そうそうまのじょう》が逃げてしまったので、残った島民たちの男は殺され生け取りにされ、女は手に縄を通されて舷《ふなべり》に並べて吊るされ、あるいは生け取りにされた。

大蒙古国王・クビライ

次いで壱岐《いき》も襲われた。ここでも鎮西奉行《ちんぜいぶぎょう》の大友入道、豊前前司《ぶぜんのぜんじ》の少弐資能《しょうにすけよし》らの武将は逃げおち、松浦党《まつうらがとう》は惨殺され、農民たちは対馬と同じ悲惨を味わった。

勢いに乗じた蒙古軍はいよいよ博多に上陸した。日本軍は博多・箱崎を放棄して退却を重ね、太宰府《だざいふ》までも破られた。

蒙古軍は世界最強の軍団である。その戦法は日本軍が初めて目にする、火薬が炸《さく》裂する鉄炮《てっぽう》を用いての集団戦法だった。もし二万五千の全軍が本格的侵攻を始めたら、九州全土も危うしと見られた。

だが、太宰府まで攻め破った蒙古軍はどうしたわけか、その日のうちに全軍が軍船に戻った。そしてその夜、大暴風雨があり、本国に引き揚げてしまったのである。

何とも不思議な侵攻である。壱岐《いき》・対馬《つしま》の殺戮《さつりく》で日本国中を震えあがらせただけで、大規模な殺戮はせずにさっと引き揚げている。この奇妙な侵略こそ、大聖人の御化導を助けまいらせる諸天の治罰をよくよく物語っている。

しかし国中の人々は、この殺戮が全土におよぶと脅《おび》え切った。

「雲の見うれば旗かと疑い、つりぶねの見ゆれば兵船《ひょうせん》かと肝心を消す。日に一二度山へのぼり、夜に三四度馬に鞍《くら》を置く、現身に修羅道《しゅらどう》を感《かん》ぜり」（兄弟抄）と。

また

「当世の人々の蒙古国をみざりし時のおごりは、御覧ありしやうにかぎりもなかりしぞかし。去年の十月よりは一人もおごる者なし。きこしめしゝやうに、日蓮一人計《ばか》りこそ申せしが、よせてだにき《来》たる程ならば面《おもて》をあはする人もあるべからず。但《ただ》猿の犬ををそれ、蛙《かえる》の蛇ををそるゝが如くなるべし。是れ偏《ひと》えに釈迦仏の御使たる法華経の行者を、一切の真言師・念仏者・律僧等ににくませて我と損じ、ことさらに天のにくまれを蒙《かお》れる国なる故に、皆人臆病《おくびょう》になれるなり」（乙御前御消息）と。

日本は四方を海で囲まれている、この海を渡ってどこの国が攻めてこようか。「他国侵逼などあり得ない」とのおごりは限りもなかった。だが驕《おご》れる者ほど、事の起きたときには脅《おび》え、臆病となる。日本国においてこの「他国侵逼」を断言されていたのは、ただ日蓮大聖人御一人であられた。

八、出世の本懐 成就

大聖人が身延に入山されてより、若き日興上人の猛然たる折伏が富士南麓《なんろく》にくりひろげられた。

この弘教により、弘安元年富士熱原《あつわら》地方に神四郎《じんしろう》・弥五郎《やごろう》・弥六郎《やろくろう》という農民の三兄弟が入信した。三人は宿縁のもよおすところ、日興上人の説法を聴聞するや、直ちに熱烈な信心に立ち折伏を進め「法華講衆《ほっけこうしゅう》」と名乗った。

熱原の法難

法華講衆の折伏弘通が進むにつれ、地元滝泉寺の院主代・行智《ぎょうち》を中心とした、激しい怨嫉《おんしつ》が巻きおこった。彼等は幕府の権力者・平左衛門と連絡を取りつつ、法華講衆の潰滅《かいめつ》を策した。ここに門下の信徒が受けた法難としては最大の「熱原の大法難」が起きた。

弘安二年九月、官憲と結託した謗法者らは、日興上人の弟子・日秀の田の稲刈りを手伝っていた法華講衆の一同を、あろうことか「院主の坊内の稲を盗んだ」として捕縛《ほばく》し、直ちに鎌倉へ押送《おうそう》したのである。

この法華講衆を鎌倉で待ち構えていたのは、平左衛門であった。彼は大聖人の御威徳にはとうてい歯の立たぬことを知っていたが、その無念を、いま己《おの》れの権威で法華講衆を退転せしめ、晴らそうとしたのである。

神四郎ら二十人は、平左衛門の私邸の庭に引き据えられた。平左衛門は法華講衆を睨《ね》めまわし、居丈高《いたけだか》に申し渡した。

「汝等、日蓮房の信仰を捨てて念仏を唱えよ、そして謝罪状を書け。さすれば郷里に帰すであろう。さもなくば頸《くび》を刎ねん」と。

一も二もなく農民らは恐れ畏《かしこ》み、命乞《いのちご》いをするとばかり彼は思った——。が、平左衛門の卑しき想像は覆《くつがえ》った。

神四郎・弥五郎・弥六郎を中心とする二十人は自若として臆《おく》することなく、一死を賭《と》して「南無妙法蓮華経」と唱え奉り、以て答えに替えたのであった。

法華講衆の死をも恐れぬこの気魄《きはく》に、平左衛門は顔色を失った。このとき彼の脳裏《のうり》に浮んだのは、八年前の文永八年九月十二日、自ら兵を率いて大聖人を逮捕せんと庵室《あんしつ》を襲った時の、大聖人の師子王のごとき御気魄であったに違いない。

気圧《けお》された思いはやがて憤怒《ふんぬ》に変った。彼はかたわらに控えていた次男の飯沼判官《いいぬまほうがん》に命じ、蟇目《ひきめ》の矢を射させた。蟇目《ひきめ》の矢とは、くりぬいた桐材《きりざい》をやじりとした鏑矢《かぶらや》のことで、射ると「ヒュー、ヒュー」と音がする。彼は農民をこの蟇目《ひきめ》で威《おど》し、退転させようとしたのである。飯沼判官の放つ矢は容赦《ようしゃ》なく一人一人を嘖《さいな》む。そのたびに平左衛門は「念仏を唱えよ」と威《おど》し責めた。

しかし、一人として退する者はなかった。かえって一矢《いっし》当るごとに唱題の声は庭内に高まった。法華講衆はただ「一心に仏を見たてまつらんと欲して、自ら身命を惜しまず」の大信心に住していたのであった。

あまりのことに平左衛門は驚き、蟇目《ひきめ》を中止させた。そして法華講衆の代表たる神四郎・弥五郎・弥六郎の三人を引き出し——ついにその頸《くび》を刎《は》ねた。

しかし、平左衛門は熱原の法華講衆の肉身は壊《こ》わせても、日蓮大聖人を信じ奉る信心は壊わせなかった。法華講衆の「一心に仏を見奉らんと欲して自ら身命を惜しまず」の信心は、国家権力に打ち勝ったのである。

「**師子王は百獣に怖《お》ぢず、師子の子又かくのごとし**」（出世本懐成就御書）と。

大聖人は竜の口のとき、絶大威力をもって国家権力をひれ伏させ給うた。いま熱原の農民は、大聖人に南無し奉る金剛信をもって、国家権力の威《おど》しに勝ったのである。

本門戒壇の大御本尊 建立

法華講衆の身を案じ、幕府を直諫せんと鎌倉まで出向いていた日興上人は、直ちにこの事態《じたい》を身延の大聖人に急報申し上げた。

大聖人は深く深く御感《ぎょかん》あそばされ、神四郎等法華講衆を「願主《がんしゅ》」として、御一代の最大事・出世の本懐たる「本門戒壇の大御本尊」を建立あそばされた。時に弘安二年十月十二日、聖寿五十八歳であられた。

思うに、法華講衆の振舞は、とうてい凡夫のなせるわざではない。名もなき農民が天下の権威も恐れず、仏法のためには身命も惜しまなかったのは、ただ大聖人の師子王心《ししおうしん》に同心し奉ったゆえである。「**師子王は百獣に怖《お》ぢず、師子の子又かくのごとし**」（出世本懐成就御書）とはこれである。

名もなき農民が、それも一人・二人ではない、集団として大聖人の師子王心に同心し奉る。この異体同心こそ、未来事《じ》の広宣流布の瑞相《ずいそう》、国立戒壇建立の先序《せんじょ》でなくて何であろうたのである。ここにおいて大聖人は、神四郎等法華講衆を「本門戒壇の大御本尊」の願主とし給うたのである。

熱原の法華講衆は弘安元年の入信、この大法難までわずか一年であった。しかも未だ大聖人にお値《あ》いする機会も得ていない。しかるに大聖人の御意に叶う御奉公を貫き通したこと、その宿縁の深厚さには驚歎のほかはない。

御本仏がいよいよ出世の本懐を遂げんとおぼされた弘安年中に至って、血脈《けちみゃく》付法《ふほう》の人《にん》日興上人の弘通により、戒壇建立の地の富士南麓《なんろく》において、かかる不惜身命の集団が忽然《こつねん》と出現したことは、まさに御本仏の仏力の然らしむるところと拝し奉る以外にない。

この弘安二年の「本門戒壇の大御本尊」こそ大聖人の出世の本懐であられる。ゆえに出世本懐成就御書に

「去《い》ぬる建長五年四月二十八日、乃至、午《うま》の時に此の法門申しはじめて今に二十七年、弘安二年なり。

仏は四十余年、天台大師は三十余年、伝教大師は二十余年に出世の本懐を遂げ給う、其の中の大難申す計《ばか》りなし、先々《せんぜん》に申すがごとし。

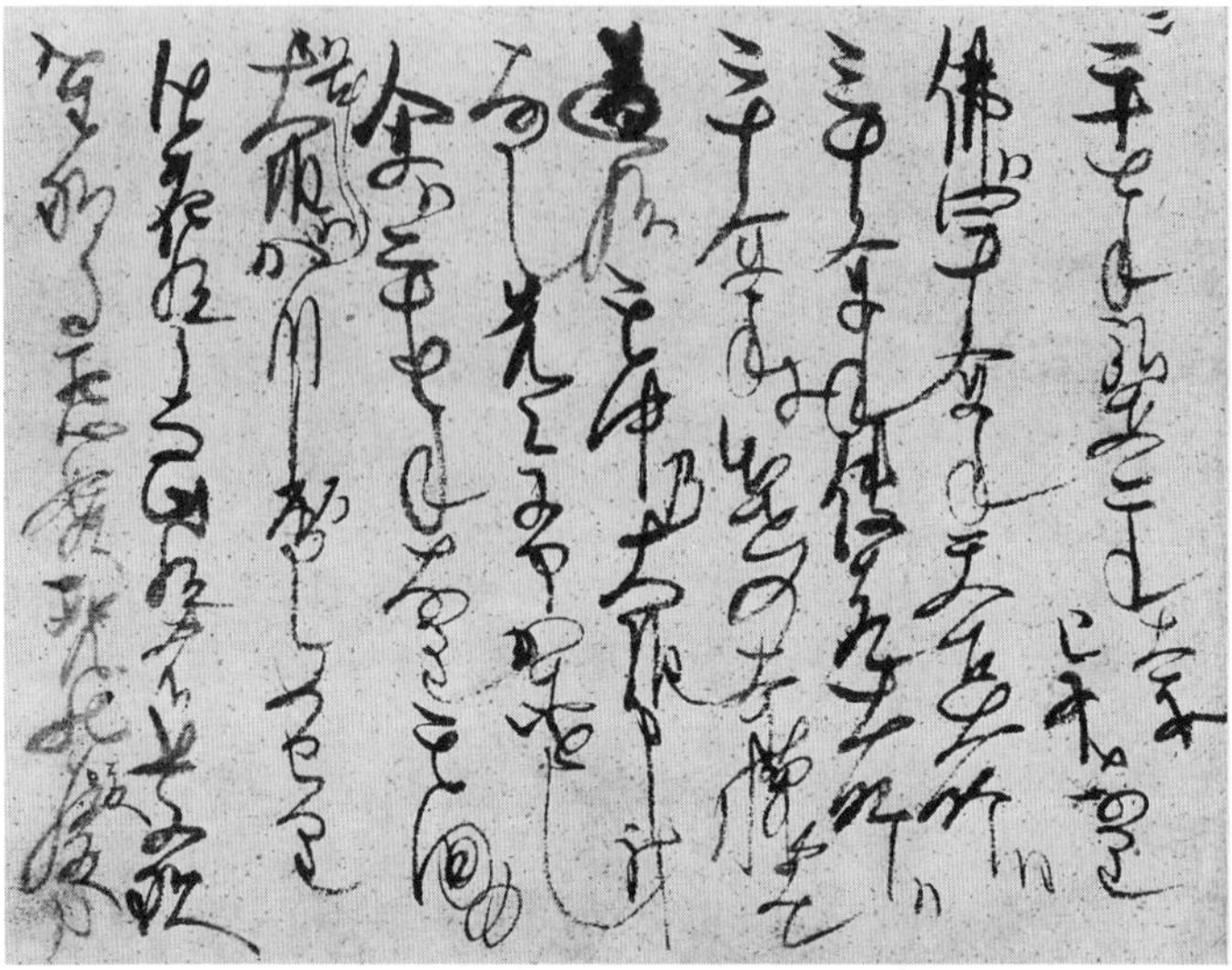

出世本懐成就御書（第二紙・御真蹟）

余は二十七年なり、其の間の大難は各々かつしろしめせり」と。

釈尊・天台・伝教の三聖が出世の本懐を遂げられた年数と対比して、「余は二十七年なり」と仰せられている。すなわち末法の御本仏日蓮大聖人は、立宗より二十七年目の弘安二年に「本門戒壇の大御本尊」を建立せられ、ここに出世の本懐を遂げ給うたのである。

この大御本尊こそ、本門寿量品の文底・最大深秘の大法の、まさしく実体であられる。

ゆえに日寛上人は

「問う、文底深秘の大法、其の体如何《たいいかん》。答う、即ち是れ天台未弘《みぐ》の大法、三大秘法の随一、本門戒壇の御本尊の御事なり」（撰時抄愚記）と仰せられている。

佐渡以後、大聖人は強信《ごうしん》・有縁《うえん》の弟子等に数多《あまた》の御本尊を授与されている。だが、これらの御本尊は「一機一縁《いっきいちえん》」といって、個人に授与されたものである。

弘安二年の「本門戒壇の大御本尊」は、総じて全世界の一切衆生に授与し給うた大御本尊で、広宣流布の暁には国立の本門戒壇に安置される。この大御本尊こそ久遠元初の自受用身・日蓮大聖人の御当体であられる。

日寛上人は、数多の御真筆本尊の中におけるこの「本門戒壇の大御本尊」の位置を

「就中《なかんずく》、弘安二年の本門戒壇の御本尊は、究竟《くきょう》の中の究竟、本懐の中の本懐なり。既《すで》に是れ三大秘法の随一なり、況《いわ》んや一閻浮提総体の本尊なる故なり」（観心本尊抄文段）

とお示し下されている。

三大秘法のうち、本門の題目は立宗の時に唱え出《い》だされたが、その本門の題目の体《たい》こそ実にこの「本門戒壇の大御本尊」であられる。

この大御本尊は、日興上人・日目上人・日道上人と歴代貫首《かんず》上人に次第相伝され、いま富士大石寺にましました。そして広宣流布・国立戒壇建立のその日まで、一切公開せず御宝蔵に秘蔵し奉るのが、日興上人以来の堅き定めとなっている。

いま顕正会員は、この大御本尊を遥拝し奉って広宣流布に戦っている。たとえ千万里を隔《へだ》てるとも

「雷門《らいもん》の鼓《つづみ》は千万里遠けれども、打ちては須臾《しゅゆ》に聞こゆ。乃至、心こそ大切に候へ」（千日尼御前御返事）と。

この仰せのごとく、恋慕の唱題は直ちにこの大御本尊に達し、渇仰の信心は直ちに大聖人の御心に通じ、以て現当二世の大利益が頂けるのである。

大蒙古 再度襲来

さて、泥酔《でいすい》の者が痛みを感じないように、謗法《ほうぼう》の毒気《どくけ》深き者は罰《ばち》を罰と感じない。第一回の蒙古の責めを受けてなお改悔《かいげ》なき人々を見て、大聖人はその年に著わされた顕立正意抄に

「今年既《すで》に彼《か》の国災兵《さいひょう》の上、二箇国（壱岐・対馬）を奪い取る。設《たと》い木石《もくせき》たりと雖《いえど》も、設い禽獣《きんじゅう》たりと雖も感ずべく驚くべし。偏えに只事《ただごと》に非《あら》ず。天魔《てんま》の国に入って酔えるが如く狂えるが如し。歎くべし、哀《あわれ》むべし、恐るべし、厭うべし」

さらに

「又立正安国論に云く『若し執心《しゅうしん》翻《ひるがえ》らず亦曲意《またごくい》猶《なお》存せば、早く有為《うい》の郷《さと》を辞して必ず無間《むげん》の獄に堕ちなん』等云云。今符合するを以て未来を案ずるに、日本国の上下万人阿鼻《あび》大城《だいじょう》に堕《だ》せんこと大地を的と為《な》すが如し」と。

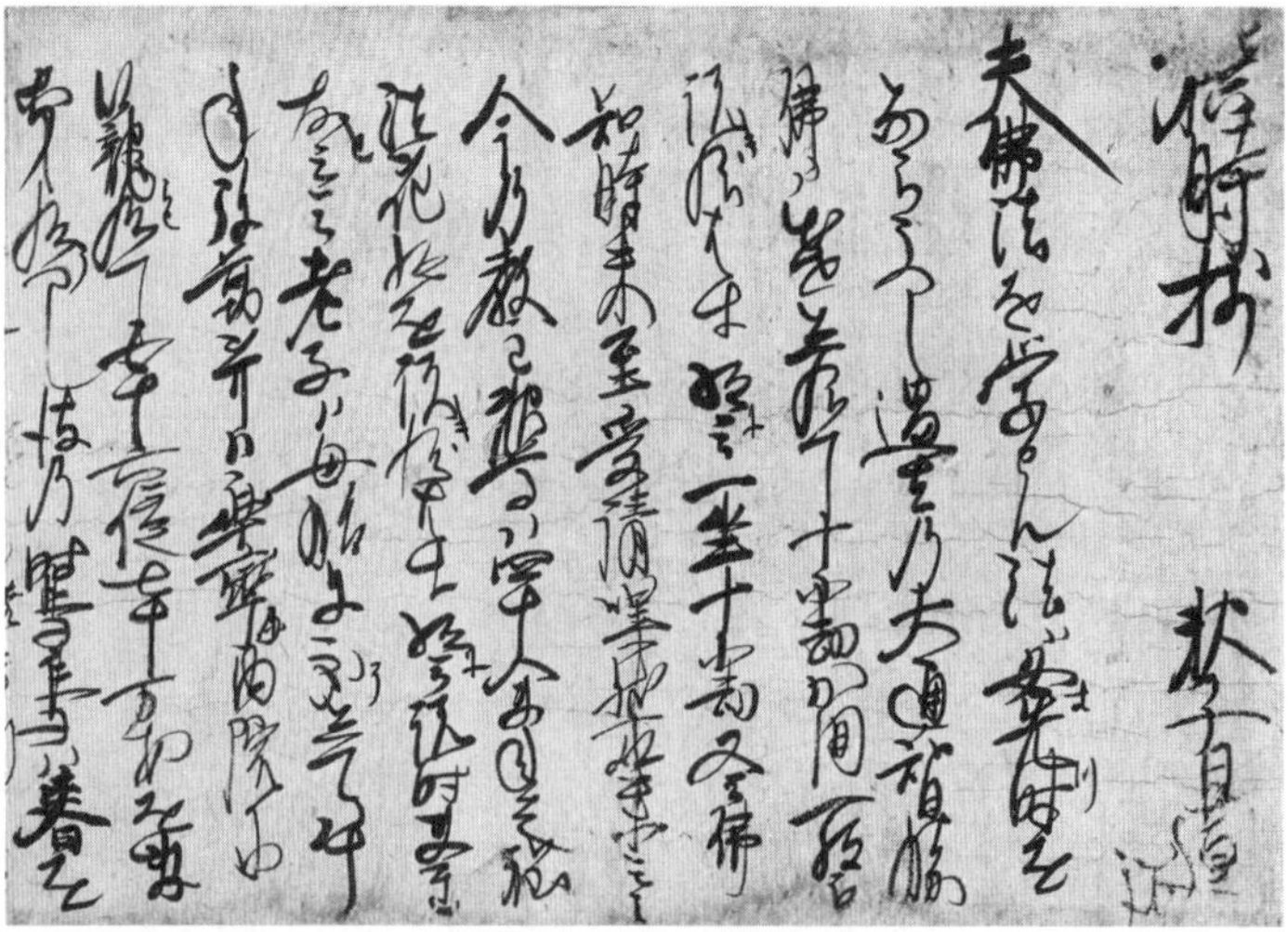

撰時抄（第一紙・御真蹟）

大聖人の最も不憫《ふびん》とおぼしめされるは、この「後生《ごしょう》の無間地獄」である。ここに大聖人は、再度の蒙古の責めを以て改悔《かいげ》させ、無間地獄の大苦を今生に消せしめんとおぼしめされた。

ゆえに王舎城事《おうしゃじょうのこと》には

「後生《ごしょう》はさてをきぬ。今生《こんじょう》に、法華経の敵《かたき》となりし人をば梵天《ぼんてん》・帝釈《たいしゃく》・日月《にちがつ》・四天《してん》罰し給いて、皆人に見懲《みこ》りさせ給へと申しつけて候。日蓮、法華経の行者にてあるなしは是《こ》れにて御覧あるべし。かう申せば、国主等は此の法師《ほっし》の威《おど》すと思えるか。あへてにくみては申さず、大慈大悲の力、無間地獄の大苦を今生に消さしめんとなり」と。

また撰時抄には

「いまにしもみよ。大蒙古国数万艘《そう》の兵船《ひょうせん》をうかべて日本国をせめば、上一人《かみいちにん》より下《しも》万民にいたるまで、一切の仏寺《ぶつじ》・一切の神寺《しんじ》をばなげすてて、各々《おのおの》声をつるべて南無妙法蓮華経・南無妙法蓮華経と唱へ、掌《たなごころ》を合わせてたすけ給へ日蓮の御房《ごぼう》・日蓮の御房とさけび候わんずるにや。乃至、今日本国の高僧等も南無日蓮聖人ととなえんとすとも、『南無』計《ばか》りにてやあらんずらん。ふびん、ふびん」と仰せられている。

さらに熱原の法難が巻きおこらんとする弘安二年八月には

「蒙古の事、すでに近づきて候か。我が国の亡びん事はあさましけれども、これだにも虚事《そらごと》になるならば、日本国の人々いよいよ法華経を謗《ぼう》じて万人無間地獄に堕《お》つべし。彼《かれ》だにも強《つよ》るならば、国は亡ぶとも謗法《ほうぼう》はうすくなりなん。譬《たと》へば灸治《やいと》をして病《やまい》をいやし、針治《はりたて》にて人を治《なお》すがごとし。当時は嘆《なげ》くとも後は悦《よろこ》びなり」（蒙古事）と。

「聖人の仰せ忘れ給うか」

だがこの翌々月、平左衛門は熱原の法華講衆の頸を刎ねたのであった。このとき大聖人は、法華講衆の安危を憂えて鎌倉に上っていた日興上人に対し、平左衛門に最後に申し付けよと、次のごとく指示あそばされた。

「去《い》ぬる文永の御勘気《ごかんき》の時乃《の》、聖人《しょうにん》の仰せ忘れ給うか。其《そ》の殃《わざわい》未だ畢《おわ》らず、重ねて十《じゅう》

羅刹《らせつ》の罰《ばち》を招き取ると、最後に申し付けよ」（聖人等御返事）と。

竜の口の時に大聖人が平左衛門に強《したた》かに仰せられた自界叛逆・他国侵逼の殃《わざわい》は、未だおわってない。重ねてその大罰を招き取るか——と大叱咤《しった》されたのである。

この御断言また寸分も違わず、この一年七ヶ月後の弘安四年五月、大蒙古は重ねて日本に押し寄せてきた。

今度の襲来はその規模の大なること、前回とは比較にならなかった。蒙王クビライは前回の経験をふまえ、今度こそ日本全土を蹂躙《じゅうりん》して属領にせんと、入念の態勢を整えた。その兵力は実に十四万二千人で前回の約六倍、軍船は四千四百隻、空前の大軍である。まさに「**今度寄せなば、先にはにるべくもなし**」（乙御前御消息）との仰せのとおりであった。

蒙古軍は江南軍と東路軍に分かれて襲来した。まず東路軍の尖兵が対馬《つしま》・壱岐《いき》を襲う。肥前の松浦党の将兵は応戦したが忽ちに敗退。蒙古兵は前回と同じく島民に残虐の限りをつくした。

この報を聞いた公卿《くげ》の勘解由小路兼仲《かでのこうじかねなか》は日記に「怖畏《ふい》のほか他《た》になし」と記している。この大規模の兵力を見ては公卿《くげ》も武家も、必ず京・鎌倉まで侵略されると震え上がったのである。

対馬・壱岐を侵した東路軍は、主力の江南軍と合流すべく平戸《ひらど》島の沖で待ち、やがて両軍は合体した。総兵力十四万二千・四千四百隻の大艦隊は、海を覆《おお》って平戸から鷹島へと東進した。いよいよ本土進攻である。

七月二十七日、先発隊が鷹島に上陸し、続いて本隊が上陸準備に入った。この上陸が完了して本土への侵攻が始まったら――日本は必ず亡びる。

だが、その準備の最中、七月三十日夜半から吹き始めた暴風雨は、次第に激しさを増して翌日まで荒れ狂い、多くの軍船が破損してしまった。またしても大蒙古の軍兵は大風によって撤退を余儀なくされたのであった。

なんという不思議の侵略か。兵力の上からいえば、日本はこのときすでに亡んだのである。大聖人の「国必ず亡ぶべし」の御断言は少しも違わず、日本を亡ぼすに足る軍兵は押し寄せたのであった。

日本が亡びなかった理由

だが、日本は亡びなかった。それはなぜか――。

これ実に、日蓮大聖人の絶大威徳と御守護による。

平左衛門は大聖人の御頸《おんくび》を刎《は》ね奉った、日本の柱を倒し奉った。ゆえに大蒙古は日本に襲来した。だが、御頸は刎ねて刎ねられず、柱は倒して倒されず、よって日本も、亡んで亡びなかったのである。もし御頸が刎ねられていたら、日本は完全に滅亡していたに違いない。

この御本仏の絶大威徳を

「日蓮によりて日本国の有無はあるべし」（下種本仏成道御書）の重大の御金言に深く拝すべきである。

また日本は三大秘法が全世界に広宣流布する根本の妙国である。もしこの国が亡んだら、全人類が救われるべき仏法も破滅する。ゆえに

「若《も》し此の国土を毀壊《きえ》せば、復《また》仏法の破滅疑い無き者なり」（立正安国論御勘由来）と。

すでに久遠元初の自受用身たる日蓮大聖人ましまし、本門戒壇の大御本尊ましますうえは、義において日本はすでに仏国である。このゆえに大聖人様は日本を亡国よりお救い下されたのである。

されば弘安二年の滝泉寺《りゅうせんじ》申状《もうしじょう》には

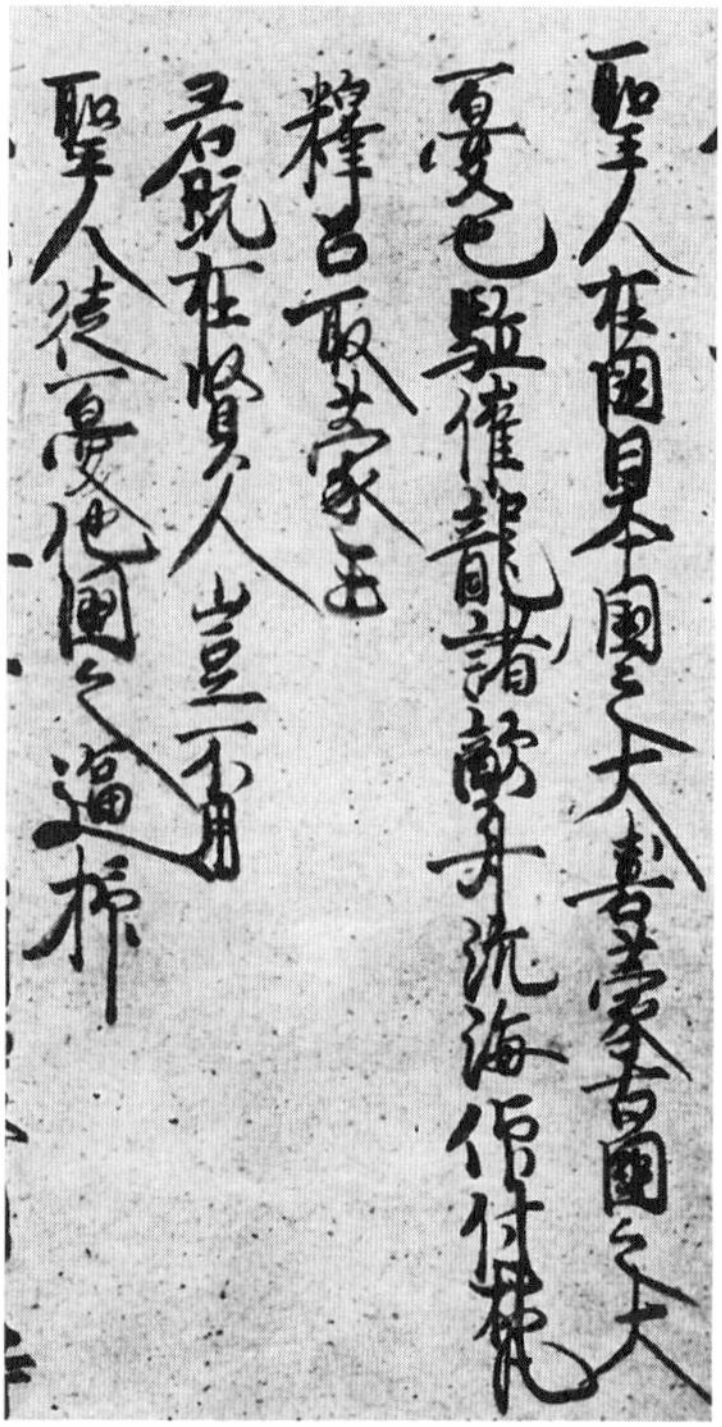

滝泉寺申状（御真蹟）

「聖人国に在るは、日本国の大《だい》喜《き》にして蒙古国の大憂《たいゆう》なり。諸竜《しょりゅう》を駈《か》り催《もよお》して敵舟《てきしゅう》を海に沈め、梵《ぼん》・釈《しゃく》に仰せ付けて蒙王を召し取るべし。君既《すで》に賢人に在《まし》まさば、豈《あに》聖人を用いずして徒《いたずら》に他国の逼《せ》めを憂えんや」と。

この御文を拝すれば、二度の蒙古の襲来において、二度とも不思議の大風によって蒙古軍が撤退したこと、そのゆえがよくわかるであろう。

まさに諸天に申し付けて蒙古を襲来せしめたのも、また諸天に仰せ付けて日本を守らしめたのも、すべては大聖人御一人の絶大威力による。かくて大聖人は日本国の一切衆生を現当に御守護下されたのである。

日蓮大聖人こそ、日本国の一切衆生の主・師・親であられる。ゆえにその大誓願の仰せに云く

「我《われ》日本の柱とならむ、我日本の眼目《げんもく》とならむ、我日本の大船とならむ等と誓いし願、

やぶるべからず」（開目抄）と。

御本仏の大誓願のなんと堅固なる、大慈悲のなんと深厚《じんこう》なる、ただ頭《こうべ》を垂れ合掌するのみである。

逆縁広布と順縁広布

二度にわたる大蒙古の責めを見て、日本一同は心底から怖畏《ふい》し、震え上がった。そして一人残らず、日蓮大聖人の御名《みな》と南無妙法蓮華経を深く命に刻みつけ、未来に仏に成るべき種を下されたのである。これが御在世における逆縁広布の大化導であられる。

そして未来には順縁広布の時が必ず来る。すべては大聖人御一人の大悲願力による。

このことを日寛上人は撰時抄愚記《ぐき》に

「逆縁に約せば日本国中広宣流布なり。況《いわ》んや如来の金言は、大海の潮《しお》の時を差《たが》えざるが如く、春の後に夏の来たるが如く、秋毫《しゅうごう》も差《たが》うこと無し。若し爾《しか》らば、終《つい》には上一人《かみいちにん》より下《しも》万民に至るまで、一同に他事《たじ》を捨てて皆南無妙法蓮華経と唱うべし。順縁広布、何ぞ須《すべから》く之《これ》を疑うべけんや。時を待つべきのみ」と。

やがて時いたれば、必ず順縁広布は事実となる。ゆえに大聖人は諸法実相抄に

「未来も又しかるべし、是《これ》あに地涌《じゆ》の義に非《あら》ずや。剰《あまつさ》え広宣流布の時は、日本一同に南無妙法蓮華経と唱へん事は、大地を的《まと》とするなるべし」

さらに上野抄には

「ただをかせ給へ。梵天《ぼんてん》・帝釈《たいしゃく》等の御計《みはから》いとして、日本国一時に信ずる事あるべし」と。

時いたれば、大聖人が諸天に申しつけて客観状勢を作らしめ、同時に無数の地涌の菩薩を召し出だして戦わしめ、順縁広布となるのである。

九、日興上人に御付嘱

弘安五年九月、御入滅近きをおぼしめされた大聖人は、師弟不二・唯我与我《ゆいがよが》の境界であられる日興上人に、三大秘法のすべてを付嘱《ふぞく》された。

その御付嘱状が次の「一期弘法付嘱書《いちごぐほうふぞくしょ》」である。

「日蓮一期《いちご》の弘法《ぐほう》、白蓮阿闍梨《びゃくれんあじゃり》日興に之《これ》を付嘱す。本門弘通の大導師たるべきなり。国主此の法を立てらるれば、富士山に本門寺の戒壇を建立せらるべきなり。時を待つべきのみ。事《じ》の戒法と謂《い》うは是《これ》なり。就中《なかんずく》我が門弟等此の状を守るべきなり。

九、日興上人に御付嘱

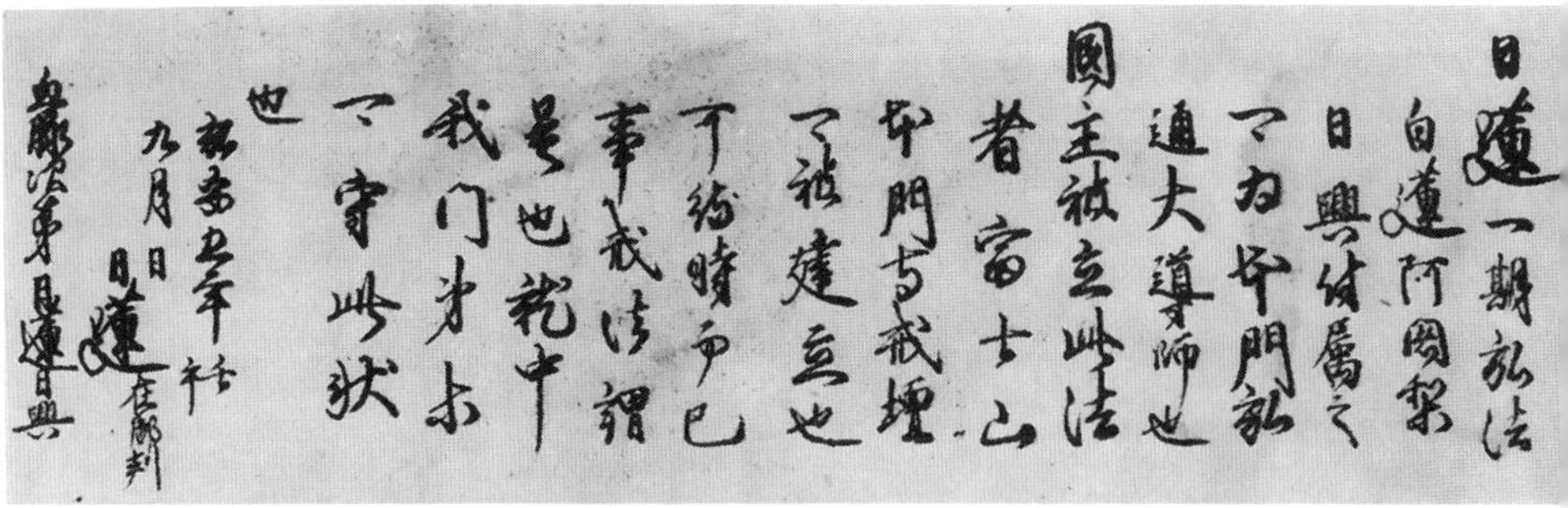

一期弘法付嘱書（重須本門寺・日耀臨写）

弘安五年壬午九月　日　　日蓮　在御判

血脈《けちみゃく》の次第　日蓮　日興」

「日蓮一期の弘法」とは、大聖人出世の本懐たる本門戒壇の大御本尊の御事。いまこの大御本尊を日興上人に付嘱し、「本門弘通の大導師」に任じ給うたのである。

「国主此の法を立てらるれば」以下は、広宣流布の時いたれば「本門の戒壇」すなわち国立戒壇を建立せよとの御遺命である。この国立戒壇建立こそ、日本を金剛不壊《こんごうふえ》の仏国となし、全世界を寂光土《じゃっこうど》にするの秘術。大聖人の究極の大願はここにあられる。ゆえに日興上人にこの大事を御遺命あそばされたのである。

御入滅

ここに一切の化導を終えられた大聖人は、御入滅の地を武州《ぶしゅう》の池上宗仲《いけがみむねなか》の邸と定められ、弘安五年九月八日、九ヶ年ご在住の身延を下山され、同十八日、池上邸にお着きになられた。

御逗留《ごとうりゅう》を伝え聞いて遠近《おんごん》より参集した門下一同に対し、大聖人は最後の御説法として立正安国論を講じ給うた。この御説法こそ仏国実現すなわち広宣流布・国立戒壇建立を、総じて門下一同に御遺命あそばしたものである。

そして弘安五年十月十三日辰《たつ》の刻《こく》、日興上人以下の僧俗が徐《しず》かに唱和し奉るなか、大聖人は安詳《あんじょう》として御入滅あそばされた。聖寿六十一歳。

このとき、かねて仰せのごとく、即時に大地が震動した。また池上邸の庭には時ならぬ桜の花が咲き乱れたという。まさに天地法界あげて、御本仏のご入滅を悲しみ奉ったのである。

ここに、一代の御化導を拝してその大慈大悲を偲《しの》びまいらせれば、誰か紅涙《こうるい》頰《ほほ》に伝わらざる。この深恩を報じ奉るには、ただ御遺命成就に捨身の御奉公を貫くのみである。

第八章　富士大石寺の歴史

一、日興上人と富士の法礎

第二祖・白蓮《びゃくれん》阿闍梨《あじゃり》日興上人は、御本仏日蓮大聖人の仏法を、末法万年に清く正しくお伝え下さるために出現せられた御方《おかた》である。ゆえに「末法下種の僧宝《そうぼう》」と尊崇《そんそう》されている。入門は正嘉《しょうか》二年の十三歳、天台宗の大寺院・岩本実相寺で修学中の時であった。この年、大聖人は立正安国論御述作のため、岩本実相寺の経蔵にこもり一切経を閲覧《えつらん》されていた。たまたま給仕に出て大聖人の御尊容と謦咳《けいがい》に接した上人は、たちまちに久遠元初以来の宿縁薫発《くんぱつ》し、自ら願い出て弟子となり、以来、寸時もおそばを離れることなく、大聖人の御化導を助けまいらせたのである。

常随給仕と折伏弘通

入門より三年目、伊豆流罪の法難が起きた。十六歳の日興上人は大聖人の御供《おんとも》をして給仕の赤誠をつくし、そのかたわら附近を折伏され、熱海の真言僧・金剛院《こんごういん》行満《ぎょうまん》を帰伏せしめている。

また佐渡御流罪のおりには、門下の中でただお一人、大聖人の御供をして佐渡にわたり、飢《う》えと寒さと殺害の危険うずまく中、身命を賭《と》して大聖人を御守護申し上げた。そして給仕のいとまを見ては佐渡中に折伏を進められた。

大聖人の身延御入山後における日興上人の大法弘通はめざましく、その結果、門下が受けた最大の法難といわれる熱原の大法難が、富士南麓《なんろく》で巻き起こった。このような大法難を招くほどの弘通は、他の門弟には全く見られない。そしてこの法難の総大将として、日興上人の執《と》られた不惜身命の指揮ぶりは、すべて大聖人の御意《ぎょい》に叶《かな》うものであった。

このように常随給仕《じょうずいきゅうじ》といい、大法弘通といい、智徳といい、日興上人の徳は門下の中で抜きん出ておられた。ゆえに日寛上人は

「智は先師に等しく、徳は諸弟に超《こ》えたり」と示されている。

師弟不二の御境界

また不思議な事蹟《じせき》がある。日興上人は水に映《うつ》る大聖人の御影《おんかげ》を「南無妙法蓮華経　日蓮在御判」の御本尊と見奉り、それをそのまま文永五年十月十三日に書き顕わしておられる。この御本尊は「飛《と》び曼荼羅《まんだら》」と称され現在仙台の仏眼寺《ぶつげんじ》に秘蔵されているが、御判形《ごはんぎょう》だけが大聖人の御直筆《ごじきひつ》で、あとはすべて日興上人の御筆という不思議な御本尊である。

大聖人は「本尊七箇之相承《しちかのそうじょう》」に

「**日興は浪《なみ》の上にゆられて見え給いつる処《ところ》の本尊の御形《おんすがた》なりしをば、能《よ》く能く似《に》せ奉るなり**」

と仰せられているが、文永五年といえば日興上人わずか二十三歳。しかしこの時すでに上人は、日蓮大聖人こそ久遠元初の自受用身と、深くその御内証を知り給うておられたのである。まさに大聖人と師弟不二・唯仏与仏《ゆいぶつよぶつ》の御境界と拝し奉るのほかはない。

唯授一人の血脈相承

弘安五年九月、大聖人は滅後の大導師として日興上人を選び、三大秘法を付嘱《ふぞく》し給うた。唯授一人《ゆいじゅいちにん》の血脈相承《けちみゃくそうじょう》である。その証が次の「一期弘法付嘱書《いちごぐほうふぞくしょ》」である。

「日蓮一期《いちご》の弘法《ぐほう》、白蓮阿闍梨《びゃくれんあじゃり》日興に之《これ》を付嘱《ふぞく》す。本門弘通の大導師たるべきなり。国主此の法を立てらるれば、富士山に本門寺の戒壇を建立せらるべきなり。時を待つべきのみ。事の戒法と謂《い》うは是なり。就中《なかんずく》我が門弟等此の状を守るべきなり。

弘安五年壬午九月　日

日蓮 在御判

血脈《けちみゃく》の次第　日蓮　日興」

本弟子六人の選定

また十月八日、大聖人は主《おも》だった弟子を集め、日興上人を含む門下の法将六人を「本弟子」と定められた。すなわち、「日昭《にっしょう》・日朗《にちろう》・日興《にっこう》・日向《にこう》・日頂《にっちょう》・日持《にちじ》」の六人である。この序列は入門の順であって、智徳の次第を示すものではない。

この六人はそれぞれの任地に多くの弟子・檀越《だんのつ》を持つ法将である。ここに大聖人は総じて、六人が各任地の棟梁《とうりょう》として大法弘通に励むよう、命じ給うたのである。

釈尊は神力品《じんりきほん》において上行菩薩一人に文底深秘の大法を別付嘱し、そののち嘱累品《ぞくるいほん》において上行菩薩を含む迹化・他方の諸大菩薩に、文底の大法を除く法華経および前後の諸経を付し、総じて弘通を勧奨《かんしょう》されている。

いま大聖人は身延山において日興上人に唯授一人の法体付嘱・血脈相承をあそばされ、そののち池上において日興上人を含む六人に、総じて弘通を命じ給うたのである。

身延山付嘱書

さらに十月十三日、大聖人は日興上人に身延山久遠寺の別当職《べっとうしょく》を付嘱された。いわゆる「身延山付嘱書」である。その証が次の御文である。

「釈尊五十年の説法、白蓮阿闍梨日興に相承《そうじょう》す。身延山久遠寺の別当《べっとう》たるべきなり。背く在家出家どもの輩《やから》は非法の衆たるべきなり。

弘安五年壬午十月十三日

武州池上《ぶしゅういけがみ》

日蓮 在御判」

前の「一期弘法付嘱書」とこの「身延山付嘱書」を二箇《にか》の相承という。

ここに一切の付嘱を終えられた大聖人は弘安五年十月十三日、日興上人以下、門下一同の唱和し奉る中、安詳《あんじょう》として御入滅あそばされた。

御葬送ののち日興上人は大聖人の御灰骨《ごはいこつ》を奉持して身延に帰山せられ、「本門弘通の大導師」として、広宣流布・国立戒壇建立の御遺命実現に日夜、脳《なずき》をくだき給うた。

五老僧の師敵対

明けて弘安六年一月、大聖人の百ヶ日法要が身延山において奉修され、日興上人のもと五老僧をはじめ多くの弟子檀越が参列した。

法要終了後、日興上人は、門下の高弟の義務として大聖人の墓所を守るべき輪番《りんばん》制度を、五人の老僧と相計《あいはか》り制定された。

しかし五老僧はその後、遠国を理由として登山せず、すべてを日興上人に託して輪番を怠《おこ》たるようになった。

日興上人と疎遠《そえん》になるに随い、五老僧の信心は次第に逸脱《いつだつ》していった。五老僧はもともと日興上人のごとき常随給仕の功もなく、不惜身命の決意も甘く、未だ大聖人の仏法の奥底《おうでい》に達していなかったのである。したがって時が経《た》つにつれ、日興上人の富士門流と鎌倉方と呼ばれる五老僧の間に、天地のごとき法義上の差異が生じてきた。その主なものを挙げれば

一、日興上人は大聖人御図顕の妙法五字の大曼荼羅《だいまんだら》を本尊とせられたが、五人は釈迦の仏像を本尊と崇《あが》めた。

二、日興上人は「日蓮大聖人の弟子」と名乗って本門の三大秘法を弘通せられたが、五人は「天台沙門」と名乗り、大聖人の仏法を「天台・伝教の余流《よりゅう》」と称した。

三、日興上人は立正安国論の御意に基づき神社参詣を禁じられたが、五人は神社参詣を許した。

四、日興上人は大聖人の御書を御本仏の聖教として尊重せられたが、五人は御書を軽んじ、すきかえしたり焼くなどした。

五、日興上人は勤行において、大聖人のあそばしたごとくに方便・寿量の両品を助行《じょぎょう》とし唱題を正行《しょうぎょう》とされたが、五人は如法経《にょほうきょう》・一日経《いちにちきょう》といって、法華経二十八品の書写・読誦を修行とした。

等々である。まさに五老僧は法難を恐れる臆病のゆえに、また大聖人の仏法の奥底を知

らぬゆえに、下種御本仏の弟子としての立場を捨て、天台の亜流となってしまったのである。

身延離山

大聖人御入滅三年後の弘安八年三月、五老の一人民部日向《みんぶにこう》が突然身延に登山して来た。それまで、鎌倉方の五人が大聖人の御墓をも守らぬ不知恩《ふちおん》を嘆き再三登山を促がされていた日興上人は、これを見て大いに悦ばれた。

日向《にこう》は日興上人の下《もと》で身延に住することになった。大聖人の直弟である五老の一人が正信に立ち還ったことは一門の喜びである。この年の秋、日興上人は日向を学頭に任命された。

だが、一年・二年と経《た》つうちに、民部日向は身延の地頭・波木井実長《はきりさねなが》（日円入道）に取り入るようになった。日向は世才家《せさいか》で名利の心が深かった。席の暖まるにつれて地頭にへつらい、その心をたぶらかしていったのである。

実長《さねなが》は日興上人の教化によって入信している。したがって大聖人・日興上人に情の面では信伏していたが、性来が我が儘《まま》で傲慢《ごうまん》、かつ法義には全く暗かった。

日向の甘言により、地頭の信心は次第に逸脱し狂っていった。そして厳格な日興上人を敬遠し、数々の謗法を犯すようになった。その謗法とは次のようなものである。

一、釈迦仏の立像《りゅうぞう》を造立《ぞうりゅう》して、本尊としようとした。

二、大聖人が身延御在住九ヶ年の間禁止されていた神社参詣を始めた。

三、領内に念仏の塔および念仏の道場を建立するなど、謗法への施《せ》を行った。

これらの謗法はすべて民部日向が許し、あるいは教唆《きょうさ》したものである。日興上人はこの不法の学頭の擯出《ひんずい》を決意されると共に、地頭の謗法を再三厳しく誡め給うた。しかし日向と心を合わせた実長《さねなが》は、ついに

「我は民部阿闍梨《みんぶあじゃり》を師匠にしたるなり」（原殿御返事）

とまで放言するに至った。ここに清浄《しょうじょう》の地であった身延山は、ついに謗法汚濁《ほうぼうおだく》の地と化してしまった。

かかる汚濁の地に、大聖人の御法魂たる「本門戒壇の大御本尊」を居《こ》しまいらせることは聖意に背くことになる。大聖人も兼ねて波木井実長の信心を見透され

「地頭の不法ならん時は我も住むまじき由」（美作房御返事）

の御遺言を、日興上人に下されていた。ここに日興上人は身延離山の重大決意を堅め給うたのである。

しかし波木井《はきり》一族の中にも実長《さねなが》の子息等は清信《せいしん》に住し、日興上人への絶対帰依を誓っていた。これら清信の士を残し、かつ大聖人より付嘱《ふぞく》を受けた身延山久遠寺を退出することが、日興上人にとっていかに情の面から忍び難いことであったか。だが、大聖人の御大法《ごだいほう》を正しく立てて広宣流布・国立戒壇建立を進めることこそ本門弘通の大導師としての責務である。日興上人はこの万感の思いを、波木井の子息に宛てた御手紙において、次のように仰せられている。

「身延沢《みのぶのさわ》を罷《まか》り出《い》で候事《そうろうこと》、面目《めんもく》なさ、本意《ほい》なさ、申し尽《つく》し難《がた》く候へども、打ち還《かえ》し案じ候へば、いずくにても、聖人の御義《おんぎ》を相継《あいつ》ぎ進《まい》らせて世に立て候わん事こそ詮《せん》にて候へ。さりともと思い奉るに、御弟子悉《みでしことごと》く師敵対《してきたい》せられ候《そうらい》ぬ。日興一人《いちにん》、本師の正義《しょうぎ》を存じて本懐を遂《と》げ奉り候べき仁《じん》に相当《あいあた》って覚《おぼ》へ候へば、本意《ほい》忘るること無《な》く候」（原殿御返事）と。

まことに情理を尽したこの御心情、この御決意、とうてい涙なくしては拝し得ない。

かくて正応二年の春、日興上人は戒壇の大御本尊をはじめ一切の重宝を奉持し、一門を率《ひき》いて身延の山を下り給うたのである。

大石寺建立

本門戒壇建立の勝地・天生原より、富士山頂を望む

身延を後《あと》にされた日興上人の御一行は、まず富士川添《ぞ》いの河合《かわい》にある、上人の祖父・由比《ゆい》入道の邸に入られた。

この事を知った富士上野の地頭・南条時光（上野殿）は、自領内に移住せられんことを懇《ねんごろ》に願い出た。この懇請《こんせい》を容《い》れて、日興上人は南条家の持仏堂（下之坊《しものぼう》）に移り給うた。

南条家の北東半里のところに「大石《おおいし》が原《はら》」という雄大なる地域がある。この地は東一里（約四キロ）に戒壇建立の地「天生原《あもうがはら》」をのぞみ、南には駿河湾を一望する勝地である。ここに日興上人は広宣流布の根本道場を建立せんと思《おぼ》しめされた。

かくて南条時光を中心に、新田信綱《にいだのぶつな》（日目上人の兄）が与力《よりき》して、正応二年秋よりその工が始められ、翌正応三年十月十二日に落成した。

日興上人はこの寺を、地名を以て「大石寺《おおいしのてら》」と号され、ここに「本門戒壇の大御本尊」および大聖人の御霊骨《ごれいこつ》を奉安し、「**広布の気発《きはっ》するまで異地《いち》に移すべからず**」（家中抄）と仰せられ、この大石寺を広布の根本道場と定め給うたのである。

大石寺落成翌日の十月十三日、日興上人は日目上人に内々に血脈《けちみゃく》を相承し、その証として「御座替《おざが》わりの御本尊」を書写し日目上人に授与された。この時、日興上人四十五歳、日目上人三十一歳であられた。まさに令法久住《りょうぼうくじゅう》の深きおぼしめしをここに拝する。

さらに八年後、日興上人は大石寺の東に隣接する重須《おもんず》（北山）に談所《だんしょ》（学問所《がくもんどころ》）を開き、自らそこに移り学徒の養成に務められた。

富士に一門の本寺・大石寺が建立されてより、大法弘通は日興上人の総指揮のもと、日目上人・日華《にっけ》・日仙《にっせん》・日尊《にちぞん》等の死身弘法により全国におよんだ。その教域はなんと北は奥羽より、南は近畿・山陰・四国・九州にまで及んでいる。当時の交通不便の状況を思えば、この弘通は驚嘆のほかかない。以て富士門流の「広宣流布、朝夕近し」の大熱情を知るべきである。
また大聖人の御聖意を継《つ》いでの国家諫暁も、「日蓮聖人の弟子・日興」と名乗られ、武家《ぶけ》あるいは公家《くげ》に、日目上人等を代奏《だいそう》として幾度も申状が奏呈《そうてい》されている。

日目上人へ御付嘱

正慶元年十一月十日、八十七歳の日興上人は、後々《のちのち》のために「日興跡条条事《あとじょうじょうのこと》」と題する日目上人への御付嘱状を書き置かれた。

「日興跡条条事
一、本門寺建立の時は新田卿阿闍梨日目《にいだきょうあじゃり》を座主《ざす》と為《な》し、日本国乃至一閻浮提《いちえんぶだい》の内《うち》・山寺等に於《お》いて、半分は日目嫡子分《ちゃくしぶん》として管領《かんりょう》せしむべし。残る所の半分は自余《じよ》の大衆等之《こ》れを領掌《りょうしょう》すべし。

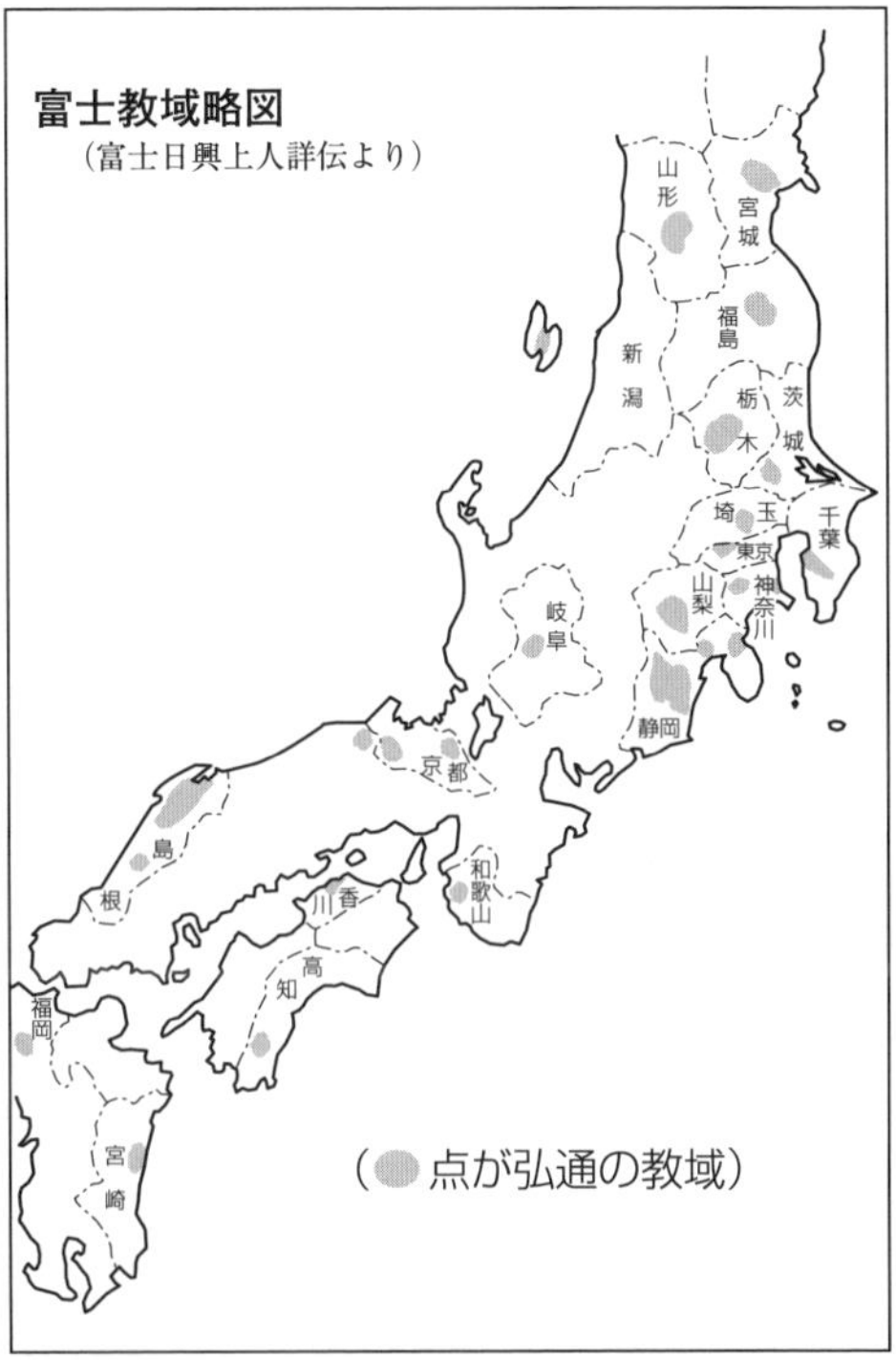

富士教域略図
（富士日興上人詳伝より）

一、日興が身に宛《あ》て給わる所の弘安二年の大御本尊 日目に之《これ》を授与す、本門寺に懸《か》け奉るべし。

一、大石寺《おおいしのてら》は御堂《みどう》と云い墓所と云い、日目之を管領《かんりょう》し、修理《すり》を加へ勤行を致《いた》し広宣流布を待つべきなり。

右日目は十五の歳《とし》日興に値《あ》って法華を信じて以来、七十三歳の老体に至るまで敢《あ》えて違失《いしつ》の儀なし。十七の歳日蓮聖人の所甲州身延山に詣《もう》で、御在生七年の間常随給仕《じょうずいきゅうじ》し、御遷化《ごせんげ》の後弘安八年より元徳《げんとく》二年に至る五十年の間奏聞《そうもん》の功《こう》他に異《こと》なるに依って、此《か》くの如く書き置く所なり。仍《よ》って後の為、証状件《くだん》の如し。

十一月十日　　日興 判」

御文の中の「本門寺」とは、大聖人が「富士山に本門寺の戒壇を」と御遺命された、広宣流布の暁の国立戒壇である。

第二条の「日興が身に宛て給わる所の弘安二年の大御本尊」とは、本門戒壇の大御本尊の御事であり、この大御本尊を広宣流布の日「本門寺の戒壇」すなわち国立戒壇に安置すべしとの御意である。この条目の御意は、まさに大聖人から日興上人への「一期弘法付嘱書」と全く同じである。

二十六箇条の御遺誡

御遷化《ごせんげ》の一ヶ月前、日興上人は広宣流布達成・仏法久住のための指針として、二十六箇条にわたる「遺誡置文《ゆいかいおきぶみ》」を門下一同に遺《のこ》し給うた。

その主な条目を挙げれば、まず冒頭に

「一、富士の立義《りゅうぎ》、聊《いささか》も先師の御弘通に違《い》せざる事」

「一、五人の立義、一一に先師の御弘通に違する事」

の二箇条が示されている。これこそ、日蓮大聖人の仏法を清く正しく伝えている唯一の正系門家は、日興上人の富士門流すなわち富士大石寺以外にはないことを、末代に示し給うたものである。

源濁れば流れ清《きよ》からずという、五老僧の流れを汲《く》む現在の身延・中山・池上等の不相伝日蓮宗が、師敵対の謗法の宗であることはこれでよくわかる。いわんや立正佼成会・霊友会等の新興邪宗においておやである。

また次の一条も示されている。

「未だ広宣流布せざる間は、身命を捨てて随力弘通《ずいりきぐづう》を致すべき事」と。

大聖人の御遺命たる広宣流布・国立戒壇を実現せんとの日興上人の烈々たる御情熱が、この一条にこめられている。この御情熱が、交通不便の当時において北は奥羽《おうう》より南は四国・九州に至るまでの、富士門流の大折伏となったのである。交通至便の今日、もし広布達成が叶わなければ、末弟たる私達はまさに懶惰懈怠《らんだけたい》とのお叱りを受けるであろう。

次の二条も時に当って重要である。

「一、**時の貫首《かんず》たりと雖《いえど》も仏法に相違《そうい》して己義《こぎ》を構《かま》えば、之《これ》を用うべからざる事**」

本宗においては貫首《かんず》（法主・管長）の権威は絶対である。ただしその貫首であっても、もし大聖人の御心《みこころ》に違《たが》う己義《こぎ》を構えたら、その貫首を用いてはならぬと仰せられる。日興上人が仏法を守るにいかに厳格であられたか、深く拝し奉るべきである。

また

「一、**衆議《しゅうぎ》たりと雖《いえど》も仏法に相違あらば、貫首之《かんずこれ》を摧《くだ》くべき事**」と。

たとえ大衆の意見であっても、それが仏法に相違する時は、貫首はこれを摧《くだ》くべきであると仰せられている。

この二箇条は常には起こり得ぬ非常事態である。ただし広布の途上には、魔障によってこのようなことも必ず起こるのである。

今日、正系門家の中で創価学会が数を頼み、権力・金力にまかせて「時の貫首」を籠絡《ろうらく》して御遺命の国立戒壇を否定するごときは、まさにこの非常事態に当る。日興上人の、広布前夜の魔障を慮《おもんぱか》っての周到なるこの御遺誡、伏して拝し奉るべきである。

そして末文には

「万年救護《くご》の為に二十六箇条を置く。乃至、此の内一箇条に於《おい》ても犯す者は日興が末流に有るべからず」と。

まさにこの「遺誡置文」は、広布の嶮《けわ》しき道の安全を期する、万代の亀鏡《ききょう》である。

御遷化

かくて、大聖人御入滅後五十一年にわたり、広宣流布・国立戒壇の礎《いしずえ》を固め給うた日興上人は、正慶二年（元弘三年）二月七日、重須《おもんず》の談所において御寿八十八、薪《たきぎ》尽きて火の滅するがごとく安詳《あんじょう》と入滅あそばされた。

家中抄《けちゅうしょう》には

「およそ御臨終に至るまで、曾《かつ》て以て老耄《ろうもう》の義なく、亦《また》病痛ある事なし」と。

その御臨終のさまは、近侍《きんじ》した三位《さんみ》日順《にちじゅん》の記録に云く

「駿州《すんしゅう》富士重須《おもんず》の郷に坐《まし》まし、臨終正念《しょうねん》にして説法時を移し、面貌端厳《めんみょうたんごん》にして終《つい》に以て遷化《せんげ》す」（日順阿闍梨血脈）と。

まさに第二祖日興上人の御一生は、御本仏日蓮大聖人の御化導を唯仏与仏《ゆいぶつよぶつ》の御境界において助けまいらせた、「末法下種の僧宝《そうぼう》」の御振舞いであられた。

二、日目上人の死身弘法

第三祖・新田《にいだ》卿《きょう》阿闍梨《あじゃり》日目上人は、少年のとき修学のために伊豆の走湯山《そうとうざん》に上《のぼ》られていたが、文永《ぶんねい》十一年十五歳の時、たまたま走湯山を訪れた日興上人の、山内随一の学匠・式《しき》部《ぶ》僧都《そうず》との法論における凛々《りんりん》たる破折にふれ、深き宿縁一時に薫発《くんぱつ》して日興上人の弟子になられた。

行体堅固

二年後の建治《けんじ》二年、日興上人に伴《ともな》われて身延山の大聖人のもとに詣《もう》で、それより御在生の七年間、大聖人に常随給仕《じょうずいきゅうじ》の赤誠を尽くされた。

その行体がいかに堅固であられたか、第五十九世日亨《にちこう》上人は

「目師はいちじるしく行体堅固《ぎょうたいけんご》で、大聖人への薪水《しんすい》の労《ろう》をとられるときは、毎日幾度《いくたび》か身延の谷河《たにがわ》に下りて水を汲《く》んでは頭《こうべ》にその桶《おけ》をいただきて運ばれたので、自然に頭顱《とうろ》(頭頂)が凹《くぼ》んだので、御影像《みえいぞう》にもそれを顕わしてある」(日興上人詳伝)と述べられている。

このような常随給仕の中で、日目上人は大聖人の御説法を一言も聞きのがすことなく、また日興上人の御教導により御書を心肝に染められた。その真剣なる教学研鑽は、まさに砂地が水を吸うごとくであられた。

問答第一

行体堅固の日目上人はまた弁論にも勝れ、問答対論の名手でもあった。次のような逸話《いつわ》がある。

弘安五年九月、御入滅近きをおぼしめされた大聖人は池上宗仲の館《やかた》へ向うべく身延を出《しゅっ》山《ざん》された。この道中の途次、幕府要人の子息で叡山《えいざん》の学匠といわれた二《に》階《かい》堂《どう》伊《い》勢《せ》法《ほう》印《いん》が、親の権威をかさに、仲間《ちゅうげん》十余人と若侍三十余人を率いて「聖人と問答すべし」と乗りこんできた。この威勢を見て、誰が問答すべきかと門弟一同身構えたが、これを聞かれた大聖人は直ちに

「**卿公《きょうのきみ》**（日目上人）**問答せよ**」

と仰せられた。問答は十番にわたって行われたが、日目上人はその一々に法印を屈伏せしめられた。法印は口を閉じ面目を失い、早々に逃げ帰った。

このさまを富木常忍《ときじょうにん》より聞かれた大聖人は
「さればこそ、日蓮が見知りてこそ卿公《きょうのきみ》をば出《いだ》したれ」（御伝土代）
と仰せられ、莞爾《かんじ》と笑《え》みをたたえられたという。この時日目上人わずか二十三歳。大聖人は日ごろ寡黙《かもく》な日目上人の力量を、前々から見抜いておられたのである。
因《ちな》みに、日興上人の「遺誡置文二十六箇条」に
「巧於難問答《ぎょうおなんもんどう》の行者に於《おい》ては、先師の如く賞翫《しょうがん》すべき事」
とあるのは、大聖人が問答第一の日目上人を賞《め》でられたごとくに、「難問答に巧みな行者」を広布の人材として重んぜよとの教誡である。

東北弘通

大聖人御入滅の翌年（弘安六年）、二十四歳の日目上人は東北弘通の決意に立ち、日興上人のお許しを得て陸奥《みちのく》へ下られた。奥州《おうしゅう》の三迫新田《さんのはざまにいだ》（宮城県登米市《みやぎけんとめ》）は、日目上人の兄の新田次郎頼綱《にいだじろうよりつな》を始め多くの親類・縁者が住む新田家の本領である。日目上人はこの縁故をたどって大法を弘通せんと決意されたのである。

当時、身延から奥州までは徒歩で二十余日といわれる。山を越え河を渡る難道中には狼

も山賊もいたであろう。その難儀は今日の想像を絶する。

その中を日目上人は幾たびも奥州に下り、東北弘通の拠点として、新田家の領内に「上新《かみにい》田坊《だぼう》」（本源寺）を、さらに森村の領主を教化して柏木法華堂《かしわぎほっけどう》（上行寺）を建立されたのである。

東北地方に三大秘法の光がさしたのは、実に日目上人の弘通を以て始めとする。

四十二度の国諫

「日興跡条条事」において日興上人は日目上人を讃嘆して
「御遷化《ごせんげ》の後、弘安八年より元徳二年に至る五十年の間、奏聞《そうもん》の功他に異《こと》なるに依って、此くの如く書き置く所なり」
と記しておられるが、日目上人の身命も惜しまぬ国家諫暁の大功は門下に肩を並べる者なく、公家《くげ》・武家《ぶけ》への諫奏《かんそう》は実に四十二度の多きに及んだといわれる。
ことに弘安四年、大聖人は最後の御諫暁として朝廷に申状《もうしじょう》（園城寺《おんじょうじ》申状）を奏上されたが、この時、大聖人・日興上人の代奏として京都へ赴かれたのが日目上人である。翌弘安五年、大聖人はさらに日目上人に命じて天意を奉伺《ほうし》せしめられた。

この時、後宇多天皇《ごうだ》は大いに大聖人の誠忠を嘉《よ》みし、「朕《ちん》、他日《たじつ》法華を持《たも》たば必ず富士山麓《ろく》に求めん」との「下《くだ》し文《ぶみ》」を下賜《かし》された。これが「弘安五年の御下文《おんくだしぶみ》」である。
日興上人は日目上人のこの大功を賞せられ、正慶元年十一月三日、御本尊を授与し、その脇書《わきがき》に
「最初上奏《じょうそう》の仁《じん》、新田阿日目《にいだあ》に之《これ》を授与す、一が中の一弟子なり」
と記されている。

最後の国諌

正慶二年二月七日、日興上人御遷化――。これより日目上人はただ御一人で、富士一門の大導師としての重責を負う立場に立たれた。

そしてその年、長きにわたって仏法に背き続けてきた北条幕府が滅亡し、京都の朝廷が政権を掌握した。いわゆる「建武《けんむ》の中興《ちゅうこう》」である。

それまで、数十度の国諌に成果が得られぬことを悩みとしておられた日目上人は、今こそ国主諌暁の無二の好機と御決意された。この時、日目上人すでに七十四歳であられた。しかも御老齢に加え、たびたびの奥州下向と数十度の国諌の長旅に、いつしか足の踝《くるぶし》をも痛

めておられた。

当時の日目上人の御手紙には

「是《これ》も左つぶふし《踝》を十余日病《や》みて、右のそばはら《側腹》を労候《わずらい》なり」

とある。このような御身体《おからだ》で、もし京都への天奏を強行すれば再び帰山《きざん》の叶わぬことは、すでに御覚悟の上であられた。

日目上人の御胸中は「弘安四年の『園城寺《おんじょうじ》の申状』と弘安五年の『御下し文《おんくだしぶみ》』を明確にし、大聖人の大願を天子の耳に入れる好機はこの時を逸《いっ》してはない、黙視しては大聖人に申しわけない」との捨身の御決意で満ちておられた。

その年の十月、日目上人は後顧《こうこ》の憂いなきよう、日道上人に内々に血脈相承をあそばされた。そして翌十一月、寒風の中、日尊・日郷の二人の弟子を杖と頼み、老弱の足をふみしめて大石寺を出発、京都へと向われた。

御一行は蒲原《かんばら》から東海道に入り、難所の宇津《うつ》の山を越え、大井川を渡り、三河《みかわ》を経て美濃《みの》の国（岐阜県）に入った。すでに大石寺をあとにして十余日、日目上人の歩みは次第に遅くなられた。

やがて雪深き美濃《みの》の垂井《たるい》にさしかかった時、折から伊吹山《いぶきやま》から吹き下《お》ろす、みぞれまじりの寒風に手足凍《こご》え、老脚《ろうきゃく》ついに進まず――。

このお姿を拝見し、日尊・日郷の二人は上人を垂井《たるい》の宿にご案内申し上げた。

旅の宿に身を臥《ふ》せ給うた上人は、再び立つ能《あた》わざるを知り、真心の看護をつくす二人に臨終の近きを告げると共に、日尊には京都へ上《のぼ》り天奏を遂《と》げること、日郷には大石寺へ戻り日道上人に報告すべきことを御遺言された。

そして十一月十五日、枕辺《まくらべ》に御本尊を奉掲《ほうけい》し、静かにお題目を唱え始められた。弟子二人は直ちに唱和し奉った。その中に、日目上人は安詳として息絶《た》え給うた。そのさまは

「臨終の御勤《おつと》めましまして、両眼《りょうげん》眠るが如く、口唇《こうしん》誦《ず》するが如くに、息止《や》みたもう」

(家中抄)と。

このとき御所持の申状に云く

「日蓮聖人の弟子日目、誠惶誠恐謹《せいこうせいきょうつつし》んで言《もう》す。乃至、仏滅後二千余年の間、正像末《しょうぞうまつ》の三《さん》時流通《じるつう》の程《ほど》、迦葉《かしょう》・竜樹《りゅうじゅ》・天台・伝教の残したもうところの秘法三《みつ》あり。所謂《いわゆる》法華本門の本尊と戒壇と妙法蓮華経の五字となり。乃至、法華本門の正法を立てらるれば、人も栄え、国も栄えん。乃至、日目、先師《せんし》の地望《ちぼう》を遂《と》げんがために、後日《ごじつ》の天奏《てんそう》に達せしむ」と。

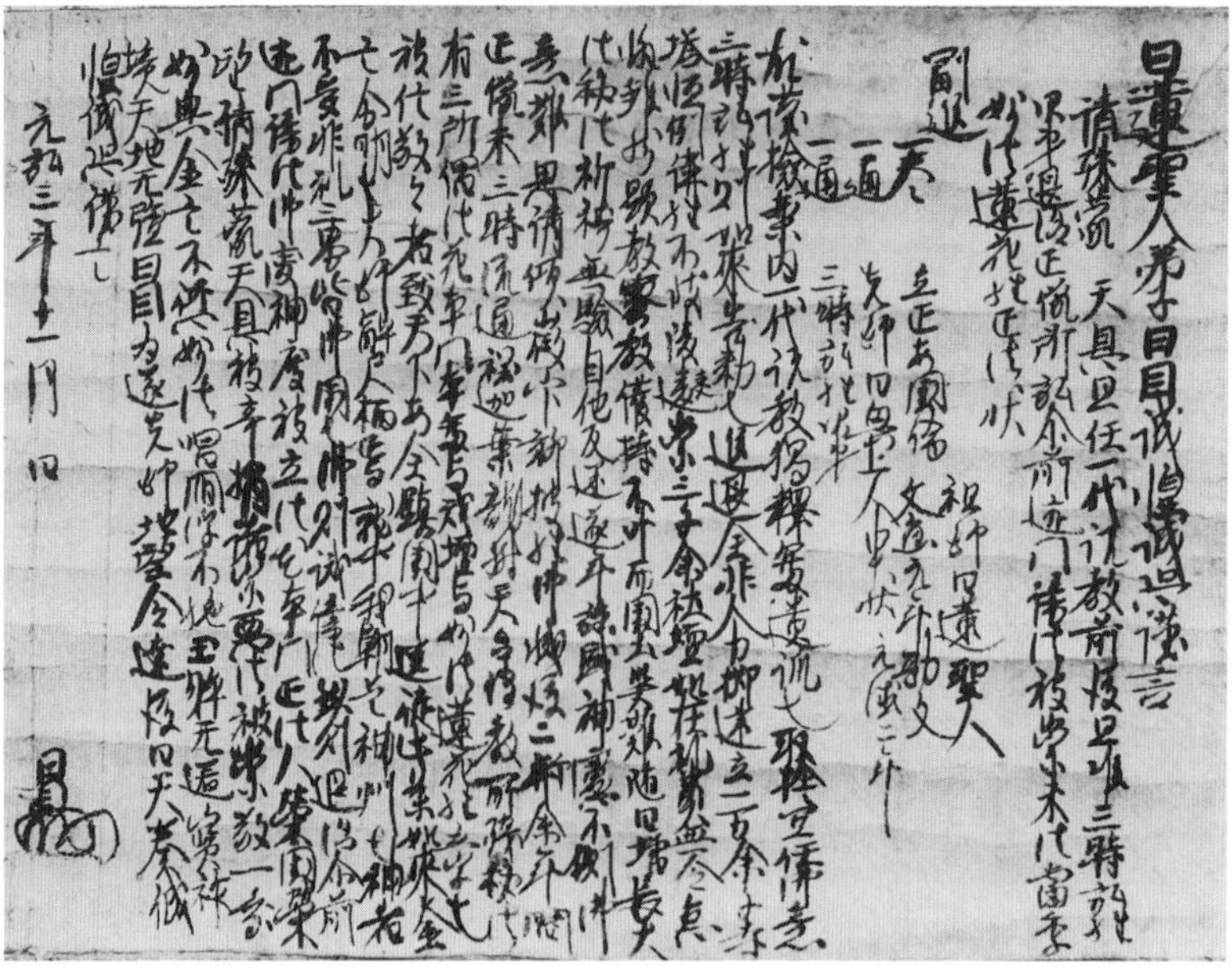

日目上人が最後の天奏に所持された「申状」

「先師の地望《ちぼう》」とは、大聖人の御本願たる広宣流布・国立戒壇建立以外にはない。いま日目上人は、日蓮大聖人の弟子・日興上人の遺弟《ゆいてい》として、御遺命実現にその尊き一身を抛《なげう》たれたのである。

大聖人は

「仏法を得べき便《たより》あらば、身命を捨てて仏法を学すべし。とても此の身は徒《いたずら》に山野《さんや》の土と成《な》るべし。乃至、迹門《しゃくもん》には『我《われ》身命を愛せず、但《た》だ無上道《むじょうどう》を惜しむ』ととき、本門には『自《みずか》ら身命を惜しまず』ととき、涅槃経《ねはんぎょう》には『身は軽く法は重し、身を死して法を弘む』と見えたり。本迹《ほんじゃく》両門・涅槃《ねはん》経《ぎょう》共に身命を捨てて法を弘むべしと見えたり」（松野殿御返事）と。

また日興上人は

「未だ広宣流布せざる間は、身命を捨てて随力弘通《ずいりきぐずう》を致《いた》すべき事」（二十六箇条）と御遺誡せられた。

この御金言を、身を以て実践し後代に示し給うた聖者が、まさに第三祖日目上人であられた。この死身弘法の御徳と、日興上人が「本門寺建立の時は新田卿阿闍梨日目を座主と為し」（日興跡条条事）と仰せられたことから、「広宣流布の時には日目上人が御出現になる」との伝承が、今に伝えられている。

三、日寛上人の講学

第二十六世日寛上人は、大聖人滅後約四百年に出現された。十九歳のとき第二十四世・日永《にちえい》上人を師として出家せられ、以来、天性の聡敏に加え、血のにじむような御研鑽により、不世出《ふせいしゅつ》の大学匠《だいがくしょう》となられた。

邪義が出尽くした時代

上人ご出現の時代背景を見るに、奇《く》しくもこの頃までに不相伝の日蓮宗諸派の学者が四方に出て、邪義が出尽している。すなわち顕本派の日什《にちじゅう》、八品《はっぽん》派の日隆《にちりゅう》・日忠《にっちゅう》、身延派の日朝《にっちょう》、要法寺の日辰《にっしん》・日饒《にちにょう》、妙本寺の日我《にちが》、不受不施《ふじゅふせ》派の日講《にっこう》等である。

日寛上人は、これら邪義を余すところなく粉砕し、正系門家相伝の三大秘法の正義を顕わし、以て未来の広宣流布に備えるために出現せられた御方である。

師の日永上人は日寛上人の非凡の智解《ちげ》を見抜き、正徳《しょうとく》元年、四十七歳の上人を大学頭に抜擢し、日目上人の旧跡・蓮蔵坊《れんぞうぼう》において御書を講ぜしめた。これより日寛上人は大弐阿《だいにあ》闍梨《じゃり》と号されている。

享保《きょうほ》三年、日寛上人は第二十五世・日宥《にちゆう》上人より付嘱を受け、大石寺二十六世の法燈を継《つ》がれた。そして三年後に日養上人に譲座《じょうざ》され、もっぱら広宣流布の日に備えての、御書文段・六巻抄等の著述に取り組まれた。しかし享保《きょうほ》八年に日養上人が遷化《せんげ》され、一山大衆の請《こ》いにより再び登座された。

御書文段と六巻抄

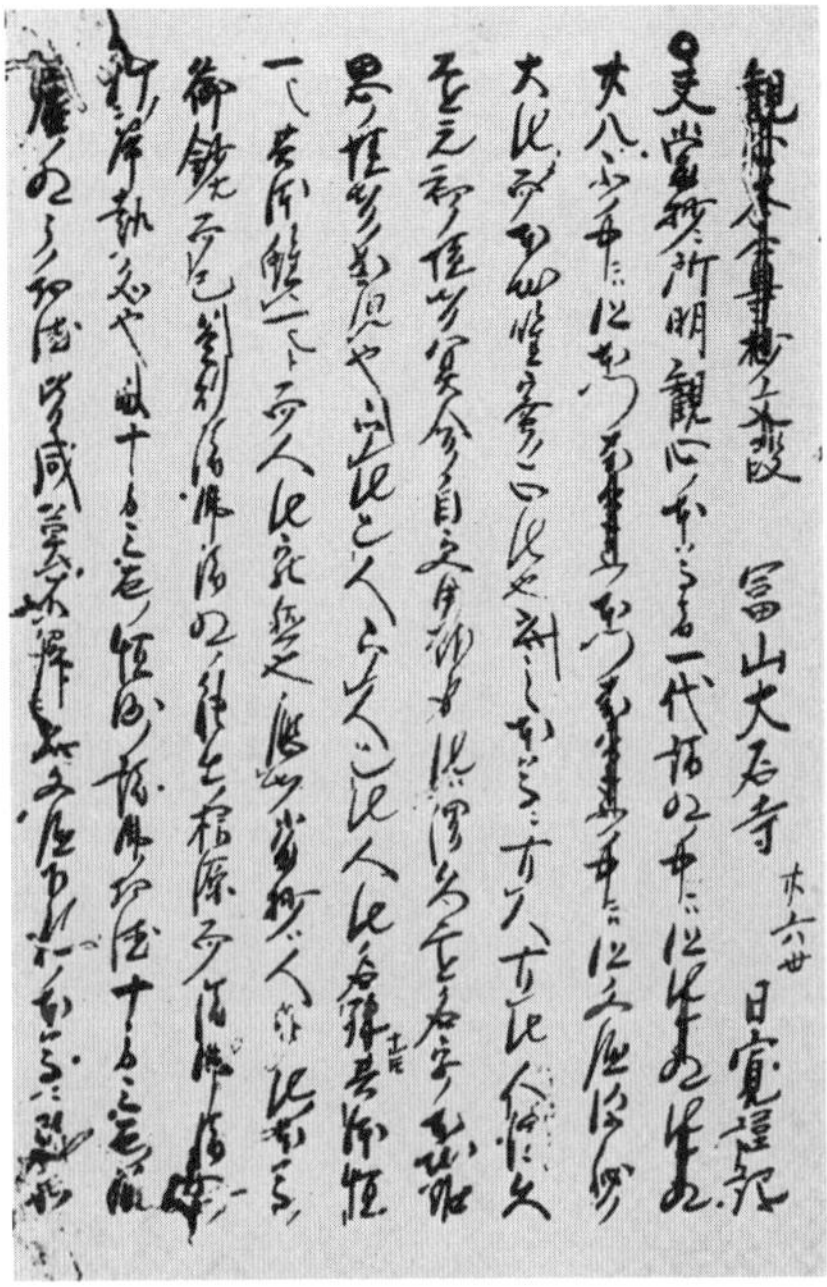
観心本尊抄文段
富山大石寺
日寛謹記

観心本尊抄文段（第一紙）

上人の著述の主たるものは御書文段《ごしょもんだん》と六巻抄《ろっかんじょう》である。

御書文段は、観心本尊抄・開目抄・法華取要抄・立正安国論・撰時抄・報恩抄・当体義抄等の重要御書を、科段を設けその文意を詳細に説き明かされたもので、まさに学ぶ者をして明鏡に向うの感を懐《いだ》かしめる。

また六巻抄は、大聖人の御本懐たる三大秘法の深義を六巻にまとめられたもので、上人畢生《ひっせい》の大著ともいうべきである。この中に三大秘法の秘奥《ひおう》はすべて尽くされ、その明静《みょうじょう》なることまさに古今独歩《ここんどっぽ》である。

六巻の書目は三重秘伝抄《さんじゅうひでんしょう》・文底秘沈抄《もんていひちんしょう》・依義判文抄《えぎはんもんしょう》・末法相応抄《まっぽうそうおうしょう》・当流行事抄《とうりゅうぎょうじしょう》・当家三《とうけさん》衣《ね》抄で、前々から用意されていた草案を、御遷化の前年に添削《てんさく》を加え一気呵成《いっきかせい》に清書されたものである。

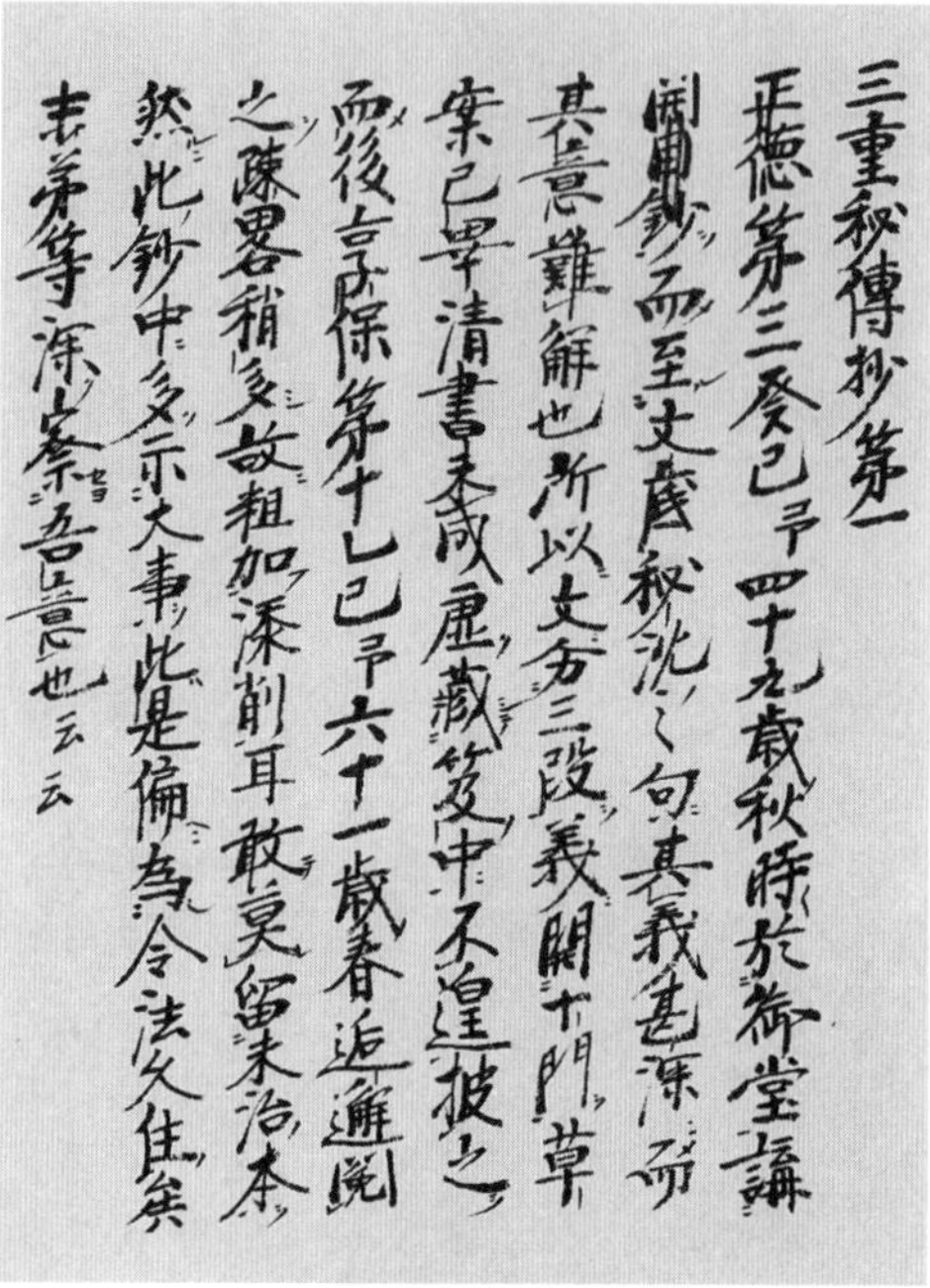
三重秘傳抄第一
正徳第三癸巳予四十九歳秋時於衆堂講
開目抄而至文底秘沈之句其義甚深其
意難解也所以文分三段義開十門草
案已畢清書未成虚藏篋中不遑披之
而後享保第十乙巳予六十一歳春邂逅閲
之疎略稍多故粗加添削耳敢莫留未治本
然此抄中多示大事此是偏為令法久住矣
末弟等深察吾意也云云

三重秘伝抄（第一紙）

この六巻抄と観心本尊抄文段は特に門外不出、貫首直伝《かんずじきでん》の秘書とされて来た。

日寛上人の御著述は、すべて広宣流布に戦う後代の弟子のために著わされたものである。ゆえに観心本尊抄文段には

「これを後代の君子に贈る。苦《ねんごろ》に三仏の顔貌《げんみょう》を拝せんことを期するのみ」

と。

また六巻抄には

「謹んで三大秘法の明文を考えて文底秘沈の誠証《じょうしょう》に擬《ぎ》し、以て後世の弟子に贈る。此れは是れ偏《ひと》えに広宣流布の為なり。必ずその近《ごん》を以て之《これ》を忽《ゆるが》せにすべからず」（依義判文抄）

と。

また六巻抄を後嗣《こうし》の日詳《にっしょう》上人に託されたとき

「此の書六巻の師子王ある時は、国中の諸宗・諸門の狐兎《こと》、一党して当山に襲来すといえども敢《あ》えて驚怖《くふ》するに足らず。尤《もっと》も秘蔵すべし、尤《もっと》も秘蔵すべし」と。

以て日寛上人の御意が偏《ひと》えに広宣流布のため、後代の弟子のためということがよくわかろう。いま顕正会が偽戒壇・正本堂の誑惑を破して国立戒壇の御遺命を守護し奉ることができたのも、偏えに日寛上人の御指南あればこそとの思いを深くする。

かくのごとき大学匠の日寛上人は決して学問一点ばりではなく、信行兼備の御方であられた。上人の時代には大石寺一門の弘通は大いに進み、また上人は唱題の大事をことに強調され、大石寺境内に「常唱堂《じょうしょうどう》」という堂を建てられ、弟子をして一日不断、交替で題目を唱えしめられた。

「ふじのねに
　常にとなふる堂たてて
雲井《くもい》にたへぬ法《のり》の声かな」

とは、その時詠《よ》まれた上人の一句である。また今日に伝えられる上人の数々の逸話《いつわ》は、ことごとく珠玉《たま》のごとく美《うるわ》しきもので、これまた上人の天性の御徳を物語っている。

臨終を以て証拠に

上人は、六巻抄等の所述が大聖人の御意に叶うものであることを後世に信ぜしめるため、御自身の臨終を以てその証拠とせられた。

すなわち御遷化の年の享保《きょうほ》十一年二月、江戸常在寺において観心本尊抄を講じ終えられた上人は、一座の大衆にたわむれのごとく仰せられた。

「法華経を漢訳《かんやく》したかの羅什三蔵《らじゅうさんぞう》は、自身の訳経の誤りなきことの証拠として、生前大衆に『我が身死して火葬に付する時、身は灰となるとも清浄の舌ばかりは焼けず』と語っていたが、果してその通りになったので羅什の訳経は後世に信じられたという。

いま日寛、たとえ富楼那《ふるな》の弁《べん》を得て目連《もくれん》の通《つう》を現ずるとも、云うところ当らなければ誰人が信じよう。ゆえに羅什の故事《こじ》にちなみ、日寛も一つ云い残すことがある。すなわち臨終の時、日頃好むところのソバを食し、一声笑ったのち、唱題のうちに臨終すべし。もし臨終思うようにならず、このこと叶わなければ信ずるに足らざるも、もし違わざる時は、日寛の所説は大聖人の御意に寸分も違わずと、深く信ずべきである」と。

かくて上人は三月に大石寺に帰山され、その二ヶ月後に日詳上人に御相承されている。ご帰山より上人のお身体は日々に衰弱された。御身を案じてしきりに医薬をすすめる周囲に対し、上人は

「生死はただ仏意《ぶっち》に任すべし」

と仰せられ、全く薬餌《やくじ》を用いられなかった。病の苦しみは全くなく、すでに「為《な》すべき事は為しおえた」との、深き御心からのお言葉であろう。

八月、一切の後事を細々《こまごま》と日詳上人に遺言された上人は、御遷化《ごせんげ》の一両日前、衰弱の身を駕籠《かご》に託し、大石寺の諸堂を廻《まわ》って御暇《おいとま》ごいをされ、八月十八日の深夜にいたり

「我まもなく死すべし」

と侍者に告げ、辞世の一偈《いちげ》・一句を認《したた》められた。

「本有《ほんぬ》の水風《すいふう》
凡聖常《ぼんしょうつね》に同じ
境智互《きょうちたがい》に薫《くん》じ
朗然《ろうねん》として終《おわり》に臨《のぞ》む」
「末の世に
　咲くは色香《いろか》は及ばねど
種はむかしに替らざりけり」

そののち、直ちにソバを打つことを侍僧《じそう》に命じ、七箸《はし》これを召し上がられると、莞爾《かんじ》と笑《え》みを含まれて
「あな面白きかな、寂光《じゃっこう》の都は」と仰せられた。
そして手口を水で清められたのち、御本尊に向い一心に唱題されるなか、安詳として遷《せん》化《げ》あそばされた。時に享保十一年八月十九日、御年六十二歳。
このような臨終の御振舞いは、とうてい凡夫のなせるところではない。この証拠のゆえに日寛上人の御指南は、堅く後世に信じられたのである。

第九章　日蓮大聖人の御遺命

一、御遺命とは何か

日蓮大聖人は、本門戒壇を建立して日本および全世界を仏国と化し、全人類を現当二世に救済することを究極の大願とあそばされた。

ただし、この本門戒壇は一国の総意に基づく国家的な建立であるから、日本一同に南無妙法蓮華経と唱え奉る広宣流布の暁でなければ実現できない。御在世には未だその時いたらず、よって未来国立戒壇に安置し奉るべき「本門戒壇の大御本尊」を二祖日興上人に付《ふ》し、この大事を日興上人に御遺命されたのである。

されば本門戒壇の建立こそ御本仏日蓮大聖人の唯一の御遺命である。もしこれを忘れれば仏弟子ではなく、もしこれに背く者あれば魔の眷属《けんぞく》である。

仏法と国家

大聖人の一代の御化導を拝見するに、立宗以来、母が赤子《せきし》の口に乳を入れんとはげむ大慈悲を以て人々に「南無妙法蓮華経と唱えよ」と勧め給うと共に、立正安国論をはじめ十一通申状・一昨日御書・四十九院申状・滝泉寺《りゅうせんじ》申状・園城寺《おんじょうじ》申状等と、一時の休みもなく、一代を貫き身命を賭《と》して国主への諫暁をあそばされている。

このように大聖人の御化導が、個人への信仰の勧《すす》めにとどまらず、国主に対し国家次元での三大秘法受持を迫られているのは何ゆえであろうか。

それは、個人の幸福が国家と共にある。すなわち国家の興亡盛衰が全国民の幸・不幸に深く関っているからに他ならない。

ゆえに立正安国論には

「国を失い家を滅せば何《いず》れの所にか世を遁《のが》れん。汝須《すべか》らく一身の安堵《あんど》を思わば、先ず四表の静謐《せいひつ》を祈るべきものか」と。

もし他国の侵略によって国が亡び、内戦によって家を失ったならば、いずれのところにか生きのびる所があろう、よって我が身の安全を思うならばまず国家の安泰を願うべきである——と示されている。

同じく安国論に

「国に衰微《すいび》なく土に破壊《はえ》無くんば、身は是れ安全にして心は是れ禅定《ぜんじょう》ならん」と。

国家・国土の安泰・静謐《せいひつ》があってこそ、初めて個人の身の安全・心の安定がもたらされる——と仰せられる。

さらに蒙古使御書《もうこつかい》には

「一切の大事の中に、国の亡びるが第一の大事にて候なり」と。

国家の滅亡はすべての国民に想像を絶する悲惨をもたらす。ゆえにこれを「第一の大事」と仰せられる。まさに国家は、国民一人ひとりを細胞とする社会的な有機体、一つの生命体である。ゆえに国が亡べば、構成員たる国民一同にその悲惨がおよぶのである。

今日、ことさら国家の存在を軽視あるいは無視しようとする風潮がある。これは敗戦による自虐史観から生じたものであるが、国家の本質を見誤ってはならない。

およそ人間は国家を離れては生存し得ない。山中において一人で生活することはできない。集団生活をし、社会を作り、相互扶助することによって始めて生存することができる。

「一切衆生は互いに相助《あい》くる恩重《おん》し」（十法界明因果抄）と。これが「一切衆生の恩」である。

そして、社会を作り集団生活をするには、集団内の秩序を持《たも》ち外敵から集団を防衛しなくてはならぬ。この機能を果たすのが公権力すなわち統治権力である。ここに国家が成立する。

政治学では国家の成立要素として領土・人民・主権の三つを挙げるが、この主権を仏法では「王法」という。大事なことは、この王法の在り方によって、国家の命運が決するということである。

もし王法が修羅界であれば、内には人民を虐《しいた》げ外には他国を侵略する国となる。もし王法が衰微《すいび》すれば、国内は秩序を失って内乱を誘発し外からは他国の侵略を招く。

ここに大聖人は、王法は仏法に冥《みょう》ぜよ、とお教え下さるのである。

もし王法が仏界化すれば、国家権力は慈悲の働きとなり、内には国民を守って幸福をもたらし、外には他国をも利益する。このとき諸天はその国を守護するゆえに、国土には三災七難が消滅し、国は真の安泰を得る。これが仏国である。

では、どうしたらこの仏国が実現するのか。ここに本門戒壇建立の重大意義がある。具体的に言えば――

日本一同に南無妙法蓮華経と唱え奉る広宣流布のとき、仏法を守護し奉る旨の国家意志の公式表明を手続として、国立戒壇を建立して「本門戒壇の大御本尊」を安置し奉れば、日本は仏国となる。

まさしく本門戒壇の建立こそ、本門戒壇の大御本尊の妙用《みょうゆう》により、日本を仏国とする唯一の秘術なのである。

二、本門戒壇についての御教示

本門戒壇についての御教示は、佐渡以後の「法華行者値難事《ほっけのぎょうじゃちなんのこと》」「法華取要抄」「報恩抄」「教行証御書」等にその名目《みょうもく》だけが挙げられているが、未だ本門戒壇の内容については全く明かされてない。

そして御入滅の弘安五年にいたって、始めて三大秘法抄と一期弘法付嘱書に、これを明示し給うたのである。

本門戒壇は広宣流布の時を待って建立される重大事であり、その実現には大難事が伴う。

ゆえに富木殿御返事には

「伝教大師 御本意の円宗を日本に弘めんとし、但定《ただじょう》・慧《え》は存生《ぞんしょう》に之を弘め、円戒は死後に之を顕はす。事法《じほう》たる故に一重の大難之《これ》有るか」と。

伝教大師の迹門の戒壇ですら存生には成らず、滅後に建立されていることを例として、「事法《じほう》たる故に一重の大難之有るか」と仰せられている。「事法たる故」の文意について第五九世・日亨《にちこう》上人は、「事法であるから、すなわち国立戒壇であるから容易な事でなかろうと、乃至、暗示せられたのである」（富士日興上人詳伝）と釈されている。

このゆえにただ御胸中に秘められ、御入滅の年にいたって始めてこれを明かし給うたのである。以て、本門戒壇の重大さを深く思うべきである。

三大秘法抄

まず弘安五年四月八日の三大秘法抄を拝見する。

本抄は下総《しもふさ》の有力信徒・大田金吾《おおたきんご》への賜書《ししょ》で、本門戒壇について将来、門下の中で異義が生じた場合を慮《おもんぱか》られて記《しる》しおかれたものである。ゆえに文末に

「予年来《としごろ》己心に秘すと雖《いえど》も、此の法門を書き付けて留め置かずんば、門家の遺弟等定

めて無慈悲の讒言《ざんげん》を加うべし。其の後は何と悔《く》ゆとも叶うまじきと存する間、貴辺に対し書き遺《のこ》し候。一見《いっけん》の後は秘して他見《たけん》有るべからず、口外も詮なし」との仰せを拝する。

この三大秘法抄には、本門戒壇建立についての「時」と「手続」と「場所」が、次のごとく明示されている。

「戒壇とは、王法《おうぼう》仏法に冥《みょう》じ仏法王法に合《がっ》して、王臣一同に本門の三大秘密の法を持《たも》ちて有徳王《うとくおう》・覚徳比丘《かくとくびく》の其の乃往《むかし》を末法濁悪《じょくあく》の未来に移さん時、勅宣《ちょくせん》並びに御教書《みぎょうしょ》を申し下《くだ》して、霊山浄土《りょうぜんじょうど》に似たらん最勝の地を尋ねて戒壇を建立す可《べ》き者か。時を待つべきのみ。事《じ》の戒法と申すは是れなり。三国並びに一閻浮提《いちえんぶだい》の人・懺悔滅罪《ざんげめつざい》の戒法のみならず、大梵天王《だいぼんてんのう》・帝釈《たいしゃく》等も来下《らいげ》して蹋《ふ》み給うべき戒壇なり」と。

まず「時」については

「王法仏法に冥じ仏法王法に合して、王臣一同に本門の三大秘密の法を持ちて有徳王・覚徳比丘の其の乃往を末法濁悪の未来に移さん時」と定められている。

「王法仏法に冥じ、仏法王法に合して」とは、国家が宗教の正邪にめざめ、日蓮大聖人の仏法こそ国家安泰の唯一の大法、衆生成仏の唯一の正法であると認識決裁し、これを尊《そん》崇《そう》守護することである。

それは具体的にはどのような姿相《しそう》になるのかといえば、次文に

「王臣一同に本門の三大秘密の法を持《たも》ちて、有徳王《うとくおう》・覚徳比丘《かくとくびく》の其の乃往《むかし》を末法濁悪の未来に移さん時」とある。すなわち日本国の国主たる天皇も、大臣も、全国民も、一同に本門戒壇の大御本尊を信じて南無妙法蓮華経と唱え奉り、この大御本尊を守護し奉るためには、有徳王《うとくおう》・覚徳比丘《かくとくびく》の故事に示されているごとく、身命も惜しまぬ大護法心が日本国にみなぎった時――と仰せられる。

大聖人は末法濁悪の未来日本国に、このような国家状況が必ず現出することを、ここに断言しておられるのである。

次に戒壇建立の「手続」については

「**勅宣《ちょくせん》並びに御教書《みぎょうしょ》を申し下して**」と定められている。「勅宣」とは天皇の詔勅《しょうちょく》。「御教書」とは当時幕府の令書、今日においては閣議決定・国会議決等がこれに当ろう。まさしく「勅宣並びに御教書を申し下して」とは、国家意志の公式表明を建立の手続とせよとい

うことである。

この手続こそ、日蓮大聖人が全人類に授与された「本門戒壇の大御本尊」を、日本国が国家の命運を賭しても守護し奉るとの意志表明であり、このことは日本国の王臣が「守護付嘱」に応え奉った姿でもある。

御遺命の本門戒壇は、このように「勅宣・御教書」すなわち国家意志の表明を建立の必要手続とするゆえに、富士大石寺門流ではこれを端的に「**国立戒壇**」と呼称してきたのである。

では、なぜ大聖人は「国家意志の公式表明」を戒壇建立の必要手続と定められたのであろうか。

謹んで聖意を案ずるに、戒壇建立の目的は偏《ひと》えに仏国の実現にある。仏国の実現は、一個人・一団体・一宗門だけの建立ではとうてい叶わない。国家次元の三大秘法受持があって始めて実現する。その国家受持の具体的姿相こそ「王仏冥合」「王臣受持」のうえになされる「勅宣・御教書」の発布なのである。

もし国家意志の表明により建立された本門戒壇に、御本仏日蓮大聖人の法魂たる「本門戒壇の大御本尊」が奉安されれば、日本国の魂は日蓮大聖人となる。御本仏を魂とする国はまさしく仏国ではないか。「日蓮は日本の人の魂なり」「日蓮は日本国の柱なり」の御金言は、このとき始めて事相となるのである。

次に「場所」については

「霊山浄土《りょうぜんじょうど》に似たらん最勝の地」と定められている。

ここには地名の特定が略されているが、日興上人への御付嘱状を拝見すれば「富士山」たることは言を俟《ま》たない。さらに日興上人は広漠たる富士山麓の中には、南麓《なんろく》の「天生原《あもうがはら》」を戒壇建立の地と定めておられる。天生原は大石寺の東方四キロに位置する昿々《こうこう》たる勝地である。

ゆえに日興上人の「大石寺大坊棟札《たいぼうむなふだ》」には

「国主此の法を立てらるる時は、当国天母原《あもうがはら》に於て、三堂並びに六万坊を造営すべきものなり」

と記《しる》されている。ちなみに「三堂」とは、本門戒壇堂・日蓮大聖人御影堂・垂迹堂をいう。

また第二十六世・日寛上人は

「事《じ》の戒壇とは、すなわち富士山天生原《あもうがはら》に戒壇堂を建立するなり。御相承《ごそうじょう》を引いて云

く**『日蓮一期の弘法 乃至 国主此の法を立てらるれば富士山に本門寺の戒壇を建立せらるべきなり』と云云**」(報恩抄文段)と。

この「事《じ》の戒壇」とは、申すまでもなく広宣流布の暁に事相《じそう》に建てられる戒壇である。

さらに第五十六世・日応上人は御宝蔵説法本に

「**上《かみ》一人より下《しも》万民に至るまで此の三大秘法を持ち奉る時節あり、これを事《じ》の広宣流布という。その時、天皇陛下より勅宣を賜わり、富士山の麓《ふもと》に天生ヶ原と申す曠々《こうこう》たる勝地あり、ここに本門戒壇堂建立あって……**」と示されている。

以上、三大秘法抄の聖文を拝すれば、本門戒壇建立についての「時」と「手続」と「場所」は太陽のごとく明らかである。まさしく御遺命の戒壇とは「**広宣流布の暁に、国家意志の公式表明を以て、富士山天生原に建立される国立戒壇**」である。

次の「**時を待つべきのみ**」とは、広宣流布以前に建立することを堅く禁じた御制誡であり、同時に「広宣流布は大地を的とする」との御確信がこの御文に込められている。

「**事《じ》の戒法と申すは是れなり**」とは本門戒壇の建立が即「事《じ》の戒法」に当るということ。

戒とは防非止悪《ぼうひしあく》(非行を防ぎ悪行を止《とど》める)の意であるが、国立戒壇を建立すれば、本門戒壇の大御本尊の力用《りきゆう》により、国家そのものが防非止悪の当体となる。そのとき、国家権力が内には人民を安穏ならしめ、外には他国を利益する慈悲の働きになる。

またこの仏国に生ずる国民も、自ずと一人ひとりが戒を持つ当体となる。世間の道徳や小乗経の戒律は外からの規律であるが、本門の大戒は、御本尊を信じ妙法を唱えることにより我が心に仏様が宿り、自然と我が生命が貪《とん》・瞋《じん》・癡《ち》の自害々他の境界から、自利々他の働きに変わってくる。よって国立戒壇が建立されれば、いま日本社会に充満している凶悪犯罪などは、朝露のごとく消滅するのである。

「三国並びに一閻浮提の人・懺悔滅罪《ざんげめつざい》の戒法のみならず、大梵天王・帝釈等も来下《らいげ》して蹋《ふ》み給うべき戒壇なり」とは、本門戒壇の利益の広大を示されたものである。

この国立戒壇は日本のためだけではなく、中国・インドおよび全世界の人々の懺悔滅罪の戒法でもある。いや人間界だけではなく、その利益は梵天・帝釈・日月・四天等の天界にまでも及ぶ。何と広大無辺の大利益ではないか。そしてこの仏国を諸天が守護することは、この「大梵天王・帝釈等も来下して……」の御文に明らかである。

思うに、本門戒壇の大御本尊は、日蓮大聖人が日本および全世界の人々に総じて授与された御本尊である。かかる全人類成仏のための大法を、日本が国家の命運を賭しても守り奉る。これが日本国の使命である。日本は日蓮大聖人の本国であり、三大秘法が世界に広宣流布する根本の妙国なるがゆえに、この義務と大任を世界に対して負うのである。

かかる崇高な国家目的を持つ国が世界のどこにあろう。人の境界に十界があるごとく、国にも十界がある。戦禍におびえる国は地獄界、飢餓に苦しむ国は餓鬼界、没道義の国は畜生界、飽《あ》くなき侵略をする国は修羅界である。その中で、全人類成仏の大法を、全人類のために、国運を賭しても護持する国があれば、それはまさしく仏界の国ではないか。これが国立戒壇の精神なのである。

日本に本門戒壇が建立されれば、この大波動は直ちに全世界におよぶ。そして世界の人々がこの本門戒壇を中心として「**一同に他事《たじ》をすてて南無妙法蓮華経と唱うべし**」（報恩抄）の時いたれば、世界が仏国土となる。この時、地球上から戦争・飢餓・疫病等の三災は消滅し、この地球に生を受けた人々はことごとく三大秘法を行じて、一生のうちに成仏を遂げることが叶うのである。

ゆえに教行証御書に云く

「**前代未聞の大法此の国に流布《るふ》して、月氏《がっし》・漢土《かんど》・一閻浮提《いちえんぶだい》の内の一切衆生仏に成るべ**

き事こそ、有難けれ有難けれ」と。

大聖人の究極の大願はここにあられる。そしてこれを実現する鍵こそが、日本における国立戒壇建立なのである。

一期弘法付嘱書

次に一期弘法付嘱書を拝する。

「日蓮一期《いちご》の弘法《ぐほう》、白蓮阿闍梨《びゃくれんあじゃり》日興に之《これ》を付嘱《ふぞく》す。本門弘通《ぐづう》の大導師たるべきなり。国主此《こ》の法を立てらるれば、富士山に本門寺の戒壇を建立《こんりゅう》せらるべきなり。時を待つべきのみ。事《じ》の戒法と謂《い》うは是《こ》れなり。就中《なかんずく》我が門弟等此の状を守るべきなり」

この御文は師弟不二の御境界であられる日興上人への御付嘱状であれば、一代の施化《せけ》を括《くく》り要を以てお示し下されている。

「日蓮一期の弘法」とは、大聖人出世の御本懐たる本門戒壇の大御本尊の御事である。いまこの大御本尊を日興上人に付嘱して「本門弘通の大導師」に任ぜられ、広宣流布の時いたれば富士山に本門戒壇を建立すべしと命じ給うておられる。

「国主此の法を立てらるれば」の一文に、三大秘法抄に示された「時」と「手続」が含まれている。そして三大秘法抄には略された建立の場所を「富士山」と特定されたことは重大である。

富士山は日本列島の中央に位置し、日本第一の名山である。その名は郡名《ぐんめい》を取って「富士山」と通称されているが、古来よりの実名は「大日蓮華山《だいにちれんげざん》」である。日本は日蓮大聖人の本国にして三大秘法の本国土である。その日本国の中にも、この大日蓮華山こそ文底深秘の大法の住処、本門戒壇建立の霊地なのである。

この富士山に、広布の時いたれば国立戒壇を建立せよ——と御遺命されているのである。

そして文末には

「就中《なかんずく》、我が門弟等、此の状を守るべきなり」と。

この重大の御遺命に背く者は、まさに師敵対の逆徒、魔の眷属である。

三、富士大石寺歴代上人の文証

日蓮大聖人のこの重き御遺命を奉じて、富士大石寺歴代上人が七百年来、異口同音に広宣流布の暁の国立戒壇を叫び続けてこられた、その文証を挙げてみよう。

二祖日興上人

「広宣流布の時至り、国主此の法門を用いらるるの時、必ず富士山に立てらるべきなり」（門徒存知事）

「国主此の法を立てらるる時は、当国天母原《あもうがはら》に於て、三堂並びに六万坊を造営すべきものなり」（大石寺大坊棟札）

二十六世・日寛上人

「事《じ》の戒壇とは、すなわち富士山天生原《あもうがはら》に戒壇堂を建立するなり。御相承《ごそうじょう》を引いて云く『日蓮一期の弘法、乃至、国主此の法を立てらるれば富士山に本門寺の戒壇を建立せらるべきなり』と云云」（報恩抄文段）

三十一世・日因上人

「国主此の法を持ち広宣流布御願《ぎょがん》成就の時、戒壇堂を建立して本門の御本尊を安置する事、御遺状《ごゆいじょう》の面《おもて》に分明《ふんみょう》なり」

三十七世・日琫《にっぽう》上人

「仏の金言空しからずんば、時至り天子・将軍も御帰依これ有り。此の時においては富士山の麓《ふもと》・天生原に戒壇堂造立あって……」（御宝蔵説法本）

四十八世・日量上人

「事《じ》の戒壇とは、正しく広宣流布の時至って勅宣・御教書を申し下して戒壇建立の時を、事の戒壇というなり」(本因妙得意抄)

五十六世・日応上人

「上一人より下万民に至るまで此の三大秘法を持ち奉る時節あり、これを事《じ》の広宣流布という。その時、天皇陛下より勅宣を賜わり、富士山の麓《ふもと》に天生ヶ原と申す曠々《こうこう》たる勝地あり、ここに本門戒壇堂建立あって……」(御宝蔵説法本)

以上は明治以前の先師上人の御指南である。「国立戒壇」の文言こそ用いておられないが、意は国立戒壇建立を指すこと、天日のごとく明らかである。

次いで大正以降の歴代上人の文証を挙げる。

五十九世・日亨《にちこう》上人

「宗祖・開山出世の大事たる、政仏冥合・一天広布・国立戒壇の完成を待たんのみ」(大白蓮華十一号)

「唯一の国立戒壇すなわち大本門寺の本門戒壇の一ヶ所だけが事《じ》の戒壇でありて、そ

の事《こと》は将来に属する」（富士日興上人詳伝）

六十四世・日昇上人

「国立戒壇の建立を待ちて六百七十余年今日に至れり。国立戒壇こそ本宗の宿願なり」

（奉安殿慶讃文）

六十五世・日淳上人

「蓮祖は国立戒壇を本願とせられ、これを事《じ》の戒壇と称せられた」（日淳上人全集）

「大聖人は、広く此の妙法が受持されまして国家的に戒壇が建立せられる。その戒壇を本門戒壇と仰せられましたことは、三大秘法抄によって明白であります」（日蓮聖人の教義）

「この元朝《がんちょう》勤行とても、宗勢が発展した今日、思いつきで執行されたというものでは勿論《もちろん》なく、二祖日興上人が宗祖大聖人の御遺命を奉じて国立戒壇を念願されての広宣流布祈願の勤行を、伝えたものであります。大石寺大坊棟札《たいぼうむなふだ》に『修理《すり》を加え、丑寅《うしとら》の勤行怠慢なく、広宣流布を待つ可し』とあるのが、それであります」（大日蓮34年1月号）と。

およそ血脈付法の正師にして、国立戒壇を熱願されなかった貫首《かんず》上人は七百年間一人としておられない。

細井管長も曽ては国立戒壇

創価学会に迎合して国立戒壇を否定した六十六代細井日達上人（以下、細井管長と呼ぶ）ですら、登座直後においては歴代上人と同じく、御遺命の正義を次のように述べていた。

「富士山に国立戒壇を建設せんとするのが日蓮正宗の使命である」（大白蓮華35年1月号）

「真の世界平和は国立戒壇の建設にあり」（大日蓮35年1月号）

「事《じ》の戒壇とは、富士山に戒壇の本尊を安置する本門寺の戒壇を建立することでございます。勿論この戒壇は広宣流布の時の国立の戒壇であります」（大日蓮36年5月号）と。

創価学会も曽ては国立戒壇

創価学会も曽ては当然のごとく国立戒壇を唯一の目的としていた。

同会第二代戸田会長は

「化儀の広宣流布とは国立戒壇の建立である」（大白蓮華五十八号）

「我等が政治に関心を持つゆえんは、三大秘法の南無妙法蓮華経の広宣流布にある。すなわち、国立戒壇の建立だけが目的なのである」（大白蓮華六十三号）

また三大秘法抄を講じては

「『戒壇を建立すべきものか』とは、未来の日蓮門下に対して、国立戒壇の建立を命ぜられたものであろう」（大白蓮華六十六号）と述べている。

御遺命破壊の元凶たる第三代会長・池田大作すら曽ては

「『時を待つべきのみ、事の戒法と云うは是なり』の御予言こそ、残された唯一つの大偉業であり、事の戒壇の建立につきる。これを化儀の広宣流布と称し、国立戒壇の建立というのである」（大白蓮華五十六号）

また

「国立戒壇の建立こそ、悠遠六百七十有余年来の日蓮正宗の宿願であり、また創価学会の唯一の大目的なのであります」（大白蓮華五十九号）と言い切っていた。

以上を見れば、冨士大石寺門流七百年の唯一の宿願が国立戒壇の建立にあったこと、太陽のごとく明らかであろう。

四、御遺命破壊の大悪起こる

しかるに、この大事な御遺命がまさに破壊されんとする大悪が、正系門家に起きたのである。

あろうことか、宗門の公式決定として「国立戒壇」が否定され、俄《にわか》に建てられた正本堂が「御遺命の戒壇」と決定されたのであった。

広布前夜の魔障

これこそ広布前夜の正系門家を襲った魔障といえよう。宇宙法界には、仏法を守護する諸天が存在すると同時に、仏法を破壊せんとする魔の働きもある。この魔の生命活動の中心的存在を「第六天の魔王」という。この第六天の魔王が仏法を破壊せんとする時は、まず智者・指導者の身に入って仏法を内から壊乱《えらん》する。

大聖人は最蓮房御返事に

「第六天の魔王、智者の身に入りて正師を邪師となし、善師を悪師となす。経に『悪鬼《あっき》

其の身に入る』とは是《こ》れなり。日蓮智者に非《あら》ずと雖《いえど》も、第六天の魔王我が身に入らんとするに、兼《か》ねての用心深ければ身によせつけず」と。

智者といわれた真言の弘法《こうぼう》・念仏の法然《ほうねん》等が法華経を敵視したのも、叡山《えいざん》の第三・第四の座主《ざす》たる慈覚《じかく》・智証《ちしょう》が本師・伝教大師に背いて法華経を捨てたのも、みなこの第六天の魔王がその身に入ったからに他ならない。

それだけではない。第六天の魔王は御本仏の御身まで狙う。だが大聖人は「兼《か》ねての用心深ければ身によせつけず」で入ることができない。このような時には、魔は国主等の身に入って、御本仏を迫害せしむる。

この第六天の魔王が、広宣流布前夜に、どうして拱手傍観《きょうしゅぼうかん》していようか。必ず正系門家の指導的地位にある者の身に入って、これを誑《たぶらか》すのである。

当時、宗門を左右し得る実力者は、創価学会第三代会長・池田大作であった。彼は強大な組織力と金力を背景に日蓮正宗を圧伏していた。「時の貫首《かんず》」をはじめ全僧侶は、ただ彼の威を恐れ阿諛追従《あゆついしょう》するのみであった。

ここに池田は慢心し大野心を懐《いだ》くに至る。それは、政権を奪取して日本国の最高権力者たらんとする野望だった。昭和四十年当時、彼はその夢を、居並ぶ大幹部ならびに同席させていた御用評論家に語っている。

「私は、日本の国主であり、大統領であり、精神界の王者であり、思想・文化・一切の指導者、最高権力者である」(「人間革命をめざす池田大作その思想と生き方」高瀬広居)と。

このとてつもない大慢心は、あたかも時の天子をも凌駕《りょうが》せんとしたかの蘇我入鹿《そがのいるか》を彷彿《ほうふつ》させる。第六天の魔王はこの信心薄き大慢心の男の身に入り、正系門家の内部から「国立戒壇」を消滅させせんとしたのである。

「国立戒壇」否定の動機

池田大作は学会員を選挙に駆《か》り立てる口実に、前々からしきりに「国立戒壇」を利用していた。
「大聖人様の至上命令である国立戒壇建立のためには、関所ともいうべき、どうしても通らなければならないのが、創価学会の選挙なのでございます」(大白蓮華34年6月号)
この言葉を信じて、学会員は寝食を忘れて選挙に戦った。そして昭和三十九年、池田は公明党を結成し、衆院進出を宣言する。いよいよ政権獲得に乗り出したのだ。
これを見て、共産党をはじめマスコミ・評論家等は一斉に、池田がそれまで政界進出の口実にしていた「国立戒壇」を取りあげ、「国立戒壇は政教分離を定めた憲法に違反する」と批判を始めた。

池田はこの批判を強く恐れたのである。

だが、実はこの批判は当らない。なぜなら、国立戒壇の建立は広宣流布の暁に実現されるゆえである。その時には当然国民の総意により、仏法に基づく憲法改正が行われる。その上で建立される戒壇であれば、「憲法違反」などの非難は当らない。また国立戒壇建立は御本仏の一期《いちご》の大願であれば、たとえ三類の怨敵が競い起こるとも仏弟子ならば恐れない。

だが、池田はこれを恐れた。ということは、彼が叫んでいた「国立戒壇」は学会員を選挙に駆り立てるための口実に過ぎなかったのだ。彼には、国立戒壇が仏国実現の唯一の秘術であることも、御本仏一期《いちご》の御遺命の重さも、全くわかっていなかったのだ。

だから国立戒壇への批判が選挙に不利をもたらすと見るや、この御遺命が邪魔になった。そして恐るべき思いが彼の胸中に湧いた——。それが国立戒壇の放棄・否定であった。

しかし口だけで「国立戒壇」を否定しても、世間は信じてくれない。そこで国立戒壇に替わる偽戒壇を建てることにした。すなわち大石寺の境内《けいだい》に巨大な偽戒壇「正本堂」を建て、これを「日蓮大聖人の御遺命の戒壇」と偽れば、国立戒壇は完全に否定されるのである。

「法主」を籠絡

この大それたたばかりは、池田ひとりではなし得ない。どうしても時の「法主」（貫首《かんず》）の権威が必要であった。

時の「法主」は第六十六世・細井日達管長であった。前述のごとくこの管長も登座直後には

「富士山に国立戒壇を建設せんとするのが、日蓮正宗の使命である」（大白蓮華三十五年一月号）

「事《じ》の戒壇とは、富士山に、戒壇の本尊を安置する本門寺の戒壇を建立することでございます。勿論この戒壇は、広宣流布の時の国立の戒壇であります」（大日蓮三十六年五月号）等と正義を述べていた。

だが、池田の要請を受けるや、たちまちに「国立戒壇」の御遺命を抛《なげう》ち、正本堂を御遺命の戒壇とする悪義を承認してしまった。

日興上人は遺誡置文《ゆいかいおきぶみ》に

「**衆議たりと雖《いえど》も、仏法に相違有らば、貫首之《これ》を摧《くだ》くべき事**」と。——たとえ多数を頼

んでの意見であっても、それが大聖人の御意に違っていたら、貫首は断固としてこれを打ち摧《くだ》かなければならない――とのお誡めである。

しかるに細井管長は、冨士大石寺の貫首として命を賭しても守らねばならぬ大事の御遺命を、なんと池田大作に売り渡したのである。池田の〝威圧〟に屈し、莫大の〝供養金〟に心を蕩《とろか》されたのであった。

「法主」の承認を得た池田は、鬼の首でも取ったごとく、「法主」の〝権威〟をふりかざし「正本堂が御遺命の戒壇に当る」旨を学会の集会で声高に叫んだ。

「いまの評論家どもは『創価学会は国立戒壇を目標にしているからけしからん』といいますが、私はなにをいうかといいたい。そんなことは御書にはありません。彼らはなにもその本義を知らないのです。猊下《げいか》（法主）が、正本堂が本門戒壇の戒壇堂であると断定されたのであります。ですから、皆さん方は『創価学会は国立戒壇建立が目標である』といわれたら、いいきっていきなさい。とんでもない、こんどの私どもの真心で御供養した浄財によって、正本堂が建立する。それが本門の戒壇堂である。これでもう決定されているのですと」（聖教新聞40年9月22日）

なんと恥しらずか――。「国立戒壇の建立こそ、創価学会の唯一の大目的」と叫んでいたのは池田自身ではなかったのか。それを「評論家ども」のせいにしている。しかしながらこの池田発言には、国立戒壇の放棄が「評論家ども」の批判を恐れてのゆえであったこと、また正本堂のたばかりに「法主」を利用したことが、はしなくも表れている。

さらにこの年（昭和四十年）の九月、池田は細井管長に正本堂募財《ぼざい》の訓諭《くんゆ》を発布させる。その訓諭には「蔵《くら》の宝に執着することなく……」とあった。

学会員は正本堂を御遺命の戒壇と信じたゆえに、血のにじむ供養をした。当時、全国の質屋《しちや》の前には家財道具を持って並ぶ学会員の列ができ、生命保険も一斉に解約され、世間の話題になった。

この痛ましき、欺き集めた供養の総額は三百数十億円にも達した。そしてその全額が供養奉呈式において、「法主」から池田に戻された。始めから仕組まれていたのである。

誑惑の大合唱

正本堂のたばかりが成功すると見た池田大作の言動は、時間とともに露骨さを増すようになった。

昭和四十一年の「立正安国論講義」では

「本門戒壇を建立せよとの御遺命も、目前にひかえた正本堂の建立によって事実上達成される段階となった。七百年来の宿願であり、久遠元初以来の壮挙であることを確信してやまない」

四十二年の学会本部総会では

「三大秘法抄にいわく『三国並に一閻浮提《いちえんぶだい》の人・懺悔《ざんげ》滅罪の戒法のみならず、大梵天王・帝釈等も来下《らいげ》して蹋《ふ》み給うべき戒壇なり』と。（中略）この戒壇建立を日蓮大聖人は『時を待つ可《べ》きのみ』とおおせられて滅後に託されたのであります。以来、七百年、この時機到来のきざしはなく、日蓮大聖人のご遺命はいたずらに虚妄《こもう》となるところでありました。だが『仏語は虚《むな》しからず』のご予言どおり、（中略）七百年来の宿願である正本堂建立のはこびとなったのであります。（中略）世界平和の新しい根本道場である正本堂は、時とともに輝きを増し、末法万年尽未来際まで、不滅の大殿堂となることは、絶対に間違いない。（中略）なお、正本堂完成により、三大秘法が、ここにいちおう成就したといえるのであり、『立正安国』の『立正』の二字が完ぺきとなったのであります」（大日蓮42年6月号）

さらに同年十月に行われた正本堂発願式では、誇らしげに宣言する。

「夫《そ》れ正本堂は末法事《じ》の戒壇にして、宗門究竟《くきょう》の誓願之《これ》に過ぐるはなく、将又《はたまた》仏教三千

発願式で「発誓願文」を読み上げる池田大作

余年、史上空前の偉業なり」（発誓願文）と。
天魔の入った池田大作は、もう御本仏の御眼を恐れることなく、この大欺瞞をかえって「仏教三千余年、史上空前の偉業」と讃え、これを成し遂げた自身の功績を誇ったのである。
これを承《う》けて、学会の主要書籍にも誑惑の文字が躍《おど》った。
「戒壇とは、広宣流布の暁に本門戒壇の大御本尊を正式に御安置申し上げる本門の戒壇、これを事《じ》の戒壇という。それまでは大御本尊の住するところが義《ぎ》の戒壇である。（中略）昭和四十七年には、事の戒壇たる正本堂が建立される」（折伏教典）
さらに
「日蓮大聖人は本門の題目流布と、本門の本尊を建立され、本門事《じ》の戒壇の建立は日興上人をはじめ後世の弟子檀那にたくされた。（中略）時来って日蓮大聖人大御本尊建立以来六百九十三年目にして、宗門においては第六十六世日達上人、創価学会においては第三代池田大作会長の時代に、本門の戒壇建立が実現せんとしている」（仏教哲学大辞典）

「正本堂の建立により、日蓮大聖人が三大秘法抄に予言されたとおりの相貌《そうみょう》を具えた戒壇が建てられる。これこそ化儀の広宣流布実現であり、世界にいまだ曽てない大殿堂である」（同前）と。

細井管長も、初めは御遺命に背く恐れからか曖昧《あいまい》な表現が多かったが、次第にその発言が大胆になる。

「此の正本堂が完成した時は、大聖人の御本意も、教化の儀式も定まり、王仏冥合して南無妙法蓮華経の広宣流布であります」（大白蓮華二〇一号）と。

ここにいう「王仏冥合」とは、池田を「王」とし細井管長を「仏」とする、まやかしの王仏冥合である。正本堂が偽戒壇であるから、「王仏冥合」も「広宣流布」もすべてがごまかしとなる。

まことに白を黒といい、東を西といい、天を地というほどの見えすいたたばかりである。

だが、宗門の最高権威たる「法主」と、最高権力者の池田大作が心を合わせて断言するところであれば、無智の八百万信徒はこれを信じ、無道心の一千僧侶また先を争ってこの悪義になびいた。

報恩抄には

「例せば国の長《おさ》とある人、東を西といい、天を地といい出しぬれば、万民はかくのごとく心うべし。後《のち》にいやしき者出来《しゅったい》して、汝等が西は東、汝等が天は地なりといわば、用《もち》うることなき上、我が長《おさ》の心に叶わんがために今の人を罵《の》り打ちなんどすべし」と。

当時の宗門の姿は、まさにこの御文を彷彿《ほうふつ》させるものであった。

昭和四十二年の正本堂発願式に参列した宗門高僧たちの諛言《ゆげん》を並べてみよう。

阿部信雄・教学部長（第六七世・日顕管長）

「宗祖大聖人の御遺命である正法広布・事《じ》の戒壇建立は、御本懐成就より六百八十数年を経て、現御法主日達上人と仏法守護の頭領・総講頭池田先生により、始めてその実現の大光明を顕わさんとしている」

大村寿顕・宗会議員（教学部長）

「この大御本尊御安置の本門戒壇堂の建立をば『富士山に本門寺の戒壇を建立せらるべきなり、時を待つべきのみ』云々と、滅後の末弟に遺命せられたのであります。その御遺命通りに、末法の今、機熟して、『本門寺の戒壇』たる正本堂が、御法主上人猊下の大慈悲と、法華講総講頭・池田大作先生の世界平和実現への一念が、がっちりと組み合わさって、ここに新時代への力強い楔《くさび》が打ち込まれたのであります」

佐藤慈英・宗会議長

「この正本堂建立こそは、三大秘法抄に示されたところの『事の戒法』の実現であり、百六箇抄に『日興嫡々相承の曼荼羅《まんだら》をもって本堂の正本尊となすべきなり』と御遺命遊ばされた大御本尊を御安置申し上げる最も重要な本門戒壇堂となるので御座居ます」

椎名法英・宗会議員

「『富士山に本門寺の戒壇を建立せらるべきなり、時を待つべきのみ』との宗祖日蓮大聖人の御遺命が、いま正に実現されるのである。何たる歓喜、何たる法悦であろうか」

菅野慈雲・宗会議員

「正本堂建立は即ち事の戒壇であり、広宣流布を意味するものであります。この偉業こそ、宗門有史以来の念願であり、大聖人の御遺命であり、日興上人より代々の御法主上人

国立戒壇否定のために建てた偽戒壇・正本堂

の御祈念せられて来た重大なる念願であります」

と。

どうしたら、このような諂《へつら》い、見えすいた嘘、大聖人に背き奉る誑言《おうげん》が吐けるのか。

所詮、これら僧侶たちには信心がないのだ。池田にへつらって我が身を長養することしか考えてないのだ。まさしく「**法師《ほっし》の皮を著《き》たる畜生**」「**法師と云う名字をぬすめる盗人《ぬすっと》**」(松野抄)とのお叱りが、そのまま当る禿人《とくにん》どもである。

かくて正系門家から「国立戒壇」の御遺命は消滅し「正本堂」を讃える悪声のみがこだました。第六天の魔王はものの見事に、正系門家から御本仏の御遺命・七百年来の宿願を奪い去ったのである。

第十章　御遺命守護の戦い

一、第一次諫暁

昭和四十五年――。正本堂の工事はすでに始まり、その完成が二年後に迫っていた。池田大作はこの落成式において、細井日達管長に「広宣流布は達成」「御遺命の戒壇ここに成就」と宣言させることにしていた。

もし、「法主」が公式にこれを内外に宣言すれば、このとき御本仏の御遺命は完全に破壊される。国立戒壇の建立は大聖人の究極の大願であられれば、この御遺命の破壊はまさに、流罪・死罪を忍び給うた大聖人の一代三十年の御化導を水泡に帰せしめるものである。

しかるに宗門・学会は、いま恐れげもなくこれを押し進めている。この無道心をご覧あそばせば、大聖人はいかに御憤り、御悲しみあそばすであろうか――。

このとき、大聖人の厳たる御命令が私の耳朶《じだ》を打った。

「**法を壊《やぶ》る者を見て責めざる者は、仏法の中の怨《あだ》なり**」（滝泉寺申状）

「もし正法尽きんと欲すること有らん時、まさに是《か》くの如く受持《じゅじ》し擁護《おうご》すべし」（立正安国論）

「むしろ身命を喪《うしな》うとも、教《きょう》を匿《かく》さざれ」（撰時抄）

「師子王の如くなる心をもてる者、必ず仏になるべし」（佐渡御書）

また日興上人は

「時の貫首《かんず》たりと雖《いえど》も仏法に相違して己義《こぎ》を構えば、之《これ》を用うべからざる事」と。

もし「法主」の権威を憚《はばか》り、学会の強大を恐れてこの大悪を黙過したら、これこそ「大聖人様に対し奉る最大の不忠」「大聖人様に申しわけない」――ただこの一念で、私は御遺命守護の御奉公に立ち上がった。

これより、必死の諫暁は二十八年に及んだ。そして、凡夫の思慮を絶することが起きた。時は平成十年、偽戒壇・正本堂は轟音とともに打ち砕かれ、地上よりその姿を消し去ってしまったのである。すべては大聖人の御威徳による。

以下、その経緯の大要を述べる。

「正本堂に就き宗務御当局に糺し訴う」

昭和四十五年三月、私は護法の一念を四万二千余字に込め、「正本堂に就《つ》き宗務御当局に糺《ただ》し訴う」と題する一書を認《したた》め、猊座《げいざ》を守るべき宗務院役僧と、御遺命破壊の元凶・池田大作以下の学会首脳、あわせて十二人に送附した。

この書の内容は、正本堂が事《じ》の戒壇でないこと、御遺命の戒壇とは国立戒壇であることを論証し、さらに池田が大聖人を蔑《あな》ずる大慢心の文言を挙げて破し、最後に宗務当局に対し、猊座《げいざ》の尊厳を守るため速かに池田の誑惑を摧《くだ》くべし――と訴えたものである。

当時、顕正会は「妙信講」と称し、日蓮正宗法華講（宗門信徒の総称）の中の一講中という立場で、講員は八千人に過ぎなかった。

創価学会会長・池田大作

第66代・細井日達管長

「正本堂に就き宗務御当局に糺《ただ》し訴う」

対する池田は、日蓮正宗全信徒を統率する大権を細井管長から委《ゆだ》ねられた法華講総講頭。そして八百万学会員を率い公明党を手足とし、そのうえ誰人も背けぬ「法主」を擁《よう》し、その勢威は凄まじいものがあった。

これに八千の小講中が立ち向うは、竹槍で戦車に向い、小舟が戦艦に当るにも似ていた。恐らく歯牙《しが》にもかけず、直ちに宗門追放かとも思われた。

だが、この諫暁書は驕《おご》る池田大作と細井管長の肺腑を抉《えぐ》り衝撃を与えた。それは八百万対八千でもなければ、「法主」対信徒でもなかった。「**仏法と申すは道理なり、道理と申すは主に勝つ物なり**」（四条抄）の仰せのままであった。

恐らく細井管長は、この諫暁書の背後に、犯しがたき御本仏日蓮大聖人・日興上人の御威徳を感じたものと思われる。

細井日達管長と対面

送達の翌々日、宗務院の早瀬日慈総監から「直ちに本山に来るように」との一報があった。この反応の早さこそ、衝撃の強さを物語っている。

四月三日、私は父（当時妙信講講頭）とともに、総本山の宗務院に出頭した。定めて宗務役僧から直ちに〝宗門追放〟が云い渡されると思っていたところ、案に相違して、「猊下《げいか》が対面所でお目通り下さる」と伝えられた。

やがて対面所に出座された細井管長は、右手に「正本堂に就き宗務御当局に糺し訴う」をかざしつつ、照れくさそうな笑みを浮べ、開口一番

「よく書けてますね。私にもこうは書けませんよ。この本は宗開両祖の仰せのまま、宗門七百年の伝統のままです。一分の誤りもありません」

思いもかけぬ言葉を下された。

しかし、次いで

「この中に引用の先師の『御宝蔵説法』とは、日応上人のものですね。あれには省略さ

大石寺大奥の「対面所」

れている部分があるのです。これがその原本です。大事なものだから人には見せられないが、この中に『戒壇の大御本尊まします所は事《じ》の戒壇』とあるのです。だから、正本堂は事の戒壇といえるのです」と。

非礼僭越《せんえつ》とは思ったが、ことは御遺命にかかわる重大事である。私は敢えて

「お見せ頂けますか」と願い出た。

「大事なものだから全部は見せられないが……」

と云いつつ、細井管長は両手で前後の文を隠してその部分だけを見せ、読み上げられた。

「『大御本尊いま眼前に当山《とうざん》に在《ましま》す事なれば、此の処《ところ》即ち是《こ》れ本門事《じ》の戒壇、真の霊山《りょうぜん》・事《じ》の寂光土《じゃっこうど》』とあるでしょう。だから戒壇の大御本尊まします所は、御宝蔵であれ、奉安殿であれ、また正本堂であれ、事の戒壇といっていいのです」

いかにも訝《いぶか》しい。私はお伺いした。

「本宗では従来、広布の暁に事相《じそう》に建てられる御遺命の戒壇を『事の戒壇』といい、それ以前の大御本尊ましします御宝蔵あるいは奉安殿を『義の戒壇』と言ってきたのではないでしょうか」

細井管長の面《おもて》にみるみる怒気《どき》がみなぎった。

「あんた、二座の観念文には何とある。『事《じ》の一念三千』とあるでしょう、戒壇の御本尊は事《じ》の御本尊です。だから、その御本尊ましします所は事の戒壇なのです」

「お言葉ですが、『事の一念三千』の『事』とは、文上脱益・理の一念三千に対して文底下種の一念三千を『事』とされたのであって、法体上の立て分けかと思われます。いま戒壇における『事』と『義』とは次元が異なるように思われますが……」

「いや、ここに書かれているように、大御本尊ましします所は、いつでも、どこでも事の戒壇なのです」

怒気を含む強い調子で、これだけは譲れないというように、同じ言葉を何度も繰り返された。

しかし従来の定義を変えて「正本堂を事の戒壇」としたら、御遺命の戒壇はどうなるのか。問題の核心はここにある。私は詰《つ》めてお伺いした。

「では正本堂は、三大秘法抄・一期弘法抄に御遺命された戒壇なのでしょうか」

細井管長はあきらかに困惑の色を表わし、しばし沈黙された。やがて意を決したように
「広宣流布の時の事の戒壇は、国立ですよ」

重ねて念を押させて頂いた。

「では、正本堂は御遺命の戒壇ではないのですね」

「正本堂は最終の戒壇ではありません。広布の時は国立戒壇で、天母山《あんもやま》に建てられるのです」

「天母山」とは天生原のことである。ついに細井管長は本心を吐露されたのである。

しかしこの本心を宗門で知る者はない。全信徒は「正本堂は御遺命の戒壇」という謀《たばか》りを信じている。そこで言上した。

「猊下《げいか》の御本意を伺い、こんなに有難いことはございません。しかし学会員も法華講員も、まだ正本堂を御遺命の戒壇と思いこんでおります。これはいかがしたら……」

猊下は言われた。

「いや、私から、間違わぬよう、よく伝えておきます」

思いもかけぬ明言であった。そして最後には

「諫めてくれたのは妙信講だけです。浅井さんの信心に、私は負けました」とまで、率直な言葉を吐かれた。

——細井管長のこの日の対面目的は、まさに懐柔と、己義《こぎ》の「事の戒壇」を承伏させることにあったのであろう。しかし説得のつもりが、かえって正しい道理の前に本心を吐露せざるを得なくなり、その公表まで約束されたのであった。

虫払会御書講《むしばらいえごしょこう》で正論

三日後の四月六日、総本山の年中二大法要の一つである御虫払会《おむしばらいえ》が行われた。席上、満山大衆を前にして細井管長は次のように述べた。

「王仏冥合の姿を末法濁悪の未来に移し顕わしたならば、必ず勅宣並びに御教書があって、霊山浄土に似たる最勝の地を尋ねられて戒壇が建立出来るとの大聖人の仰せでありますから、**私は未来の大理想として信じ奉る**」と。

建築中の正本堂を眼前にして、三大秘法抄に御遺命の戒壇を「未来の大理想として信じ奉る」と明言されたのである。これ明らかに正本堂の誑惑を否定するものであった。

「事の戒壇」の定義変更

さて、総本山の対面所で細井管長が私に示された「日応上人の御宝蔵説法の原本」と称する文書について、少し触れておく。

後日、諸天の計らいともいうべき不思議な経路で、その全文を入手することができた。それは第五十六世日応上人の「原本」ではなく、第六十世日開上人の御宝蔵説法本であった。細井管長が引用した前後の文を拝見すれば、文意は明白であった。

「御遺状《ごゆいじょう》の如く、事の広宣流布の時、勅宣《ちょくせん》・御教書《みぎょうしょ》を賜《たま》わり、本門戒壇建立の勝地は当国富士山なる事疑いなし。又其の戒壇堂に安置し奉る大御本尊、今眼前に当山に在《まし》ます事なれば、**此の処即ち是れ本門事の戒壇・真の霊山・事の寂光土**にして……」とある。

すなわち日開上人は、広布の暁に国立戒壇が建立されることを大前提として、その事《じ》の戒壇に安置し奉る戒壇の大御本尊いまここにましますゆえに、たとえ未だ事の戒壇は建てられていなくとも、「此の所即ち是れ本門事の戒壇」と仰せられているのだ。すなわち〝義理《ぎり》において事《じ》の戒壇〟の意、これを本宗では「義理の戒壇」あるいは「義の戒壇」と称してきたのである。

ゆえに日寛上人は

「**義理の戒壇とは、本門の本尊所住《しょじゅう》の処《ところ》、即ちこれ義理・事《じ》の戒壇に当るなり。乃至、故に当山《とうさん》（大石寺）は本門戒壇の霊地なり**」（法華取要抄文段）

と仰せられ、広布以前の戒壇の大御本尊まします大石寺を「義の戒壇」とされている。

さらに

「**未だ時至らざる故に直《ただ》ちに事《じ》の戒壇これ無しといえども、すでに本門戒壇の御本尊まします上は、其の住処は即戒壇なり**」（寿量品談義）

とも仰せられている。「其の住処は即戒壇なり」とは、義において戒壇ということ、これを「義の戒壇」というのである。

しかるに細井管長は、日開上人が前文に示されている国立戒壇建立の大前提を故意にかくして、正本堂を直《ただ》ちに「事の戒壇」といわれた。これは明らかにたばかりである。「事の戒壇」は「御宝蔵であれ奉安殿であれ正本堂であれ……」ではなく、一つしかないのだ。

ゆえに近世の大学匠といわれた第五十九世日亨《にちこう》上人は

「**唯一の国立戒壇、すなわち大本門寺の本門戒壇の一ヶ所だけが事の戒壇でありて、そのことは将来に属する**」（富士日興上人詳伝）と。

さらに

「この戒壇について、事相《じそう》にあらわるる戒壇堂と、義理の上で戒壇とも思えるの二つがある。事相の堂は将来一天広布の時に、勅命で富士山下に建ち、上《かみ》は皇帝より下《しも》は万民にいたるまで授戒《じゅかい》すべき所であるが、それまでは、本山の戒壇本尊安置の宝蔵《ほうぞう》がまずその義に当るのである。末寺の道場も信徒の仏間も、軽くは各々その義をもっていると云える」（正宗綱要）と。

また第六五世日淳《にちじゅん》上人は

「御文（三大秘法抄・一期弘法付嘱書）に、王法と仏法と冥合《みょうごう》して国主が此の法を御用いの時は此の戒壇が建立せられる、それを事《じ》の戒法と申すと仰せられるのでありますから、その時の戒壇を事《じ》の戒壇と申し上げるのであります。従《したが》って、それ以前は御本尊のましますところは義理の上の戒壇と申し上げるべきであります。仍《よ》って此のところを義の戒壇と申し上げるのでありります」（日蓮大聖人の教義）と。

いや細井管長自身、登座《とうざ》直後の説法では

「事の戒壇とは、富士山に戒壇の本尊を安置する本門寺の戒壇を建立することでございます。勿論この戒壇は、広宣流布の時の国立の戒壇であります」（大日蓮　昭和36年5月号）

と言っているではないか。しかるにいま定義を勝手に変更して「戒壇の大御本尊ましますゆえに正本堂は事の戒壇」という。これ自語相違であり己義《こぎ》である。

なぜこのようなたばかりをしたのかといえば、正本堂を「御遺命の事の戒壇」と云い続けてきた学会・宗門の欺瞞《ぎまん》を隠すための目眩《めくらまし》にほかならない。しかし今、詰められて本心を吐露せざるを得なくなり、それが御虫払会における正論となったのである。

だが――、これより以後、細井管長は態度を二転三転させる。私と会えば貫首としての本心を取り戻し、池田と会えば魔の手先となるという変節を、最後の最後まで繰り返したのであった。

池田の巻き返し

細井管長の御虫払会における本心吐露は、池田の目には裏切りと映《うつ》る。これまで「法主」の承認のもとに正本堂建設を進めてきた彼にすれば、今になってのこの裏切りは許しがたい。彼は巻き返しの機を覗《うかが》った。

当時、彼は学会の出版妨害事件に端を発する国会喚問に怯《おび》えていた。そして昭和四五年四月八日、共産党・谷口善太郎代議士から衆議院議長に宛てた「質問主意書」が提出された。

その趣旨は、学会が主張していた「国立戒壇」は憲法違反であり、かつ宗教団体が違憲の国立戒壇の実現を目的として政治活動を行うとすれば、その活動も憲法違反ではないか——というものであった。

政府はさっそく学会に「国立戒壇」についての照会をした。

池田はすでに数年前に、学会の立場では「国立戒壇」を否定していた。しかしこの回答を政府に提出するに当っては、どうしてもその裏付けとして、宗門に国立戒壇否定の公式決定を発表させる必要があった。ここに池田は猛烈な圧力を宗門に加えた。

「国立戒壇を永久に放棄せよ」

昭和四十五年四月十四日、池田は宗務院の早瀬日慈総監と阿部信雄教学部長（後の日顕管長）を学会本部に呼びつけた。このときの会談内容が阿部教学部長の自筆で克明に記録されている。この記録は、池田が宗門に国立戒壇放棄を強要したことを立証する、きわめて重要な文書である。

阿部信雄・教学部長
（後の日顕管長）

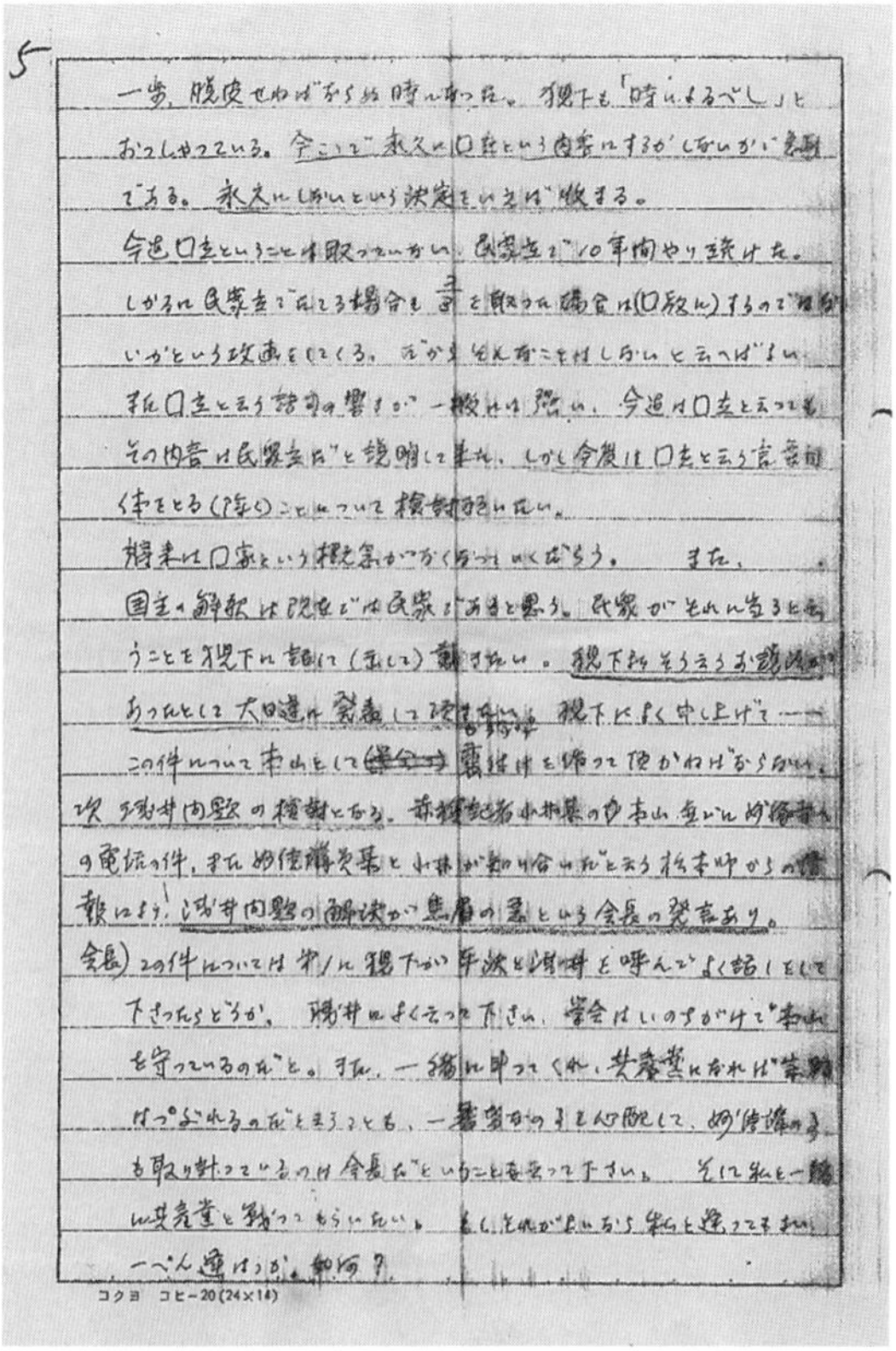

5
一歩、後退せねばならぬ時になった。猊下も「時によるべし」とおっしゃっている。今ここで永久に国立という内容にするかしないかが急所である。永久にしないという決定をいえば収まる。

今迄国立ということを取っていない。民衆立で10年間やり続けた。しかるに民衆立でたてる場合も寺を取った場合は（国教化）するのではないかという攻撃をしてくる。だからそんなことはしないと云へばよい。

然し国立と云う語句の響きが一般には強い。今迄は国立と云ってもその内容は民衆立だと説明して来た。しかし今度は国立と云う言葉自体をとる（除く）ことについて検討頂きたい。

将来は国家という概念がなくなっていくだろう。また、国立の解釈は現在では民衆であると思う。民衆がそれに当るということを猊下に話して（話して）頂きたい。猊下がそういうお説法があったとして大日蓮に発表して頂きたい。猊下によく申し上げて――

この件について本山として態度を締って頂かねばならない。

次　浅井問題の検討となる。赤旗記者小林某の本山案内に妙信講への電話の件、また妙信講幹部と小林が知り合いだという松本師からの情報により、浅井問題の解決が焦眉の急という会長の発言あり。

会長）この件については第一に猊下が早瀬と浅井を呼んでよく話をして下さったらどうか。浅井によく云って下さい。学会はいのちがけで本山を守っているのだと。また、一緒に戦ってくれ、共産党になれば宗門はつぶされるのだと云うことも。一番宗門のことを心配して、妙信講のことも取り計っているのは会長だということを云って下さい。そして私と一緒に共産党と戦ってもらいたい。もしそれがよいなら私と逢ってもよい。一ぺん逢はっか。如何？

コクヨ　コヒ－20（24×14）

池田と宗務役僧との会談記録「阿部メモ」

平成五年に顕正会が入手したその記録（以下、阿部メモ）によれば、その趣旨は二つ。①宗門として公式に国立戒壇を永久放棄する宣言をすること　②宗内でただ一人国立戒壇を主張する浅井を抑えこむこと。この二点を「法主」に要請しているのである。以下、その一部を紹介する——。

池田「国立と云うと追いつめられる恐れがある。先手をとりたい。日淳上人にも現猊下にも国立の言あり。共産党はこれらをつみ重ねて（証拠蒐集の意）きている。これは違憲になる。（中略）この際はっきりしておいた方がよいと思うがどうか。（中略）もし之をお認め頂けるならば、猊下より宗門の定義として大日蓮に発表して頂きたい。そうでないと私の独創《どくそう》になってしまう」

早瀬「非常に重大な事である。充分猊下にお伝えし、申上げる。その上で御返事をする」

池田「非常にいそぐので早く願いたい。（中略）また何等かの方法で、この件につき宗門内の統一を願いたい。今迄《まで》、猊下は、我々の言ったことを擁護《ようご》して下さった。それが今度は、もう一歩脱皮せねばならぬ時になった。猊下も『時によるべし』とおっしゃっている。今ここで、永久に国立という内容にするか、しないかが、急所である。永久にしないという決定をいえば収まる。（中略）猊下よりそう云うお説法があったとして、大日蓮に発表して頂きたい」

――池田はなんと、大聖人の一期の御遺命、そして歴代先師上人が七百年来叫び続けてこられた「国立戒壇」を、永久に放棄せよと「法主」に迫っているのである。

ついで池田の発言は「妙信講問題」に移る。阿部メモには

「次、浅井問題の検討となる。浅井問題の解決が焦眉《しょうび》の急という会長の発言あり」

とある。

池田「浅井によく云って下さい。（中略）私と一緒に共産党と戦ってもらいたい。もしそ

うしてくれるのなら、私と逢《あ》ってもよい。一ぺん逢はうか。如何?」

早瀬「結構だと思う」

池田「それで、もしも(仲々難物なときは)谷口質問を見せて、宗門が解散になってもよいのかと云うことを、よく猊下より話して戴《いただ》くことがよい。なお猊下が浅井にお逢《あ》いになるときは、早セ総監、アベ教学部長も御陪席《ばいせき》申上げてもらいたい」

——猊下が一人で逢うとまた浅井に同調してしまう、と警戒したのであろう。

池田「本山も危いのだということを、よく云って下さい。その時、もしよければ、会長を呼んでもよいと云って下さい。至急やってもらいたい。明日か、明後日—16日一杯にやって頂きたい。猊下より浅井に『国立をとれよ(除け)』と一言云って頂けばよいと思う」

ついで同席していた小平芳平(公明党参議院議員)が、池田発言を補足する。

「国立を主張して憲法違反と云うことになると、宗教法人法第二条違反となり、これは、法人法第〇条により、解散させられます」

池田「だから浅井に、憲法違反で潰されてよいかということを云って下さい。猊下より、民衆立は自分が(始めに)云ったんだと、むしろ云って頂きたい」

会談の最後に池田は重ねて念を押す。

「浅井の件、どうか、しっかりたのみます」

――池田は「国立戒壇を言えば憲法違反となって宗教法人法違反で宗門が潰される」など素人《しろうと》だましの法律論で脅し、宗門に「国立戒壇の永久放棄」を強要したのである。ところが細井管長は、この無法な池田の指示どおり、動いたのであった。

細井管長の変節

二日後の四月十六日、細井管長は東京・常泉寺に下向され、私を呼び出された。「浅井の件、どうか、しっかりたのみます」（阿部メモ）が、さっそく実行に移されたのだ。常泉寺の一室で私を待っておられた細井管長の手には、共産党の「質問主意書」が握られていた。それを見せながら差し迫ったようすで、いきなり云われた。

「浅井さん、国立戒壇を捨てて下さい。国立戒壇をいうと、日蓮正宗は潰されるんです」

つい十三日前には本心を吐露して「広布の時は国立戒壇で、天母山に建てられる」と明言されたのに、なんという変節か。

私は申し上げた。

「どうして国立戒壇をいうと宗門がつぶされるのですか。信教の自由は現憲法の保証するところではございませんか」

「共産党の動きがこわいのです」

そして細井管長は共産党の恐るべきを縷々《るる》と述べた上で、「国立戒壇を捨てよ」と、一方的に強要された。

私は申し上げた。

「学会は自ら犯した数々の社会的不正を暴かれるから共産党を恐れております。しかし、宗門が日蓮大聖人の御遺命を叫ぶのに、どうして共産党ごときを恐れる必要がありましょうか」

さらに申し上げた。

「国立戒壇の否定と正本堂の誑惑は表裏一体です。学会は内外に正本堂を御遺命の事の戒壇と大宣伝しております。この時、もし国立戒壇を云わなくなったら、正本堂の誑惑がそのまま内外にまかり通ってしまうではございませんか」

細井管長は気色《けしき》ばんだ。

「正本堂を事《じ》の戒壇とはいえますよ。このあいだ本山であなたに見せたでしょう。あの本に『此の所は即ち是れ本門事の戒壇』とあったじゃないですか。あの本は寛尊よりも、もっと古いものです」

四月三日には「日応上人の御宝蔵説法の原本」といい、ここでは「寛尊よりも古い」という。たばかりのゆえに自語相違する。

私は申し上げた。

「猊下《げいか》の仰せられる『事の戒壇』の意味は、宗門古来の定義とは異なるように思われますが……」

「法主」の権威に平伏せぬを小癪《こしゃく》に思われたのか、猊下は顔を真っ赤にして語気《ごき》を荒げた。

「正本堂を事の戒壇といって何が悪い。あの本にあるように、戒壇の御本尊ましますところは、いつでも、どこでも、事の戒壇といえるんです」

なんとしてもねじ伏せようとする強引さである。私はあえて面《おもて》を犯し強く申し上げた。

「では、猊下の仰せられる『事の戒壇』とは、広宣流布の時の『事の戒壇』と同じなのですか」

猊下はいかにも苦しげに、言葉を濁らせ

「……いや、それは違う」

重ねて申し上げた。

「もし『戒壇の大御本尊まします所は、いつでもどこでも事の戒壇』と仰せになるのなら、三大秘法抄に御遺命された戒壇は建立しなくていいのですか」

「……もちろん、広宣流布の時は建てなければいけない」

「学会は、宗門古来の定義のままに『三大秘法抄に御遺命の戒壇を事の戒壇』とし、それが正本堂であると欺瞞《ぎまん》しております。ゆえに妙信講は『正本堂は事の戒壇にあらず』と学会を責めているのです。しかるにいま猊下が事の戒壇の定義を変更され、『正本堂も事の戒壇といえる』と仰せられれば、学会の誑惑を助けることになるではありませんか」

「いや、私のいう『事の戒壇』は、何も最終の戒壇の意味じゃないんだから……」

「しかしそれでは法義が混乱します。御遺命の戒壇が曖昧《あいまい》になり、匿《かく》れてしまいます」

猊下はいいわけのごとく
「学会だって『正本堂は三大秘法抄の戒壇だ』と、そんなにはっきり云ってるわけではないでしょう」

そこで私は、学会発行の文書のいくつかを、高声に読み上げた。

「正本堂建立により、日蓮大聖人が三大秘法抄に予言されたとおりの相貌《そうみょう》を具えた戒壇が建てられる。これこそ化儀の広宣流布実現である」（仏教哲学大辞典）等々。

細井管長は次第に沈痛な表情になり、うつむきながら言われた。

「学会がそこまで云っているとは知らなかった。これから五月三日（学会本部総会）の打ち合わせで池田会長に会うことになっているので、訂正するよう、よく云っておきましょう」

学会書籍のたばかりを知らぬはずがない。それはともかく、かくて、浅井に「国立戒壇」を捨てさせる目的で対面された細井管長は、またも「学会の誑惑を改めさせる」と約束されたのであった。

「四箇条に従え」

ところがである。翌日の早朝、細井管長から直接電話があった。

「昨日、云い残したことがあるので、念のためはっきりと云っておきます。筆記して下さい。

一、日蓮正宗を国教にすることはしない。
二、国立戒壇とはいわない、民衆立である。
三、正本堂を以て最終の事の戒壇とする。
四、今日《こんにち》はすでに広宣流布である。だから事の戒壇も立つのである。
以上、これは宗門の管長として私がはっきりいうのです。こうしなければ、現在の宗門はもう統率できないのですから、管長のいうことに従って下さい。そしてこの四つのことは、五月三日（学会本部総会）に私から発表しますから、それを見てて下さい」

昨日の約束はいったい何だったのか――。またも池田の圧力に屈したのであった。私は即座に

「この四ヶ条、断じて承伏いたしません。このようなことをもし公表なされば、将来、猊下のお徳が必ず傷つきます」

と強くお諌めした。しかし猊下は

「とにかく、五月三日の私の話を聞いてからにして下さい」

とくり返されるだけであった。その声はかすれ、もつれ、そして震えていた。貫首とし

て、御本仏の御遺命に背く恐ろしさを、全身で感じておられたに違いない。

「臨時時局懇談会」

そして五日後の四月二十二日、総本山大客殿において宗門の全住職一千余名と、学会・法華講・妙信講の代表が召集され、「臨時時局懇談会」なるものが開催された。池田の「この件につき宗門内の統一を願いたい」(阿部メモ)に基づくものだった。

つまり宗門代表を集めた席で「法主」に国立戒壇否定の説法をさせ、それに異議がなければ「宗門内の統一」は成った、というわけなのであろう。

開会に先立ち、宗務役僧が

「本日は御法主上人より御説法を賜わるが、そのあと特別に質問が許されている」と述べた。

まず全員に共産党の「質問主意書」のコピーが配られた。初めに学会を代表して辻武寿総務室長が立ち

臨時時局懇談会が開催された大客殿

「共産党の攻撃により、いま宗門は危急存亡の時を迎えている。国立戒壇をいえば宗門はつぶされる。学会は共産党と争うつもりはない」旨を、くどくどと述べた。

質問が許されたので、私は立った。

「どうして日蓮正宗が危急存亡なのか。御書には『外道《げどう》悪人は如来《にょらい》の正法を破りがたし、仏弟子等必ず仏法を破るべし、師子身中《ししんちゅう》の虫の師子を食《は》む』とあるが、共産党ごときに仏法が破られることは有り得ない。仏法は中から破られるのである。もし学会が仏弟子ならば、どうして共産党をそれほど恐れるのか。いま聞けば、学会は共産党と争うつもりはないとのことであるが、その共産党は『赤旗』紙上で、恐れ多くも戒壇の大御本尊の写真を掲げ、連々と誹謗中傷をしているではないか。学会はなぜ護法のために戦わないのか。妙信講は共産党にこのことで対決を申し入れたが、先方が逃げた。学会はなぜこの謗法を責めないのか」

辻は

「あなた方の勇気には敬服します。ただ私達は、あとでまとめてやろうと思っております」

と云いわけをした。さらに質問しようとすると森田一哉副会長が立ち

「もう時間です。猊下が待っておられますから」と遮《さえぎ》った。

私は敢《あ》えて質《ただ》した。

「先ほど、国立戒壇をいえば宗門はつぶされると云っていたが、なぜ潰されるのか、その法的根拠を示してほしい」

森田と早瀬日慈総監が同時に立ち上がった。そして「猊下がお待ちになっておられるので……」と辻を降壇させてしまった。

ちなみに、この「あとでまとめて」はその後どうなったかと云えば、四年後の昭和四十九年十二月、学会は日本共産党との間で「相互不干渉・共存」を謳《うた》った、いわゆる「創共協定」を結んでいる。宮本共産党委員長は記者会見で協定を結んだ理由の第一に「学会が国立戒壇を捨てたこと」を挙げた。「**大慢の者は敵に随う**」（撰時抄）という。池田大作は共産党を恐れるあまり、国立戒壇を放棄して協定を結んだのであった。

ついで猊下が説法された。その大旨は

まず広宣流布について「今日は因の姿においてすでに広宣流布である」とし、次に戒壇については、日寛上人の依義判文抄《えぎはんもんしょう》を引いて「御本尊即戒壇とあるから、戒壇の大御本尊まします所は事《じ》の戒壇である」といい、さらに「国教でないものに国立はあり得ない、民衆立の正本堂を事の戒壇として、今日において少しも恥ずることはないと信ずる」と結んだ。――これは、先日の電話での四ヶ条を説明したものであった。

説法が終わると、早瀬総監から「本日は特別に〝お伺い〟が許されている」との言葉があったので、私は立ち上がってお伺い申し上げた。

「ただいま猊下は、正本堂を事の戒壇と仰せられましたが、それでは三大秘法抄に御遺命された戒壇は、将来建てられないのでしょうか」

猊下はしばし沈黙ののち

「私には、将来のことはわかりません」と答えられた。

「建てる」といえば学会を裏切ることになる。「建てない」といえば御遺命に背くことになる。よって「わかりません」ということになったのであろう。

さらに私は、細井管長が依義判文抄を引いて説明した部分について質問した。引用された日寛上人の御文は次の一節であった。

「応《まさ》に知るべし。『日蓮一期の弘法』とは即ち是れ本門の本尊なり。『本門弘通』等とは所弘《しょぐ》即ち是れ本門の題目なり。戒壇は文の如し。全く神力品《じんりきほん》結要《けっちょう》付嘱の文に同じ云云。秘

すべし、秘すべし」

この御文を細井管長は次のように解釈した。

「ここが大事なところでございます。結要付嘱《けっちょうふぞく》とはすなわち本門の大御本尊であります。『(戒壇は)それと同じだ』と、はっきりここで日寛上人がことわっている。だから結局は、事の戒壇といっても、義も含んだところの事の戒壇、大聖人様の戒壇の大御本尊まします所が、すなわちこれ事の戒壇であるはずでございます」と。

これは全くの曲会《きょくえ》である。私はお伺いした。

「猊下はいま『戒壇は文の如し。全く神力品結要付嘱の文に同じ』との寛尊の御文を引き、『御本尊と戒壇とは同じだから、戒壇の大御本尊まします所は事の戒壇である』と仰せられましたが、寛尊の御意は、神力結要付嘱の文も一期弘法付嘱書も、共に三大秘法を説き、そのうえ本尊・題目・戒壇と説き示す順序も全く同じであるとの深妙を『秘すべし、秘すべし』と仰せられたのではないでしょうか。

すなわち神力品においては『以要言之《いようごんし》』以下に本門の本尊を説き、『是故汝等《ぜこにょうとう》』以下に本門の題目を説き、『所在国土《しょざいこくど》』以下に本門の戒壇が説かれております。また一期弘法付嘱書では『日蓮一期の弘法』は本門の本尊、『本門弘通』等とは所弘すなわち本門の題目、戒壇は『国主此の法を立てらるれば云々』との文のままであるから、寛尊は『文の如し』と仰せられたのであり、まさに釈尊から上行菩薩への神力結要付嘱も三大秘法、また大聖人から日興上人への御付嘱も三大秘法、そのうえ本尊・題目・戒壇と示す三大秘法の説順も全く同じである。この深秘・深妙を『全く同じ、秘すべし』と嘆《たん》ぜられたのであって、本尊と戒壇が『全く同じ』という意味ではないと存じますが、いかがでしょうか」

細井管長は全く口を閉じられた。私はさらにお尋ねした。

「日寛上人は今の御文の前に、『経巻所住《しょじゅう》の処《ところ》』を本尊所住の処すなわち義の戒壇とし、『皆応《まさ》に塔を起《た》つべし』を事の戒壇の勧奨《かんしょう》として三大秘法抄・一期弘法抄を引いて説明しておられますが、『本尊所住の処』に当る正本堂が、どうして事の戒壇になるのでしょうか……」

重苦しい沈黙が、長く大客殿を覆《おお》った。

しばらくして、森田が引きつったような顔で立ち上がり

「ここにいるすべての人には、猊下の御説法はよくわかります。ですから、浅井さんには別に席が設けてありますから、あとでゆっくり猊下とお話しになって下さい」

といって臨時時局懇談会を打ち切ってしまった。しかし別席でも「後日また」というこ

とで、結局流会になってしまった。

政府への欺瞞回答

かくて池田大作のもくろんだ「宗門合意」は不成立に終った。しかし翌四月二十三日、政府への回答期日を迎えた創価学会は、国立戒壇の意義について正式に文書で次のごとく回答した。

一、本門戒壇とは、本尊をまつり、信仰の中心とする場所のことで、これは民衆の中に仏法が広まり、一つの時代の潮流となったとき、信者の総意と供養によって建てられるべきものである。

二、既に現在、信徒八百万人の参加によって、富士大石寺境内に、正本堂の建設が行なわれており、昭和四十七年十月十二日には完成の予定である。これが本門戒壇にあたる。

三、一時、本門戒壇を〝国立戒壇〟と呼称したことがあったが、本意は一で述べた通りである。建立の当事者は信徒であり、宗門の事業として行うのであって、国家権力とは無関係である。

この回答書は、国家と無関係に宗門が建てた正本堂を「御遺命の戒壇」と偽わり、以て国立戒壇を否定したものである。

一期弘法付嘱書には「国主此の法を立てらるれば」と示され、三大秘法抄には「王臣一同に本門の三大秘密の法を持ちて、乃至、勅宣並びに御教書を申し下して」と定められている。これが御本仏の御遺命の戒壇である。国家と無関係に建てた偽戒壇で、どうして仏国が実現しようか。池田大作は「憲法違反」の批判を恐れるあまり、憲法に合わせて御遺命の戒壇を曲げてしまったのだ。

思えば、日目上人は国主の尋ねもないのに、身を捨てて国主に国立戒壇建立を訴え給うた。しかるにいま池田大作は、政府より尋ねられてなお、国立戒壇を否定し政府を欺いたのである。

「国立戒壇放棄」の公式決定

次いで「五月三日」、学会本部総会の日を迎えた。池田は内外のマスコミを招いたこの総

昭和45年5月3日、学会本部総会において「国立戒壇放棄」を公式宣言する細井管長

会で、いよいよ国立戒壇の永久放棄宣言を日蓮正宗の「法主」になさしめんとしていた。

この日、細井管長は次のように述べた。

「わが日蓮正宗においては、広宣流布の暁に完成する戒壇に対して、かつて『国立戒壇』という名称を使っていたこともありました。しかし日蓮大聖人は世界の人々を救済するために『一閻浮提《えんぶだい》第一の本尊此の国に立つ可《べ》し』と仰せになっておられるのであって、**決して大聖人の仏法を日本の国教にするなどと仰せられてはおりません。日本の国教でない仏法に『国立戒壇』などということはあり得ないし、そういう名称は不適当であったのであります。**（中略）**今後、本宗ではそういう名称を使用しないことにいたします**」と。

ついに細井管長は池田の圧力に屈して、付嘱を受けた貫首として身命を賭しても守らねばならぬ国立戒壇の御遺命を、ここに放棄してしまったのである。細井管長のこの宣言は「**国立戒壇放棄の宗門の公式決定**」と宗内で称され、今に至るまで取り消されていない。正系門家は今もなお国立戒壇を放棄したままなのである。

この日、細井管長が述べた国立戒壇否定の論理は、全くのたばかりである。ついでに破しておく。

まず「**一閻浮提**（全世界）**の人々のための仏法だから、大聖人は国教にするなどと仰せられてない**」についていえば

「国教」とは、国家が宗教の正邪にめざめ、国家安泰・衆生成仏のために国の根本の指導原理として用いる教法のことである。全人類に総与された本門戒壇の大御本尊を、まず日本が世界にさきがけて「国教」とするのは当然ではないか。

また、全人類の成仏のためのかけがえのないこの大御本尊を、全人類のために、国家の命運を賭しても守護し奉るのが日本国の義務であり使命なのだ。そのゆえは、日本国は三大秘法広宣流布の根本の妙国だからである。かかる崇高なる使命を持った国がまたとあろうか。そして大聖人はこの義務を、日本国の国主に示し給うておられる。それが立正安国

論における守護付嘱の文であり、三大秘法抄の「有徳王《うとくおう》・覚徳比丘《かくとくびく》の其の乃往《むかし》を末法濁悪の未来に移さん時」の聖文なのである。

次に「**国教でない仏法に国立戒壇などということはあり得ない**」について言えばこれ全く逆《さか》さまの論理である。国教だからこそ国立戒壇でなければいけないのである。

御付嘱状を見よ。「国主此の法を立てらるれば」とある。国主が立てられる法とはまさに国教ではないか。

三大秘法抄を見よ。「王法仏法に冥じ仏法王法に合して、王臣一同に本門の三大秘密の法を持《たも》ちて」とある。「王法」に冥合する仏法とは国教ではないか、「王臣一同」が受持する三大秘法とは国教ではないか。また「勅宣並びに御教書を申し下して」とは、国教なるゆえの手続ではないか。

ゆえに第六十五世日淳上人は「国教」の重大性を

「**真に国家の現状を憂うる者は、其の根本たる仏法の正邪を認識決裁して、正法による国教樹立こそ必要とすべきであります**」（大日蓮 昭和32年1月号）と叫ばれている。

まさしく広宣流布の日、三大秘法が日本国の国教と定められたとき、「勅宣・御教書」の手続を経て国立戒壇を建立すべしと、御本仏は遺命し給うておられるのである。細井管長のたばかりは、まさに御本仏の眼《まなこ》を抉《くじ》るものである。

席上、細井管長は正本堂についても、こう述べた。

「本門戒壇の大御本尊安置のところは、すなわち事の戒壇であります。(中略)正本堂は本門事《じ》の戒壇であります。(中略)わが日蓮正宗の信徒は、御相伝による『此の処《ところ》即ち是れ本門事の戒壇・真の霊山《りょうぜん》・事の寂光土《じゃっこうど》にして……』との御金言を深く信じなければならないのであります」と。

この論法が、事の戒壇の定義を変更して正本堂をあたかも御遺命の戒壇のごとく思わしめる詭《き》弁であることは前に述べた。加えて細井管長は日開上人の御宝蔵説法本を引いて、ここでは何と「御相伝」とたばかっている。前には「日応上人の原本」といい、あるいは「日寛上人より古いもの」といい、今ついに「御相伝」とまでたばかったのである。無智の信徒を欺く罪は大きい。

次いで登壇した池田大作は

「宗門七百年来の宿願であり、創価学会の最大の目標であった正本堂が遂に完成する運びとなりました」と声を大にして叫んだ。

かつて池田は「国立戒壇の建立こそ、悠遠六百七十有余年来の日蓮正宗の宿願であり、また創価学会の唯一の大目的なのであります」と云っていたではないか。第六天の魔王その身に入る池田大作は、みごとに「国立戒壇」を「正本堂」にスリ替えたのであった。

この第三三回創価学会本部総会（昭和四五年五月三日）は、細井管長と池田大作の国立戒壇放棄の対外的宣言として、歴史的な意味を持つものであった。

対面所で学会代表と論判

この学会総会を見て、私は妙信講の総会を開き、席上「大聖人の御遺命を曲げては宗門も国家も危うくなる。妙信講は講中の命運を賭しても、誑惑の訂正を迫る決意である。もし妙信講が憎いとならば、潰《つぶ》したらよい。しかし正義だけは取り入れて頂きたい。さもなければ国が保《も》たない」と御遺命守護の堅き決意を述べた。

学会の反応は素早かった。翌日、宗務院の早瀬総監が「ぜひ会いたい」といってきた。五月二十六日、池袋の法道院に出向くと、総監と阿部教学部長が待っていた。二人は学会の意を受けたごとくで、私の心を量《はか》ろうとしていた。

私は「正本堂の誑惑を訂正させるに不退の決意である」旨を強く述べた。早瀬総監は大

いに驚き

「ことは重大で、私達ではどうにもならない。この上は、猊下と池田会長と浅井さんの三人が、膝《ひざ》づめで話しあって頂くほかはない。さっそくこの旨を猊下と会長に伝える」と言った。

秋谷栄之助・副会長

森田一哉・副会長

和泉覚・理事長

もし池田会長と会えれば、ことは一気に決着する――。私は心に期するものがあった。

かくて昭和四十五年五月二十九日、総本山の対面所で会談が実現することになった。

ところが――、池田会長はついに姿を現わさなかった。

替わって出て来たのは、秋谷栄之助副会長（当時）、森田一哉副会長、和泉覚理事長の三人だった。

細井管長の面前で、私は三人に対し、池田会長が学会総会で「今日はすでに広宣流布である」「正本堂は宗門七百年宿願の事の戒壇である」等と公言したことを挙げて難詰した。

三人は顔をこわばらせて交々《こもごも》反論したが、追い詰められると「学会はこれまで、すべて猊下の御指南を頂いた上で発言している。どうして学会だけが責められなければならないのか」と猊下の責任を持ち出した。

私は「猊下の御本意はこうだ」と、猊下を守りつつ学会の誑惑だけを責めた。

勝敗すでに明白になったとき、細井管長が初めて口を開いた。

「正本堂は三大秘法抄・一期弘法付嘱書に御遺命された戒壇ではありません。まだ広宣流布は達成されておりません。どうか学会は訂正して下さい」

と三人に頼みこむように云われた。この瞬間、秋谷は血相を変えた。

「これほど重大なこと、自分たちの一存では決められない。後日、改めてご返事申し上げる」

言うなり、憤然として席を立った。彼等にしてみれば「猊下はまたも裏切った」という思いだったに違いない。

数日後、早瀬総監から「学会が御返事を申し上げるというので、六月十一日、本山に来てほしい」との連絡があった。

この日、どうしたわけか対面所における彼等の態度は、先日とは打って変わって、恭順そのものであった。森田が三人を代表して細井管長に言上した。

「先日の猊下の仰せを守り、今後学会は絶対に『正本堂は御遺命の戒壇』『広布はすでに達成』とは言いません。あらゆる出版物からこの意の文言を削除し、今後の聖教新聞の記事においては必ず私たちがチェックします」

細井管長はこれですべて解決したかのごとく、満足げにうなずき

「浅井さん、これでいいでしょう。とにかく、宗門でいちばん大きいのと、いちばん強いのがケンカしたのでは、私が困ってしまう。これからは仲よくやって下さい」と上機嫌《きげん》であった。

私は大いに不安だった。学会はいまは恭順を装《よそお》っている。しかし、いつ豹変して猊下に圧力を加えるかわからない。それを防ぐには、何としても学会と妙信講の間で、正本堂が御遺命の戒壇ではない旨を確認する文書を取り交す以外にはない――と、私は心に決していた。

誑惑訂正の確認書

御前《ごぜん》を退出したのち控室で、私は学会の三人に、確認書を作ることを求めた。

とたんに三人の顔色が変った。戦時中の軍部のごとくに驕《おご》っていた当時の学会である。正本堂の誑惑訂正を口頭で誓ったことすら、堪えがたい屈辱であったに違いない。その上さらに確認書を求められたのだから、激昂《げきこう》するのも当然だった。

彼等は断固として拒絶した。私は執拗《しつよう》に求めた。ことは御本仏の御遺命に関わること、宗門の一大事である。私は執拗に求め続けた。学会は頑強に拒否し続けた。

見かねた早瀬総監が、私を隣室に招いて小声で言った。

「あそこまで学会が猊下に誓っているのだから、信じてほしい。これからは我々宗務院も責任を持って監督するから、どうかこれで納めて下さい」

宗務院に任せて済むのなら、初めからこのような事態は起きてない。私はお断わりした。

この確認書の作製をめぐり、私の求めにより、その後三回、早瀬総監・阿部教学部長の立ち会いで学会との会談が持たれた。そのたびに秋谷と森田はさまざまな理屈を交互に展開した。私はそれを一々論破し、詰めては、確認書を迫った。秋谷は
「すでに猊下にお誓いした以上、学会は二度と歪曲《わいきょく》はしない。それが信じられない関係なら、確認書を交換しても無意味である。まず信頼関係を築くことこそ先決だ」などと屁理《へり》

屈《くっ》をこねた。

ところが、八月四日の聖教新聞に、またも「正本堂は御遺命の戒壇」との記事が掲載されていた。私は直ちに

「この不誠実は何事か、いったい猊下に何を誓ったのか。だからこそ確認書が必要なのである。もし拒否するならば、全宗門の見守る中で是非を決する以外にはない。八月十九日までに返答をせよ」との書面を送った。

八月十九日、総本山大講堂会議室で会談が持たれた。追いつめられた三人は牙《きば》をむき出した。火の出るような激論のすえ、ついに彼等は不承不承《ふしょうぶしょう》、確認書を作ることを認めた。しかし最後に秋谷は

「もし確認書を渡せば、妙信講はこれを利用して外部に見せるのではないか」

私は言った。

「御遺命を二度と曲げさせないための確認書である。そんなに心配ならば、両者署名捺印《なついん》の文書を一通だけとし、それを猊下のもとにお収めしよう」と。

かくて昭和四十五年九月十一日、池袋の法道院において、早瀬総監・阿部教学部長・藤

本庶務部長の宗務三役が立ち会い、学会代表の和泉覚理事長・森田一哉・秋谷栄之助両副会長と、妙信講代表の父と私が署名して、「御報告」と題する確認書が作られた。案文は秋谷が作って持参した。その内容は

「一、正本堂は三大秘法抄・一期弘法抄にいうところの最終の戒壇であるとは、現時において断定はしない。

ここに猊下の御宸襟《ごしんきん》を悩まし奉ったことを深くお詫び申し上げるとともに、今後異体同心にして広宣流布達成をめざして邁進《まいしん》することをお誓い申し上げます」

というものであった。昭和四十年以来、正本堂を「御遺命の戒壇」と断定し続けてきた学会が、ここに「断定しない」といい、また「今日すでに広宣流布」と偽ってきた学会が、「今後異体同心にして広宣流布達成をめざして」と訂正したのである。

秋谷が作ったこの案文には多少の曖昧《あいまい》さはある。

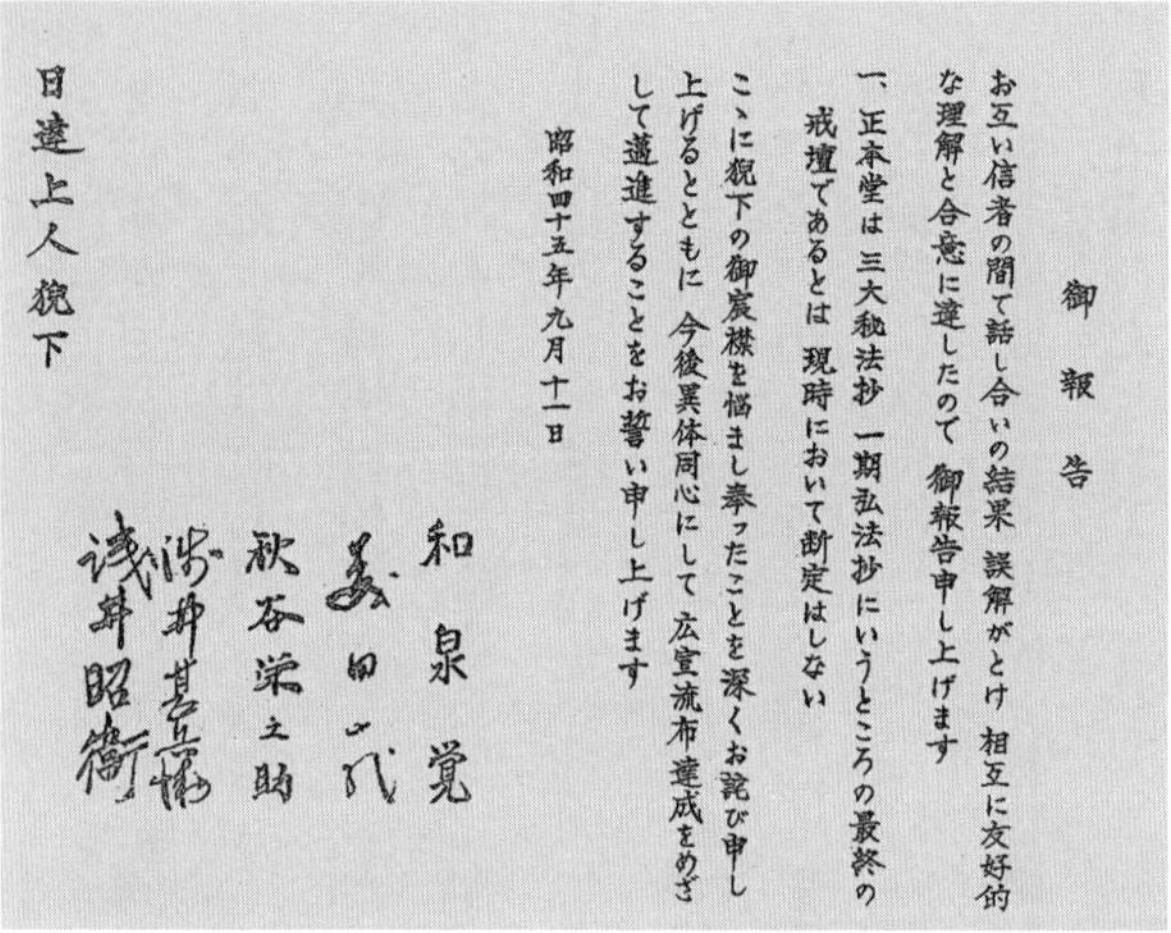

御報告

お互い信者の間で話し合いの結果 誤解がとけ 相互に友好的な理解と合意に達したので 御報告申し上げます

一、正本堂は三大秘法抄 一期弘法抄にいうところの最終の戒壇であるとは 現時において断定はしない

こゝに猊下の御宸襟を悩まし奉ったことを深くお詫び申し上げるとともに 今後異体同心にして 広宣流布達成をめざして邁進することをお誓い申し上げます

昭和四十五年九月十一日

和泉覚
森田一哉
秋谷栄之助
浅井甚兵衛
浅井昭衛

日達上人猊下

細井管長のもとに納められた「御報告」と題する確認書

しかし彼等はその意とするところを口頭で幾度も説明し、誠実さを示した。私はその誠意を信じてやりたかった。

この確認書こそ、誑惑の主犯たる学会と、これを糺《ただ》した妙信講が署名し、さらに誑惑に与同した宗務当局が立ち会って細井管長のもとへ収めたものであれば、誑惑訂正の全宗門的合意を意味していた。まさに学会の圧力から〝猊座《げいざ》〟をお守りしたものであった。

昭和四十五年三月の諫暁書提出以来、ここまでたどり着くのに半年かかった。一日一日が思いを込めた必死の戦いであった。

この確認書により、宗門には薄日がさすように、しばし御遺命の正義が蘇《よみがえ》った。学会は誓約したとおり、多数の書籍から誑惑の文言を自発的に削除した。宗門機関誌からも御遺命違背の言辞は全く影をひそめた。

このような空気の中で、阿部信雄教学部長が昭和四十六年八月二十日、宗務院の所用とて、東京文京区音羽の拙宅《せったく》を訪れた。そのおり、同教学部長は居住《いず》まいを正し顔色を革《あらた》めて

「**妙信講のいうところ大聖人の御意に叶えばこそ、宗門の大勢も変った。宗門がここまで立ち直れたのも、妙信講のおかげである**」と神妙に挨拶したものである。

確認書の決着により、宗務役僧たちも少しづつ正義を口にするようになった。

一例を挙げれば、当時、妙信講の諫暁に触発された一僧侶が「もし正本堂が事の戒壇ならば天生原に建つべき」との疑問を宗務当局にぶつけていた。これに対し阿部教学部長は文書で、次のように答えている。

「正本堂が三大秘法抄等に示し給う最極《さいごく》の戒壇でない以上、奉安殿に引き続いてより大なる、戒壇御本尊格護《かくご》の殿堂として建設する場合、大石寺境内またはそれに隣接する地所を選ぶことが、諸般の実状と便宜上当然のことである」と。

正本堂を指して〝三大秘法抄に御遺命の戒壇ではない〟〝奉安殿の延長の建物〟と述べているではないか。確認書以前には全く考えられないことだった。宗門の空気はここまで変わったのである。

あとは池田大作が改悔の心を以て、適切なる方法で全会員に誑惑を訂正し、御遺命の正義を伝えれば、ことは解決するはずであった。私はその誠実を期待していた。

二、第二次諫暁

だが、池田大作に改悔はなかった。彼は私の眼を恐れて表面的には慎んでいるごとくであったが、裏では依然として誑惑を強調していたのであった。

確認書翌年の昭和四十六年七月の学会本部幹部会では

「我々が力を合わせ、真心をこめて、**大聖人様の御遺命である正本堂**を建立したのでありますす」と放言し

さらに同年十月の「登山会」において配布されたパンフレットにはぬけぬけと

「正本堂建立の意義は、あらためていうまでもなく、**大聖人の御遺命の事の戒壇であり、仏法三千年、史上空前の偉業**であります」

「**大聖人の御遺命たる戒壇堂の建立は、今や正本堂として四十七年に完成を見る**ことになっており、その上棟式が今年十月十二日に行われるのです。思えば、仏法三千年の悲願が、池田会長の手によって完成されんとする現在……」とあった。

「正本堂に就き池田会長に糺し訴う」

この違約を見たとき、悲しみとともに深い憤りがこみ上げてきた。この上は、池田会長を直接糺問する以外にない。私は直ちに筆を執った。

それが第二の諫暁書「正本堂に就き池田会長に糺し訴う」であった。時は正本堂落成一年前の昭和四十六年十一月十五日。

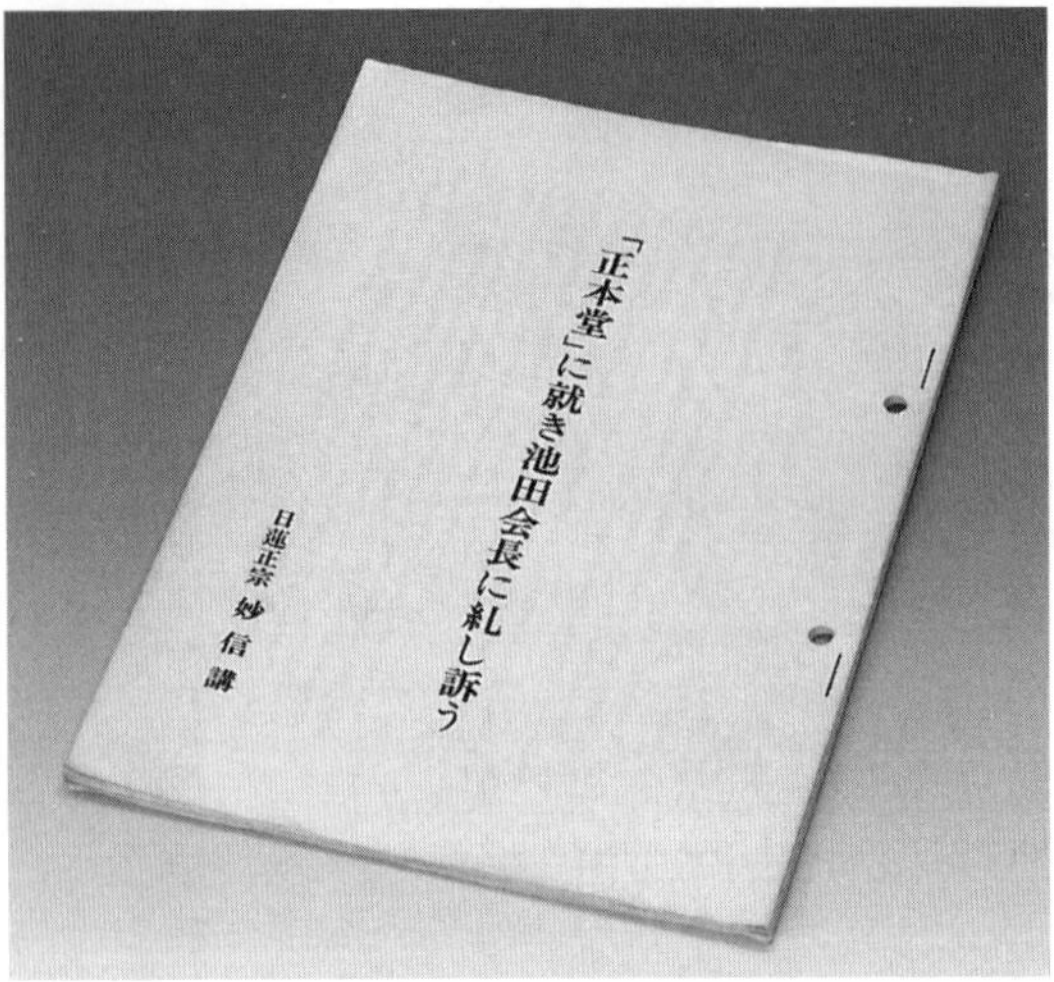

「正本堂に就き池田会長に糺し訴う」

本書の内容は、まず「確認書」に至るまでの経過を述べて池田会長の違約を強く詰《なじ》り、ついで正本堂の誑惑を重ねて克明に挙げた上で

「ここに断言して憚《はばか》らない。かかる正本堂こそ、上《かみ》は日蓮大聖人の御遺命に背き奉り、下《しも》は八百万信徒の純信を欺《あざむ》き、外《そと》には一国を誑《たぶら》かすものにほかならぬ。その上、静かに休み給う歴代上人の御墓所まで発《あば》き奉る。もし深く懺悔《ざんげ》訂正せずんば、宗門も、国家も、取り返しの付かぬ事になるは必定《ひつじょう》である」

と云い切った。そして結びとして、次の二箇条を直ちに実行せよと迫った。

「一、全宗門信徒に対し、正本堂が御遺命の戒壇ではないことを公表すること。

二、政府に対し、偽りの回答を撤回し、国立戒壇の正義を示すこと」

前の確認書は非公開であったが、今度は広く誑惑訂正を公表せよと求めたのである。

ちなみに、この諫暁書で言い切った「**もし深く懺悔訂正せずんば、宗門も、国家も、取り返しの付かぬ事になる**」は、いま事実になっている。見よ、宗門に顕れた「相承授受《そうじょうじゅじゅ》」をめぐる未曽有の異常事態、また宗門と学会の「修羅と悪竜」のごとき大抗争、そして日本は今まさしく亡国の渕に立っているではないか。まさに「仏法は体、世間は影」の仰せのままである。

「宗門声明を出すべし」

この諫暁書を一読した池田大作は狼狽《ろうばい》し、自ら早瀬総監を法道院にたずね、善後策を協議している。

昭和四十七年二月十三日、早瀬総監は法道院に私を招いた。

総監が云った。

「浅井さんが憤る気持はよくわかるが、何とかならないものかと思って、宗務院が乗り出した」

私は言った。

「解決しようという意志がおありならば、宗務院が院達を以て、正本堂の誑惑訂正と国立戒壇の正義を、全宗門に布告されたらどうか」

このとき同席の阿部信雄《しんのう》教学部長が口を挟《はさ》んだ。

「これは仮定の話だが、もし院達を出せば、それですべて収まるのか」

「それは院達の内容による」と答えた。

翌日、再び早瀬総監が「会いたい」と言ってきた。

「宗務院の考えとして、宗門声明を出そうと思っている。時期は正本堂落慶式の半年前、内容は『正本堂は現時における事《じ》の戒壇である』のただ一ヶ条。ただしこの『事の戒壇』とは御遺命の戒壇を意味しない。猊下の仰せられる『大御本尊ましますゆえに事の戒壇』ということである。御遺命の事の戒壇は将来に属するから、今は一切ふれない」

私は言った。

「今さらそんな曖昧《あいまい》なことでは誑惑の訂正にならない。もし御当局に訂正のご意志があるならば、宗門声明は次のごとき内容であるべきである。

一、正本堂は三大秘法抄・一期弘法抄に御遺命の事《じ》の戒壇ではない。

二、正本堂は奉安殿の延長として、国立戒壇建立の日まで、本門戒壇の大御本尊を厳護し奉る殿堂である。

三、正《まさ》しく御遺命の事の戒壇とは、一国広布の暁、富士山天生ヶ原に建立される国立の戒壇である。

以上を宗門声明として出して頂きたい」

二人は黙り込んだ。そして長考ののち

「あまりにことは重大で、四月六日の御虫払法要が済まなければ決められない」と言った。

宗務院の回答

御虫払法要の二日後、宗務院から回答文書が送られてきた。が、その内容は確認書をふみにじる無節操・破廉恥《はれんち》きわまるものであった。

宗門はこの回答のために、細井管長が出席しての「指導会」なるものを三月二十六日に開いたとのことである。席上、細井管長は正本堂の意義について、なんと

「一期弘法抄の意義を含む現時における事《じ》の戒壇」

と定義し説明したのであった。「一期弘法抄の意義を含む」といえば、御遺命の戒壇を意味するではないか。

宗務院の回答文書は、この細井管長の「御指南」なるものに尾鰭《おひれ》をつけ、阿部教学部長が書いたものであった。こうあった。

「本年二月十四日、貴殿と面談した際、質問並びに要望のあった三ヶ条の問題について回答しておきたい」

と前置きして、私が求めた宗門声明三箇条を挙げ、一々に回答があった。

第一の「**正本堂は三大秘法抄・一期弘法抄に御遺命の事の戒壇ではない**」については

「猊下の『正本堂は一期弘法抄の意義を含む現時における事の戒壇である』との御指南をよくよく拝すべきである。ここに一切尽きているので多言を要しない」

とあり、細井管長の「指導会」における速記録が同封されていた。一読するに、それはまたまた嘘とたばかりを重ねた支離滅裂な「御指南」であった。たとえば、三大秘法抄を

引いての結びの一節には、こうあった。

「我々の己心においての有徳王・覚徳比丘の王仏冥合の姿こそ、我々の己心にあると考えなければならないのであります。これ実に我々行者の昔の己心の姿を顕わされていると拝すべきであって、その己心の上に勅宣並びに御教書がありうるのであります。即ち、広宣流布の流溢《るいつ》への展開の上に霊山浄土に似たらん最勝の地、富士山天生ヶ原即ち大石ヶ原に戒壇建立があるべきであります。故に、今回建立の正本堂こそ、今日における妙法広布の行者である、大聖人の弟子檀那が建立せる一期弘法抄の意義を含む本門事《じ》の戒壇であると申すべきであります」と。

ごまかそうとするから、このような意味不明の文言となる。阿部教学部長は「この御指南に一切は尽きている」といって逃げた。

第二の「**正本堂は奉安殿の延長として、国立戒壇建立の日まで、本門戒壇の大御本尊を厳護し奉る殿堂である**」については、「国立戒壇」の文言だけを取り挙げて、かくいう。

「国立戒壇の名称は、身延派から出た国柱会の田中智学一派が用いた名称である。日達上人猊下は、国教がないから国立もあり得ないと云われるのである。特に猊下は今後国立ということは使用しない旨、昭和四十五年五月三日、その他の時に公表されている。したがって、貴殿があえて国立を主張するなら、猊下の御真意に背き、ひいては本仏大聖人の仏法に反することになる」と。

――「国立戒壇」を身延系・田中智学の説というならば、国立戒壇を叫ばれた歴代先師上人はすべて田中智学の亜流になってしまうではないか。阿部は、身延僧だった田中が富士大石寺伝統の「国立戒壇」の義を盗んで喧伝したことを百も承知の上で、この邪論を述べているのである。

第三の「**正しく御遺命の事の戒壇とは、一国広布の暁、富士山天生ヶ原に建立される国立の戒壇である**」については、これまた「天生原」だけを取り挙げ

「貴殿はかって〝天母山〟といっていたが、変更したのかどうか。天母山戒壇説ならば京都要法寺の日辰の思想であり、これを主張する者は興門亜流たる造像系の学説に囚《とら》われるものといえる。またもし〝天生原〟ならば、現在の大石寺を中心とする地域である。貴殿が天母山戒壇建立にとらわれることは、歴代上人ならびに現法主上人に対する明らかな背反というべきである」と。

――天母山と天生原とどう違うのか。天生原の中心にある小高い丘を天母山というのである。これは天生原即大石原とたばかる詭弁《きべん》に過ぎない。曽て細井管長は、日寛上人の報

恩抄文段における「事の戒壇とは即ち富士山天生原に戒壇堂を建立するなり」を否定するため、要法寺・日辰が大石寺の義を盗んで「天生山戒壇説」を唱えていたことを理由に、「日寛上人は日辰の影響を受けている」などと不敬きわまる言辞を吐いていたが、いま阿部は、これを踏襲しているのである。

このように、本回答はすべて見えすいた嘘を重ねて国立戒壇を否定せんとしたものに過ぎない。

それにしても、何たる無節操・破廉恥な回答か。阿部教学部長は確認書にも立ち会い、また拙宅を訪れた際には「妙信講のいうところ大聖人の御意に叶えばこそ、宗門の大勢も変った。宗門がここまで立ち直れたのも妙信講のおかげ」とまで述べていたではないか。この豹変はなにごとか。すでに阿部信雄は自身の栄達を見据え、池田に魂を売っていたのであった。

実はこのとき、池田大作は再び宗門に猛烈な圧力をかけていた。彼の胸には「すべては猊下の承認を得てやったこと。今さら変更されてたまるか」との思いがあったに違いない。

その圧力は「月例登山会」を激減させる等の本山への経済封鎖も伴っていた。細井管長以下すべての宗門高僧たちは、この威圧に再び屈し、そして諂《へつら》ったのであった。

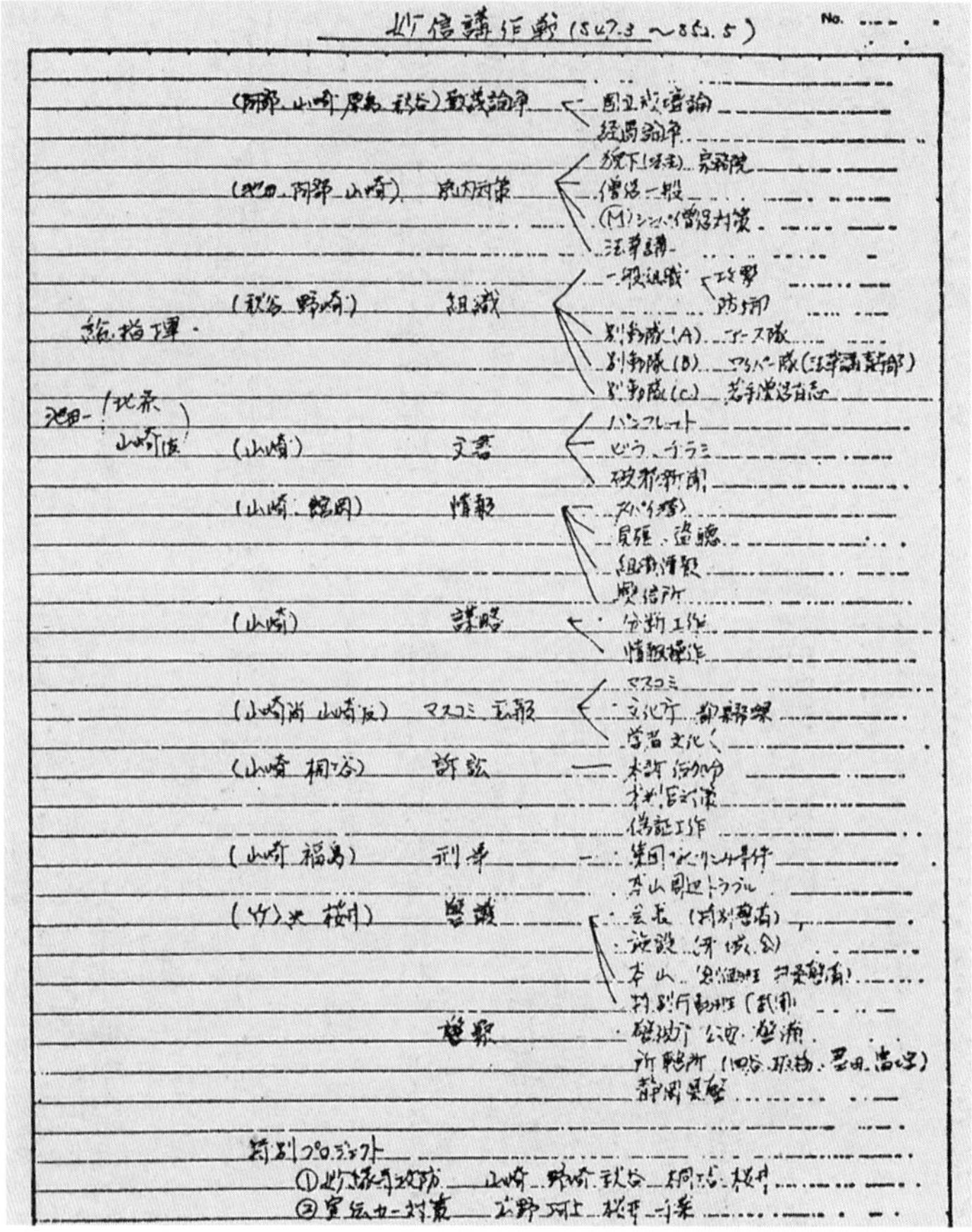

学会本部から流出した機密文書「妙信講作戦」

「妙信講作戦」

そのような状況下で、池田は阿部教学部長の諂いの心と、白を黒といいくるめる詭弁《きべん》の特才に目をつけていた。そしてこの特才を役立てるべく、学会首脳幹部だけで構成する「妙信講対策グループ」の一員に、この御用学者を加えたのであった。

それを立証する一通の学会内部資料がある。この機密文書は、池田に重用されて謀略活動を担当していた学会顧問弁護士の山崎正友と、学会教学部長・原島嵩《たかし》の二人が、後年、池田に造反した折に持ち出したもので、「妙信講作戦」との標題が付けられている。

この文書によれば、妙信講作戦の始動は昭和四十七年三月。すなわち宗務院回答の時期と一致している。この作戦は妙信講の潰滅を目的としている。二年前、池田は細井管長に「国立戒壇を主張する浅井を抑えよ」（阿部メモ）と指示した。しかし細井管長は私と会えばそのたびに揺れ動き、いかにも頼りない。そこで池田自身が妙信講潰滅に乗り出したというわけである。

この作戦の「総指揮」は「池田」と記されている。補佐には学会ナンバー2の北条浩副会長と謀略担当の山崎正友。以下部署別に担当者が決められているが、その中で、「教義論争」と「宗門対策」の担当メンバーに阿部教学部長が、宗門僧侶としてただ一人、学会首脳幹部と肩を並べて組み込まれているのだ。

阿部信雄・教学部長

「教義論争」とは、国立戒壇否定の論陣を張ることである。後日、阿部信雄が御遺命破壊の悪書たる「国立戒壇論の誤りについて」と「本門事の戒壇の本義」を著わしたのは、池田のこの「総指揮」に従ったのである。

また「宗門対策」にも、阿部は池田・山崎と共に当っている。対策の対象になっている「猊下（法主）」とは、細井管長に対する工作を意味している。「阿部」の役割は何だったのか。それは、妙信講の諫暁にふらつく細井管長を監視すると共に、宗内の動向を池田に通報することだった。貫首に仕えるごとく装《よそお》いつつ、池田に通じていたのだ。「大姦《たいかん》は忠に似たり」とはこれである。

この「妙信講作戦」には、現在も行われている学会の卑劣な謀略の手口が克明である。「パンフレット」「ビラ・チラシ」とは、デマを書きつらねたビラを撒《ま》き散らすこと。「スパイ潜入」とは擬装《ぎそう》入信させて情報収集すること。「見張・盗聴」はいうまでもない。「分断工作」とは信心不純の者をたぶらかして組織分裂を謀ること。熱原の法難のおりに行智が三位房《さんみぼう》・大進房をたぶらかした手口と同じである。

「マスコミ」とあるのは、広報関係者を抱き込んで、顕正会を陥れる報道をさせること。「警視庁・公安」とは公権力への工作である。公明党を使えば警察も動かせる。悪意の情報を注入すれば警察もだまされる。今日《こんにち》しばしば起きている顕正会に対する公権力の不当介入はこの工作による。まさに犯罪集団の面目躍如ではないか。そして、その「総指揮」が

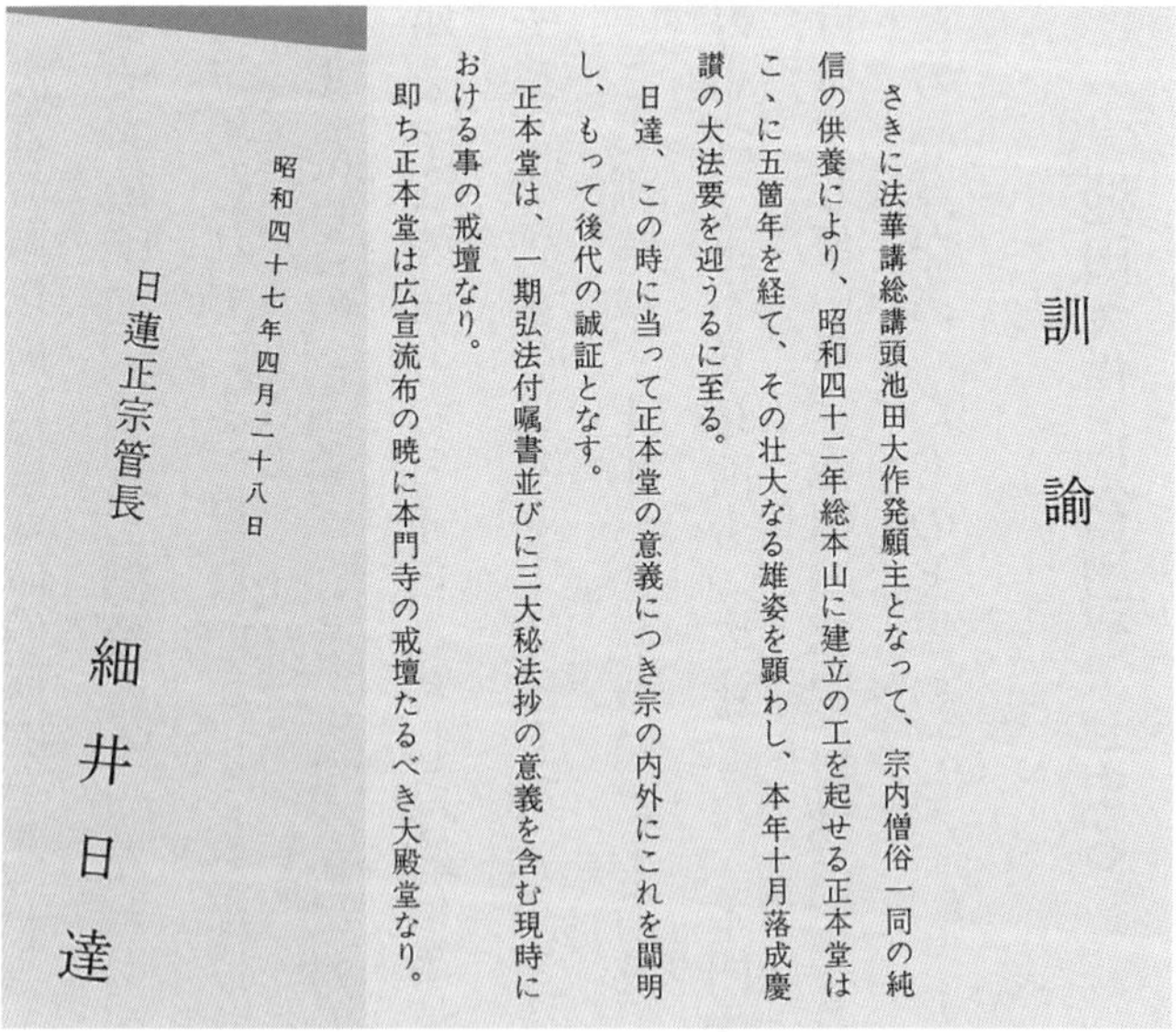

訓諭

さきに法華講総講頭池田大作発願主となって、宗内僧俗一同の純信の供養により、昭和四十二年総本山に建立の工を起せる正本堂は、こゝに五箇年を経て、その壮大なる雄姿を顕わし、本年十月落成慶讃の大法要を迎うるに至る。

日達、この時に当って正本堂の意義につき宗の内外にこれを闡明し、もって後代の誠証となす。

正本堂は、一期弘法付嘱書並びに三大秘法抄の意義を含む現時における事の戒壇なり。

即ち正本堂は広宣流布の暁に本門寺の戒壇たるべき大殿堂なり。

昭和四十七年四月二十八日

日蓮正宗管長　細井日達

正本堂の誑惑を後代に誠証した細井管長の「訓諭」

池田大作だったのである。

「正本堂訓諭」発布さる

かくて池田の「宗門対策」が功を奏して、正本堂の完成を半年後に控えた昭和四十七年四月二十八日、ついに正本堂の意義を宗門として公式に宣言する「訓諭《くんゆ》」が発布された。訓諭とは「一宗を嚮導するために管長が公布する最高の指南」とされている。

先には「国立戒壇永久放棄」が公式宣言され、いまここに正本堂の意義が公式宣言されたのである。その訓諭に云く

「日達、この時に当って正本堂の意義につき宗の内外にこれを闡明《せんめい》し、もって後代《こうだい》の誠《じょう》証《しょう》となす。

正本堂は、一期《いちご》弘法《ぐほう》付嘱書《ふぞくしょ》並びに三大秘法抄の意義を含む現時における事《じ》の戒壇なり。即

ち正本堂は広宣流布の暁に本門寺の戒壇たるべき大殿堂なり」と。

この訓諭の意味するところは「正本堂は一期弘法付嘱書・三大秘法抄に御遺命された戒壇を、前以て建てておいたもの」ということにある。

広宣流布以前に御遺命の戒壇を建立しておくとは、いったい何事か。三大秘法抄には、広宣流布の暁に「勅宣・御教書」すなわち国家意志の表明を手続として建立すべしと、厳格に定められているではないか。さもなければ仏国は実現しないのである。

まさにこの「訓諭」こそ、御本仏に対し奉る許されざる背反。また確認書まで作って猊座を学会の圧力から守らんとした妙信講に対する重大な背信であった。池田はこの「訓諭」を以て妙信講の口を封じようとしたのである。

この訓諭は、正本堂の完成時における「広布達成宣言」だけは妙信講の目を恐れてなし得ぬが、正本堂を前もって建てた「本門寺の戒壇」としたことで、国立戒壇否定の目的だけは果している。池田の胸中には、いずれ妙信講を抹殺した後に「広布達成を偽れば……」との心算があったものと思われる。

池田大作に公場対決せまる

訓諭が発布されたその日、私はこれをなさしめた元凶・池田に、公場対決を迫る書状を送附した。東京池袋の豊島公会堂に、学会・妙信講の代表各五百名、さらに学会第三三回本部総会における「国立戒壇放棄宣言」に立ち会ったマスコミを加え、その面前で御遺命の戒壇について論判決着することを求めたものである。

数日後、宗務院から令達が送られて来た。

「訓諭に従って、池田会長への法論申し入れを撤回せよ。さもなくば宗規に照らして処分する」と。

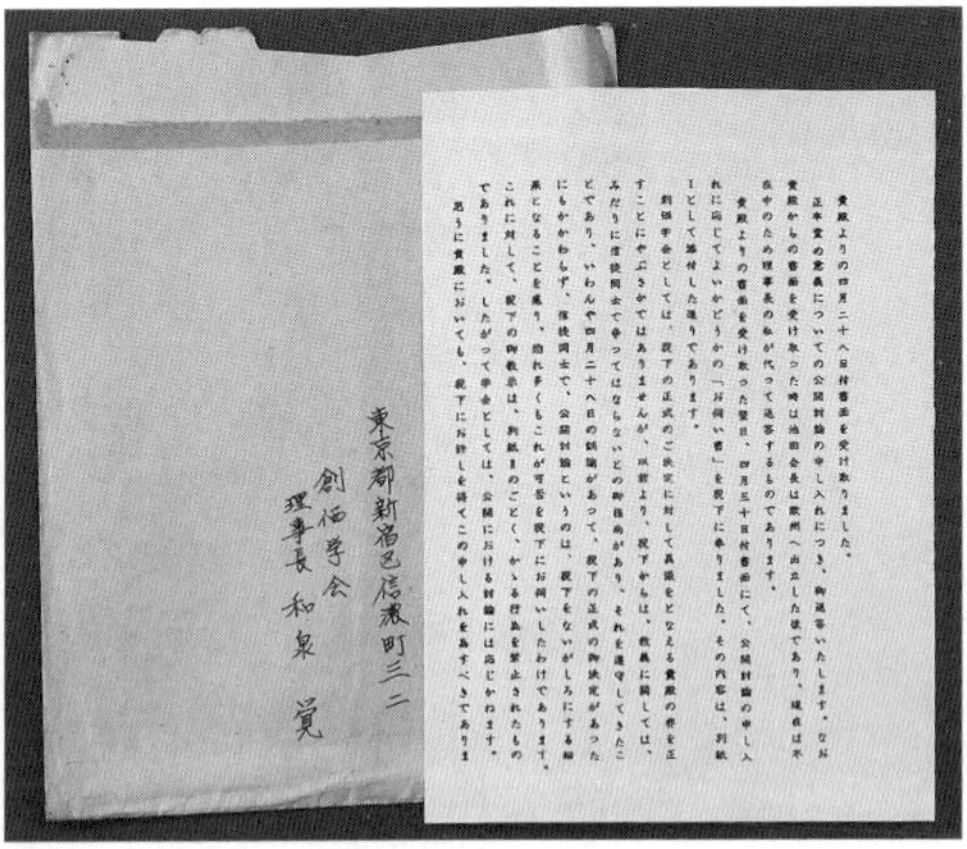

法論拒否を伝える和泉理事長書簡

宗務院はその翌日、宗会を召集して法華講支部の解散処分規定を新設した。解散処分の事由《じゆう》には「宗門の公式決定に違背し、宗内を乱したとき」の一項が挙げられていた。

ここにいう「宗門の公式決定」が、「国立戒壇放棄宣言」と「訓諭」の二つを意味していることは論を俟《ま》たない。

この四日後、学会からは和泉理事長名義で「猊下のお許しが得られないので、公開討論には応じられない」旨の返書が送られてきた。

阿部信雄・教学部長

悪書「国立戒壇論の誤りについて」

「訓諭」発布の二ヶ月後、池田大作は宗務院の阿部信雄《しんのう》教学部長に「国立戒壇論の誤りについて」を執筆させた。池田はすでに細井管長に「国立戒壇永久放棄」を宣言させ、さらに正本堂を御遺命の戒壇に当る建物と意義づける「訓諭」も出させた。しかしなお、妙信講の正論に触れて学会員がめざめる不安があった。それが阿部への指示となったのである。

池田が、阿部教学部長の白を黒といいくるめる詭弁の特才に目をつけていたことは前に述べた。阿部教学部長もまた、池田の寵愛《ちょうあい》を得て宗門の最上位に登ることを夢みていたのであろう。かくて中国・天台僧の一行《いちぎょう》が、インド真言宗の高僧・善無畏《ぜんむい》に使嗾《しそう》されて「やすう候」と法華経を謗《そし》る大日経疏《じょ》を造ったごとく、阿部教学部長もまた池田の指示のままに唯唯諾諾《いいだくだく》と御遺命に背く大悪書を造ったのであった。

この書の所詮は——日本国憲法のもとでは「国立戒壇」は成立し得ないから、国家と無関係に建てられた正本堂こそ時代に即した御遺命の戒壇に当る——というにある。

本書の根底には、憲法を主、仏法を従とする顛倒《てんどう》が横たわっている。ゆえに本文中に

「今日、憲法第二十条に定められた政教分離の原則によって、国会も閣議も『戒壇建立』などという宗教的事項を決議する権限を全く有していない。仮に決議したとしても、憲法違反で無効であり、無効な決議は存在しないことと同じである。やれないことや無いことを必要条件に定めることは、結果的には、自ら不可能と決めて目的を放棄することになる」

との記述がある。

広布以前に制定された現憲法下で国立戒壇が実現し得ないのは、なにも改めて言うまでもない。だが、広宣流布が達成されれば、仏法に準じて憲法も改正される。これが「王法仏法に冥ずる」の一事相でもある。そして〝かかる時が到来するまでは戒壇を建てるべからず〟というのが、御本仏の御制誡なのである。しかるに阿部信雄は現憲法に合わせて仏法をねじ曲げた。この愚かしさ、無道心、まさに靴に合わせて足の指を切るに等しい。憲法などは凡夫の作ったもの。ゆえに時代とともに改められる。その憲法を至上として仏法を曲げるのは、御本仏を軽賤する以外のなにものでもない。

憲法に合わせて三大秘法抄の聖文をねじ曲げれば、どのような解釈となるか。阿部教学部長のたばかりを見てみよう。彼は聖文を切り刻んで次のように曲会《きょくえ》する。

「王法」＝「政治をふくむあらゆる社会生活の原理」

「王臣一同」＝「民衆一同」

「有徳王」＝「法華講総講頭・池田大作先生」

「勅宣並びに御教書」＝「すでに現憲法の信教の自由の保証によって実現されている」

「霊山浄土に似たらん最勝の地」＝「大石寺こそ本門戒壇建立の地」

「時を待つべきのみ」＝「現在も王仏冥合の時と云える。現在戒壇建立の意義をもつ建物を建てるべき時である」

まことに三大秘法抄の御聖意を破壊すること、この曲会《きょくえ》に過ぎたるはない。しかもこのたばかりを正当化するのに「法主」の権威を悪用して、曲会のあとに彼は必ず次のような文を続ける。

「最も大切なことは、遣使還告《けんしげんごう》の血脈の次第から、現御法主上人を大聖人と仰ぐべきであり、現在においては御法主・日達上人の御意向を仰ぐのが正しい」

なんと「法主を大聖人と仰げ」と言って、悪義を押しつけているのである。

また云く

「唯授一人の血脈を紹継《しょうけい》され、時に当っての仏法上の決裁を示し給う現法主日達上人の御指南を基本とすべきである」

「現在は仏法上いかなる時であるかを決し、宗門緇素《しそ》（僧俗）にこれを指南し給う方は、現法主上人にあらせられる」

さらに云く

「宗門未曾有の流行の相顕著なる現在も、王仏冥合の時と云える。此の時に感じて、法華講総講頭池田大作先生が大願主となって正本堂を寄進され、日達上人猊下は今般これを未来における本門寺の戒壇たるべき大殿堂と、お示しになったのである。もしいまだ建物建立の時も至らずと考え、三大秘法抄の前提条件も整わないとして、前もって戒壇を建てるのは『時を待つ可きのみ』の御制誡に背くという意見があるとすれば、それは不毛《ふもう》の論に過ぎない」

「三大秘法抄の戒壇の文全体に対し、今迄述べ来たった拝し方において当然いえることは、現在戒壇建立の意義を持つ建物を建てるべき時であるという事である。（中略）これに反対し誹謗する者は、猊下に反し、また三大秘法抄の文意に背くものとなる」

このように「法主」の権威をふりかざし、三大秘法抄の御聖意を完全に破壊した上で、妙信講を指して「猊下に反し、三大秘法抄の文意に背くもの」と悪言を吐く。

大聖人滅後七百年、宗内外を問わず、ここまで三大秘法抄をねじ曲げた悪比丘《あくびく》は未だ曽てない。佐渡御書には

「**外道悪人は如来の正法を破りがたし、仏弟子等必ず仏法を破るべし、師子身中《ししんちゅう》の虫の師子を食《は》む**」と。

正系門家における「師子身中の虫」とは、まさしく教学部長・阿部信雄《しんのう》その人であった。そして池田はこの〝誘法の書〟を、学会組織内に広く配布した。

早瀬総監・阿部教学部長 辞表を提出

池田大作の公場対決逃避を見て、私はこの上は、全学会員に正本堂の誑惑と御遺命の正義を知らせるべきと決意し、妙信講の組織を挙げて文書を配布した。昭和四十七年五月のことであった。

六月十三日、宗務院から通告が来た。

「妙信講は猊下の訓諭に敵対し、池田会長への公開法論申し入れを撤回しないのみならず、さらに文書配布に及んでいる。このことは解散処分に該当するゆえ、宗規の定めるところにより一週間以内に弁疏《べんそ》を提出せよ」と。

「弁疏」とは〝云いわけ〟である。御遺命を守り奉る者が、これを破壊せんとする悪人に、どうして〝云いわけ〟する必要があろう。

私は「弁疏《べんそ》」のかわりに、宗務院への強烈な諫状を認《したた》めた。その中でことに、確認書に立ち会いながら再び学会の走狗《そうく》となって悪書を著わした阿部教学部長の破廉恥を真っ向から責めた上で、文末に次のごとく記した。

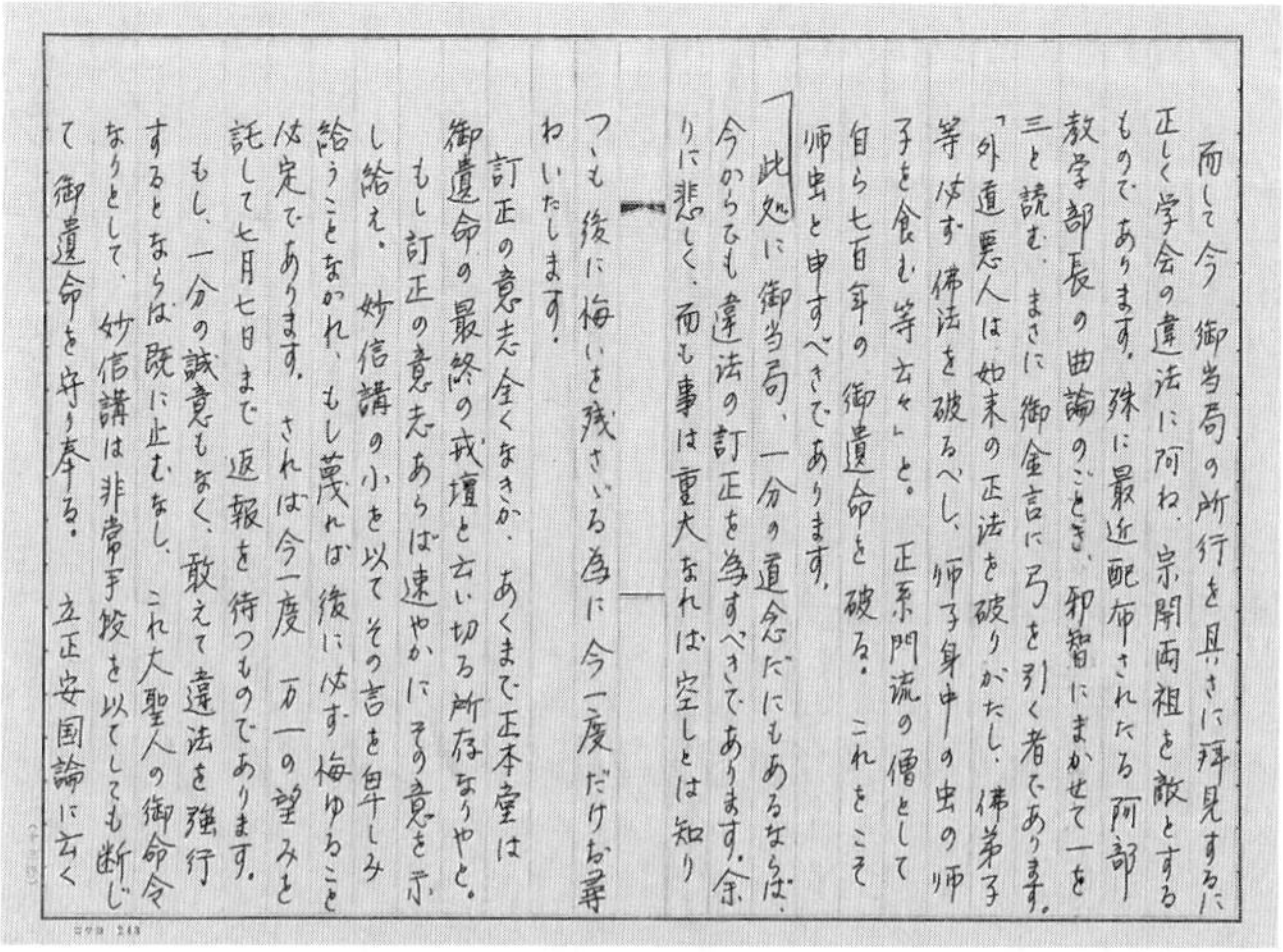

而して今、御当局の所行を具さに拝見するに正しく学会の違法に阿ね、宗開両祖を敵とするものであります。殊に最近配布されたる阿部教学部長の曲論のごとき、邪智にまかせて一を三と読む。まさに御金言に弓を引く者であります。「外道悪人は如来の正法を破りがたし。仏弟子等必ず仏法を破るべし。師子身中の虫の師子を食む等云々」と。正系門流の僧として自ら七百年の御遺命を破る。これをこそ師虫と申すべきであります。

此処に御当局、一分の道念だにもあるならば、今からでも違法の訂正を為すべきであります。余りに悲しく、而も事は重大なれば空しとは知りつも後に悔いを残さざる為に今一度だけお尋ねいたします。

訂正の意志全くなきか。あくまで正本堂は御遺命の最終の戒壇と云い切る所存なりやと。

もし訂正の意志あらば速やかにその意を示し給え。妙信講の小を以てその言を卑しみ給うことなかれ。もし蔑れば後に必ず悔ゆること必定であります。されば今一度万一の望みを託して七月七日まで返報を待つものであります。

もし、一分の誠意もなく、敢えて違法を強行するとならば、既に止むなし。これ大聖人の御命令なりとして、妙信講は非常手段を以てしても断じて御遺命を守り奉る。立正安国論に云く

弁疏を求める宗務当局に宛てた諫状

「御当局、一分の道念だにあるならば、今からでも違法を訂正すべきである。訂正の意志は全くなきか。あくまで正本堂を御遺命の戒壇と云い切る所存なりや。速かにその意志を示し給え。もし敢えて違

法を強行するとならば、すでに止むなし。これ大聖人の御命令なりとして、妙信講は非常手段を以てしても断じて御遺命を守り奉る。立正安国論に云く『若《も》し正法尽きんと欲すること有らん時、当《まさ》に是《か》くの如く受持し擁護《おうご》すべし』と。ただただ在家の本分に殉《じゅん》ずるのみである。宗務御当局、此処《ここ》に至ってよくよく思案をなし、その道を誤らざるよう、ここに妙信講として最後の忠告を申し上げるものである」と。

これで解散処分は必至と思われた――。

ところが、思いもかけぬことが起きた。阿部教学部長はこの諫状を一読するや、直ちに早瀬総監と共に細井管長に辞表を提出し、いずくともなく行方をくらませてしまったのである。

早瀬日慈・総監

阿部信雄・教学部長

後年、阿部管長と抗争を始めた学会の暴露により判《わか》ったことだが、兵庫の有馬温泉に長く身を潜めていたとのことである。大聖人への叛逆を強く責められ、身も心もすくんでしまったものと思われる。

細井管長　妙縁寺に下向

総監と教学部長が辞表を出したことで、宗務院は機能停止に陥《おちい》った。細井管長は事態を収拾しようと、妙信講が所属していた妙縁寺の住職・松本日仁能化を本山に呼び、私に宛てた書面を託された。同時に私も、本山に登らんとする松本住職に、存念をしたためた長文の書状を託した。

細井管長の書面には

「貴殿の宗務院の通告に対する回答を拝見した。ここに至る経過をつぶさにかえりみるとき、誠に残念であり悲しみの念を禁じ得ない。訓諭は私の真意であり、法主としての私の信念から出たものである。妙信講の意見を含めて、いろいろな人の意見も充分考慮したが、これは私の本心である。この決定は日蓮大聖人の御遺命にいささかも違背するものではないと信ずる。私も不惜身命の決意で御遺命の実現に全力をあげている……」

とあった。学会弁護士・山崎正友の手に成る文と思われた。直ちに返書を申し上げた。

「謹上

七月一日、松本能師に付けて給わりたる御状謹んで拝見させて頂きました。私共の存念、すべては同日松本能師を経て奉りました書に尽きるものでございます。

事、ここに至るの経過、宗務当局こそよくよく知悉《ちしつ》なれば、御不審がございますれば尋

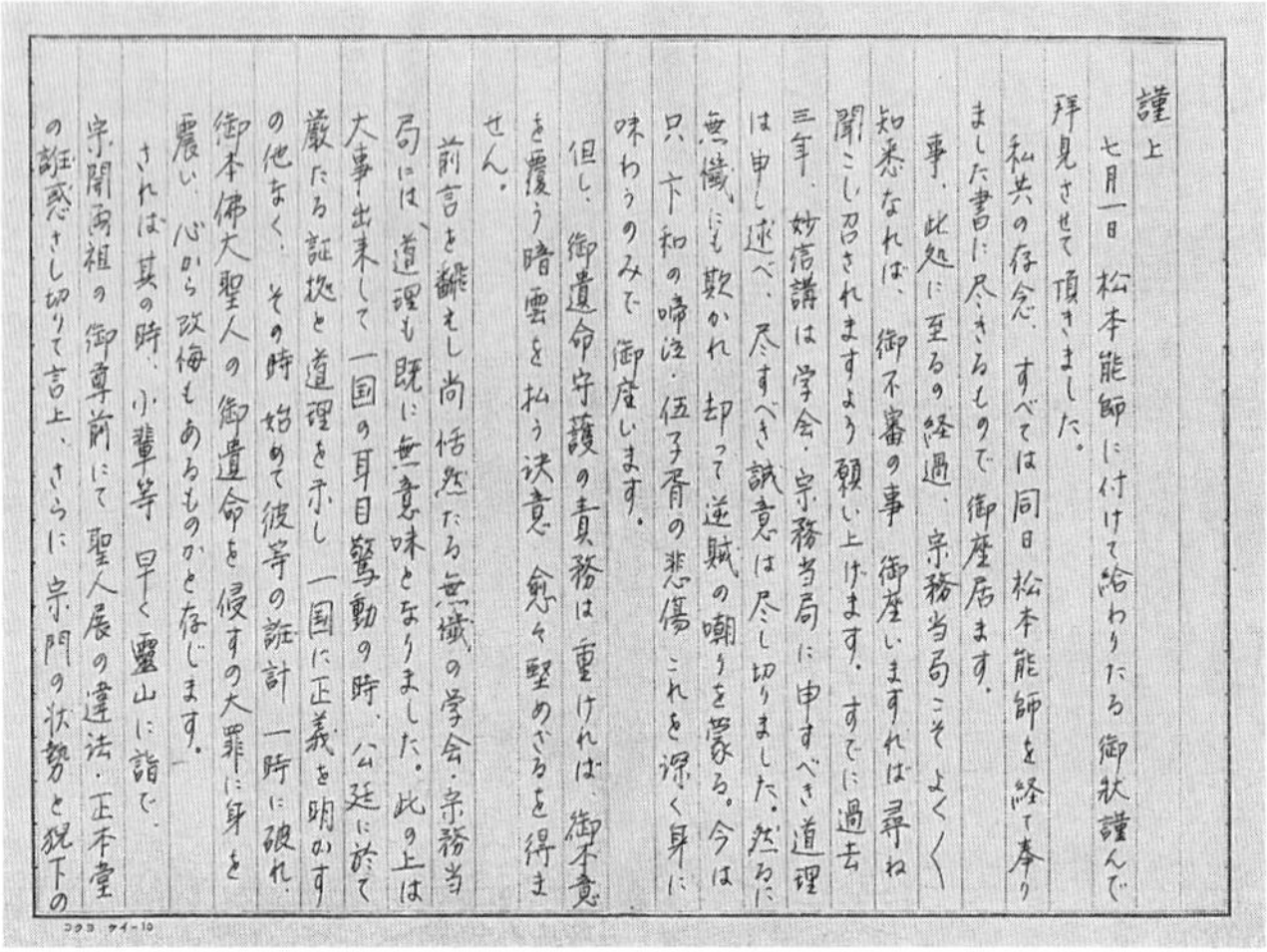

謹上
七月一日 松本能師に付けて給わりたる御状謹んで
拝見させて頂きました。
私共の存念、すべては同日 松本能師を経て奉り
ました書に尽きるもので御座居ます。
事、此処に至るの経過、宗務当局こそ よく
知悉なれば、御不審の事 御座いますれば 尋ね
聞こし召されますよう願い上げます。すでに過去
三年、妙信講は学会・宗務当局に申すべき道理
は申し述べ、尽すべき誠意は尽し切りました。然るに
無懺にも欺かれ 却って逆賊の嘲りを蒙る。今は
只 卞和の啼泣・伍子胥の悲傷 これを深く身に
味わうのみで御座います。
但し、御遺命守護の責務は重ければ、御本意
を覆う暗雲を払う決意 愈々堅めざるを得ま
せん。
前言を飜えし尚恬然たる無懺の学会・宗務当
局には、道理も既に無意味となりました。此の上は
大事出来して一国の耳目驚動の時、公廷に於て
厳たる証拠と道理を示し 一国に正義を明かす
の他なく、その時 始めて彼等の誑計 一時に破れ、
御本佛大聖人の御遺命を侵すの大罪に身を
震い、心から改悔もあるものかと存じます。
されば其の時、小輩等 早く靈山に詣で、
宗開両祖の御尊前にて 聖人展の違法・正本堂
の誑惑さし切りて言上、さらに 宗門の状勢と猊下の

細井管長への「返書」

ね聞こし召されますよう願い上げます。すでに過去三年、妙信講は学会・宗務当局に、申すべき道理は申し述べ、尽くすべき誠意は尽くし切りました。しかるに無懺《むざん》にも欺《あざむ》かれ、かえって逆賊の嘲《あざけ》りを蒙《こうむ》る。今はただ卞和《べんか》の啼泣《ていきゅう》・伍子胥《ごししょ》の悲傷《ひしょう》、これを深く身に味わうのみでございます。

ただし、御遺命守護の責務は重ければ、御本意を覆う暗雲を払う決意、いよいよ堅めざるを得ません。

前言を飜《ひるが》えしてなお恬然《てんぜん》たる無懺《むざん》の学会・宗務当局には、道理もすでに無意味となりました。

このうえは、大事出来《しゅったい》して一国の耳目驚動《じもくきょうどう》の時、公廷において厳たる証拠と道理を示し、一国に正義を明かすのほかなく、その時、始めて彼等の誑計《おうけい》一時に破れ、御本仏大聖人の御遺命を侵すの大罪に身を震い、心から改悔《かいげ》もあるものかと存じます。

さればその時、小輩等、早く霊山《りょうぜん》に詣《もう》で、宗開両祖の御尊前にて、正本堂の誑惑さし切

りて言上、さらに宗門の現状と猊下の御苦衷《ごくちゅう》、つぶさに申し上げる所存でございます。

猊下には永く御健勝にてわたらせますよう、偏えにお祈り申し上げる次第でございます。

恐々」

このとき私は、池田がもし正本堂を御遺命の戒壇と偽ったまま「戒壇の大御本尊」の御遷座を強行するならば、自ら男子部を率いて本山に登り、身を捨ててこれを阻止する決意であった。

事態を見守っていた池田大作は「この上は、日達上人に出て頂くほかはありません」と、妙信講の説得を細井管長に懇願した。臆病そして狡猾《こうかつ》な池田は、またしても猊座を楯《たて》として我が身を守ろうとしたのである。

「訓諭を訂正する」

細井日達管長

昭和四十七年七月六日、細井管長は東京吾妻橋の妙縁寺に下向され、私と対面された。

これまでの経緯は細井管長こそよく知っている。大事の御遺命を守るべく、また学会の圧力から猊座を守るべく、妙信講が学会代表に署名させた「確認書」も細井管長の手もとに収められている。この護法の赤誠を裏切った後《うし》ろめたさがあったのであろう、この日の細井管長は、たいへん緊張しておられた。そしていきなり

「きょう、私は死ぬ気で来ている」

と切り出し、興奮の面持ちで「このような決意で来ているのだから何とかわかってほしい……」と、繰り返し事態の収拾を要請された。

私は黙ってジーっとお聞きしていた。そして話の途切れたところで、静かに申し上げた。

「私どもは愚かな在家、むずかしい御書・経文のことは全く存じません。ただし、堅く約束された確認書が弊履《へいり》のごとくふみにじられた事は、道理とも思えません。そのうえ約束を破った学会・宗務当局はかえって『訓諭』を障壁《しょうへき》として、妙信講に対し『猊下に背く者』と悪罵《あくば》し、解散処分を以て威《おど》しております。このようなことは断じて許しがたき所行と存じます」

細井管長はいわれた。

「宗務院の早瀬と阿部はすでに辞表を出し、いま私が預っている。また確認書はたしかに私の手許にある。この事実を否定する者は宗門にはいない。今回、確認書の約束が破ら

れたような形になったことは、まことに遺憾《いかん》に思っている」

そこで私は、「訓諭」がいかに御遺命に背いているかを、静かにゆっくりと、しかし言葉を強めて一々に指摘申し上げた。

詰められた細井管長は
「実は、あの訓諭については、まずい所がある。後半の『即ち正本堂は広宣流布の暁に本門寺の戒壇たるべき大殿堂なり』という部分はまずかった。あれでは、最終の戒壇を前以て建てたことになってしまう。前半の『……現時における事の戒壇なり』で止めておけばよかったが、宗務院に付け加えられてしまった」

と、暗に学会の意を受けた阿部教学部長が付け加えたことを示唆された。

私は単刀直入に申し上げた。

「では、ぜひ訓諭をご訂正下さい」

さぞやお憤りと思ったところ、少考ののち、意を決したように
「わかりました。訂正しましょう。しかしまさか訓諭を訂正するとはいえないから、訓諭の新しい解釈として、内容を打ち消す解釈文を『大日蓮』に載せましょう。その原稿は必ず前以て浅井さんに見せますから」

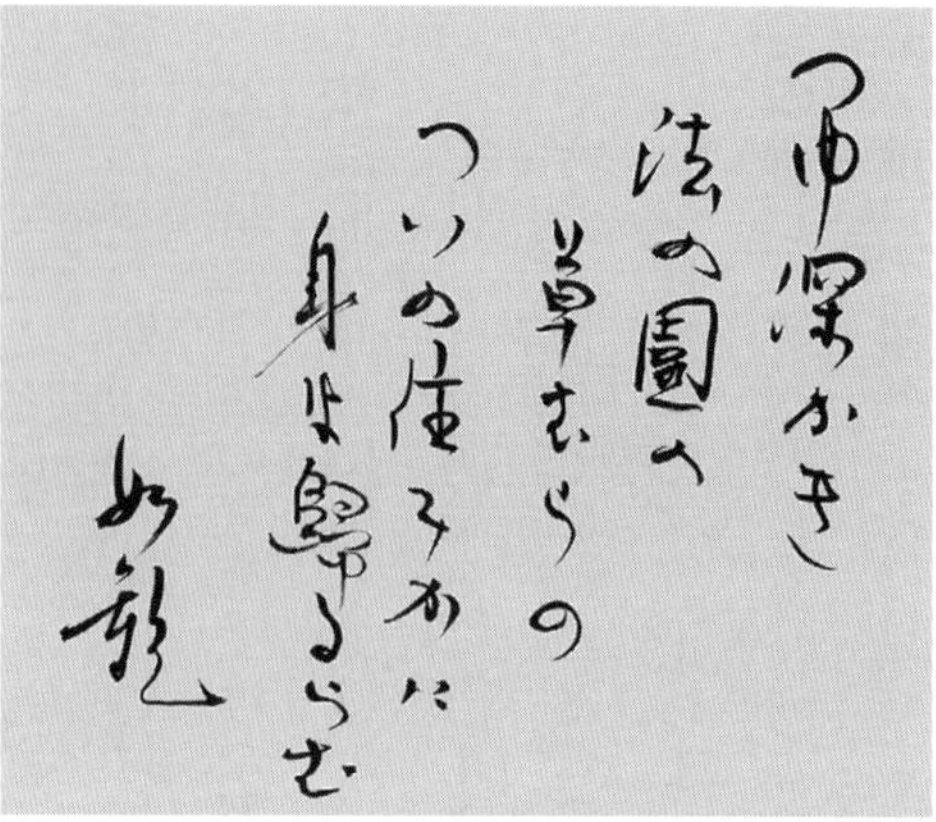
細井管長が妙縁寺で書いた「辞世の句」

と約束された。私はさらに申し上げた。

「あの訓諭を笠に着て、阿部教学部長は『国立戒壇論の誤りについて』を書き、それがいま聖教新聞に連載中ですが、すぐに中止させて頂きたい」

細井管長の決断は早かった。傍《かたわ》らに侍《はべ》る藤本庶務部長に

「今すぐ学会本部に電話しなさい」

と命じられた。連載は翌日、止まった。

話が一段落した時、細井管長は松本日仁・妙縁寺住職に命じて筆紙を取り寄せ、御自身の決意を二枚の「辞世の句」に表わし、一枚を立会いの松本住職に、同じく一枚を私に下さった。

七月十九日、細井管長は約束どおり訓諭の訂正文の原稿を、総本山で見せて下さった。その内容は学会への配慮から曖昧《あいまい》な表現が多かったが、重要な部分は確かに訂正されていた。

すなわち正本堂を御宝蔵・奉安殿と同列に扱い、肝心の御遺命の戒壇については

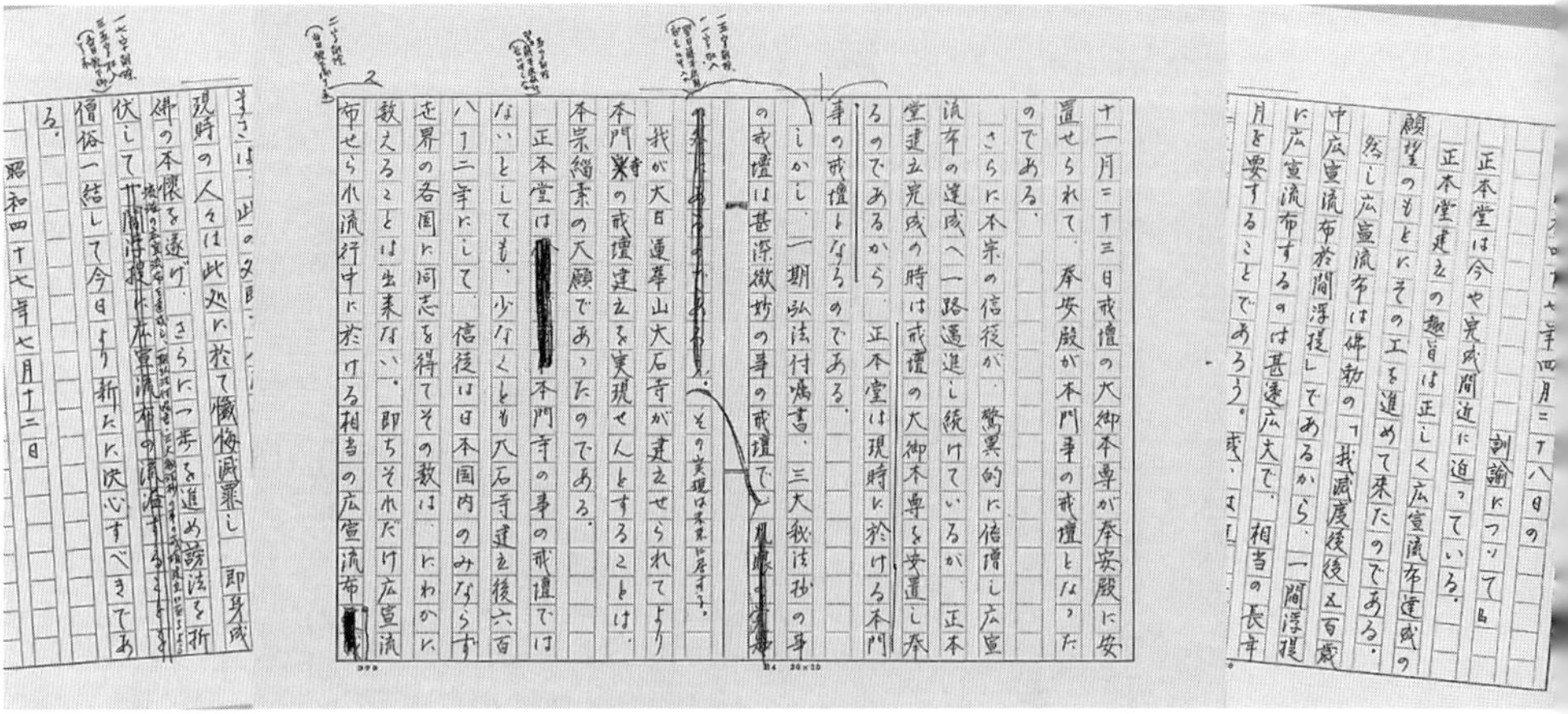

細井管長が手渡した「訓諭」の訂正文

「一期弘法抄、三大秘法抄の事の戒壇は甚深微妙《じんじんみみょう》の事の戒壇で、凡眼《ぼんげん》の覚知《かくち》の外にあるのであろう」

として、曖昧ではあるが、それが正本堂ではないことを述べている。私はこの文意を幾たびも確認申し上げると、細井管長は口頭では明確に

「正本堂は、三大秘法抄・一期弘法抄に御遺命の戒壇とは、全く違います」

と、くり返し云われた。そこで私は、文意を明確にするために数ヶ所の文言修正を願い出た。細井管長はかたわらの藤本庶務部長を顧みつつ了承して下さった。

そして「この『解釈文』を宗門機関誌『大日蓮』八月号に掲載する」と、改めて約束された。

だが、細井管長はまたしても、学会の圧力に屈してしまったのである。実は学会首脳部（北条・秋谷・原島・

山崎）は、妙縁寺における会談を一部始終盗聴していたのだ。そして北条浩副会長が総本山へ上り、「解釈文を出されるのは結構だが、その内容によっては大変なことになる」（山崎正友「盗聴教団」）と威《おど》したのであった。

八月十二日、細井管長は再び妙縁寺に下向し、憔悴《しょうすい》し切った面持で私に告げられた。

「先日の約束は取り消します。もう私にはどうにもならない……」と。

これを聞いても、私はもう驚かなかった。これが宗門の実態であった。管長として一たび正本堂の誑惑を許した以上、こうなって当然だった。所詮、元凶の学会を抑《おさ》える以外に解決はあり得ない。

私は申し上げた。

「学会の代表と会って決着をつけたいのですが、なんとか猊下のお力で学会に出てくるよう、お申しつけ頂けないでしょうか」

細井管長はうなずきながら

「わかりました。なんとか私から云いましょう。どうか、あなたが、学会代表と話し合って解決して下さい」

と述べられると、早々に妙縁寺を退出された。

学会代表と法論

細井管長は直ちにこの旨を学会に伝えた。しかし学会からは何の返事もない。私が最も恐れていたのは、池田がこのまま「戒壇の大御本尊」の御遷座《ごせんざ》を強行することだった。学会は妙信講との間では内密に「確認書」において訂正したものの、その事実は公表していない。よって学会員も世間も誑《たぶら》かされたままになっている。そのうえ池田は、多くの海外来賓を落慶式に招くことを聖教新聞紙上で誇らしげに発表していた。

このような誑惑の殿堂に御本仏の御法魂を遷《うつ》し奉ることは、断じて許されない。すでに落慶式は一ヶ月余に迫っている。

私は池田会長にあて書状を急送した。その趣旨は

①直ちに誑惑の訂正を公表し、正本堂の意義を如法《にょほう》に正すこと ②来賓を招くとも、不信の輩は正本堂の中に入れぬこと ③訂正がなされぬうちは、断じて戒壇の大御本尊の御遷座《ごせんざ》をしないこと――の三ヶ条を強く求め、池田会長との早々の面談を申し入れたものである。

そして文末には「もし御遷座を強行するならば、妙信講は護法のゆえにこれを阻止、た

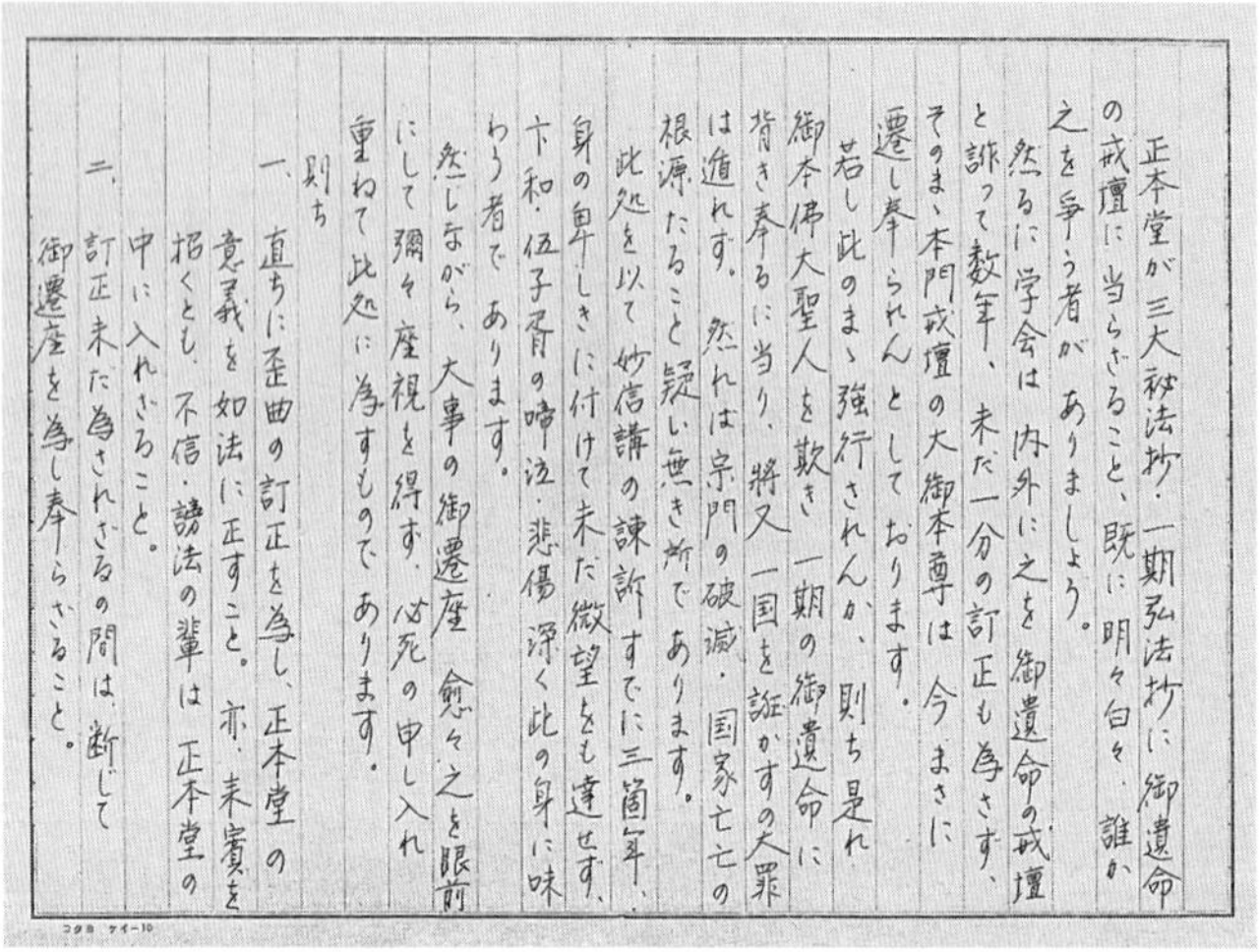
正本堂が三大秘法抄・一期弘法抄に御遺命の戒壇に当らざること、既に明々白々。誰か之を争う者がありましょう。

然るに学会は内外に之を御遺命の戒壇と訴って数年、未だ一分の訂正も為さず、そのまゝ本門戒壇の大御本尊は今まさに遷し奉られんとしております。

若し此のまゝ強行されんか、則ち是れ御本佛大聖人を欺き一期の御遺命に背き奉るに当り、将又一国を誑かすの大罪は遁れず。然れば宗門の破滅・国家亡亡の根源たること疑い無き所であります。

此処を以て妙信講の諫訴すでに三箇年、身の卑しきに付けて未だ微望をも達せず、卞和・伍子胥の啼泣・悲傷深く此の身に味わう者であります。

然しながら、大事の御遷座愈々之を眼前にして彌々座視を得ず、必死の申し入れ重ねて此処に為すものであります。

則ち
一、直ちに歪曲の訂正を為し、正本堂の意義を如法に正すこと。亦、来賓を招くとも、不信・謗法の輩は正本堂の中に入れざること。
二、訂正未だ為されざるの間は、断じて御遷座を為し奉らざること。
コクヨ　ケイ-10

正本堂落成の直前、池田大作に宛てた書状

だ一死を賭して在家の本分に殉《じゅん》ずるのみ」と記した。

九月六日、学会から返書が来た。彼等も事ここに及んでは妙信講との対論を回避できぬと観念したのであろう。理事長・和泉覚の名で「猊下の御指示のとおり、整然と話し合いたいと望んでおります」といってきた。

かくて十月十二日の正本堂落成式を眼前にして、最後の法論が常泉寺において九月十三日より同二十八日までの間、七回にわたって行われた。

学会代表は秋谷栄之助副会長、原島嵩《たかし》教学部長、山崎正友弁護士の三人。しかし学会側には、さらに後方部隊が控えていた。後日、造反脱会した山崎正友の告白書「盗聴教団」によれば

「この対論の間中、会場から道を隔てて向かい側の学会員宅の一室で、受信機と録音機を囲み、広野輝夫、竹岡誠治、桐ヶ谷章（弁護士）、八尋頼雄（弁護士）、T・K（検事）ら

秋谷栄之助・副会長

原島嵩・教学部長

山崎正友・弁護士

が、私が会場に持ち込んだアタッシュケースに仕かけた発信機から送られる会話に息をひそめ耳をそばだてて聞いていた。彼らは、もし私たちの発言にきわめてまずいことがあればチェックし、途中で僧侶に頼んで会場にメモを入れて注意を喚起するという役割のほかに、対談内容を分析して、その夜、私たちとの打ち合わせの席で、問題点を指摘するなどの役割を担当していた。一日たてば、テープから速記録が起こされ、私たちの手元に届けられて、次の戦いの準備に役立った。妙信講問題に関する私たちの参謀役には、そのほかに、福島、吉村、会田宣明、高井康行、大竹健嗣（各検事）氏らが参加した。（中略）こうした背水の陣の中で、激しい論戦が妙信講と学会の間に闘わされた」とある。

　ちなみに、文中の「T・K（検事）」とは、当時検事で元公明党委員長の神崎武法であり、「竹岡誠治」とは、謀略グループ・山崎師団のメンバーで「妙信講作戦」の一員として妙信講本部の盗聴を実行し、また宮本顕治・日本共産党委員長宅電話盗聴事件の実行犯として確定判決された男である。

法論開始に先立ち、宗門側として千種《ちぐさ》法輝《ほうき》宗務支院長が趣旨説明をした。支院長は極度の緊張のためか、メモを持つ手が小刻みに震えていた。そして「どうか、話しあいは整然と行なって頂きたい。お互いにテープを取らぬこと。なお正本堂の落慶式は宗門の行事として総本山が行うものであり、学会は関係ない」とだけ述べると、そそくさと退席した。学会が云わせたのであろうが、法論と関係なく落慶式を行うのでは法論の意味がなくなる。

私は秋谷に

「この法論の結論が出るまで、絶対に大御本尊を御遷座申し上げてはならない。そのための対論ではないか」

秋谷は云った。

「落慶式は宗門のおやりになることだし、また十月十二日までに結論が出なければ、どうしようもない」

彼等は明らかに時間切れに持ちこむ戦法であった。私は言った。

「では、十月十二日までに決着をつけよう」

いよいよ両者背水の陣の激しい論判が開始された。

御遺命の戒壇とはいかなるものかを判ずる唯一の根拠は三大秘法抄であれば、まず三大秘法抄の文々句々の意の確認から入った。しかしこの確認も、相互の見解を述べるだけでは水掛け論に終わってしまう。勝負を決しなくてはならない。だが彼等は時間切れを狙って、出来るだけ論議を延ばそうとしている。相手は三人、こちらは一人。一人が詰まれば他の二人が口を出す。それを一々に詰めては承伏させ、確認しては論を進めた。そのような中で、彼等は形勢不利とみれば、その日の予定を理由に、論議を打ち切ることもしばしばあった。

途中、激論のすえ「これで決裂、では奉安殿の前で会おう」というところまで行ったこともある。しかし対論第六回の二十七日に至り、ついに決着がついた。屈伏した彼等は、聖教新聞紙上に訂正文を掲載することを、ついに応諾《おうだく》したのであった。

後日、原島はこの時の対論について、こう述懐している。

「こうした大前提（猊下が訓諭の訂正文を出したこと）がくつがえっている以上、こちらに有利なはずがありません。悪戦苦闘でした。しかし池田先生は私たちをかばって下さり、『〝宗門には八分通り勝っているから〟と云っておいたよ。わざとよ』と云っておられました」（池田大作先生への手紙）と。

「聖教新聞」で誑惑訂正

訂正の案文は原島が作った。その主要部分は

「現在は広宣流布の一歩にすぎない。したがって正本堂は猶《なお》未だ三大秘法抄・一期弘法抄の戒壇の完結ではない。故に正本堂建立をもって、なにもかも完成したように思い、御遺命は達成されてしまったとか、広宣流布は達成されたなどということは誤りである。また、この正本堂には信心強盛の人のみがここに集いきたり、御開扉を願う資格がある。したがって正本堂は広宣流布のその日まで、信徒に限って内拝を許されることはいうまでもない」と。

（1）　5版・　【昭和26年6月19日第三種郵便物認可・昭和40年7月10日国

正本堂落慶の時を迎えて

――理事長　和泉　覚

正本堂落慶を迎えるにあたって和泉理事長より次のような発表があった。

◇　◇

私達の待ちに待った正本堂落慶の日を、ついに迎えることとなった。だれびとの胸中にも万感迫る思いであろう。この荘厳なる新世紀の幕あけこそ、人類の希望の船出でなくして何であろうか。

思えば、この人類の幸福と平和の殿堂を築き上げたものは何か。それは、一人一人の、強き、厚き信仰の志であった。汗と涙と、そして歓喜の胸中の宝塔の輝きこそ、正本堂とともに、後世への鑑として伝えられていくことであろう。

ここで私達が銘記したいことは、再び心新たに広宣流布の大目的に向かって、[illegible]の決意で進むことである。

御義口伝にいわく「大願とは法華弘通なり」（御書全集七三六㌻）と。御本仏日蓮大聖人の大願は、広宣流布にある。この大願を成就していく根源の力は、一人一人の信心の確立と異体同心の団結以外にない。

ひるがえって、現今の世界は「末法濁悪」の御金言の通り、濁乱の様相を色濃く漂わせている。人々は、いよいよ、いかに生きたらよいかわからないといった混迷の渦中に没入している。きらびやかな文明の殿堂の奥には、幾多のひずみが広がり、苦悩のうめきは、深く、また大きく、私達の耳を打つ。しかし、この大悪は大善の瑞相であり、黎明を待つ深き闇であると考えたい。今や、顕在的にも潜在的にも、偉大な宗教を求める方向へと時代は動いている。

この時にあたり、私達は、再び大聖人の「一切衆生の異の苦を受くるは悉く是れ日蓮一人の苦なるべし」（同七五八㌻）の大慈悲の御文をかみしめたい。そして、人々の生命に刻印された苦悩に、勇敢に挑戦していきたい。

大聖人の仏法は、本因妙の仏法である。全民衆を救おうとの大聖人の大精神に立つならば、現在は広宣流布の一歩にすぎない。したがって正本堂は、なお未だ三大秘法抄・一期弘法抄の戒壇の完結ではない。ゆえに正本堂建立をもって、なにもかも完成したように思い、ご遺命は達成してしまったとか、広宣流布は達成されたなどということは誤りである。また、この正本堂には信心強盛の人のみがここに集いきたり、御開扉を願う資格がある。したがって、正本堂は広宣流布のその日まで信徒に限って内拝を許されることはいうまでもない。

正本堂に込められたものは、信仰によって結ばれた民衆の平和への切実なる願いである。この宝塔を更に荘厳するのは、まさしく、私達のこれからの戦いのいかんにかかっていることを断じて忘れてはならない。

御義口伝にいわく「本化弘通の妙法蓮華経の大忍辱の力を以て弘通するを娑婆と云うなり、忍辱は寂光土なり此の忍辱の心を釈迦牟尼仏と云えり娑婆とは堪忍世界と云うなり」（同七七一㌻）と。この現実の苦悩の世界に大忍辱の心で折伏弘通に邁進することが地涌の菩薩の本義であり、そのなかにこそ常寂光土を開いていくのである。

聖覧の地・富士のふもとに羽ばたく正本堂の雄姿とともに、生命の宮殿を開き、日達上人猊下のもと、池田会長のもと、広宣流布の使命の庭に、胸を張って生き抜いていこうではないか。

正本堂落慶のこの時を、人類のあすの命運を担う私達の新たなる発心の日としたい。

聖教新聞に掲載された誑惑の「訂正文」

これまで学会は正本堂を指して「三大秘法抄・一期弘法抄の戒壇」といい、正本堂建立を以て「御遺命は

成就、広宣流布は達成」と云い続けてきた。今その誑惑を自ら「誤りである」と明言したのである。また「正本堂には信心強盛の人のみが」以下は、正本堂を奉安殿の延長と規定したものである。明確な訂正であった。

私はこの文を池田会長の名を以て公表するよう求めた。三人は沈痛な面持《おももち》でうつむいてしまった。やがて原島教学部長が哀願するように「それだけは弟子として忍びない、私たちは生きては帰れない、なんとか和泉理事長の名で……」と云った。

もとより辱《はずかし》めることが目的ではない。私は原島の心情を汲《く》み、〝武士の情《なさけ》〟としてこれを了承した。原島は涙を浮かべ両手をつき「有難うございました」と頭を下げた。

かくて訂正文は約束どおり、十月三日の聖教新聞第一面に掲載された。誑惑は辛じて阻止された。正本堂落成式の九日前であった。

戒壇の大御本尊 御遷座

そして昭和四十七年十月七日、本門戒壇の大御本尊は奉安殿より正本堂に御遷座《ごせんざ》された。

だが、その時の空気には、なにか訝《いぶか》しさが感じられた。何を恐れてか、人目を憚《はばか》るごとく、これを隠密裡《おんみつり》に行なっているのだ。もし十月三日の誑惑訂正が池田の衷心《ちゅうしん》より出たものなら、御遷座を誰に憚《はばか》ることがあろう。しかるに、妙信講の目を恐れるごとく密かにこれをなしている。その理由《わけ》は、当時は窺《うかが》い知るよしもなかったが、後日わかった。

池田大作の背信

実は池田大作は、十月十二日の正本堂落成式において腹心の福島源次郎副会長を通して、参詣の全学会員に対し

「本日、七百年前の日蓮大聖人の御遺命が達成されました。ありがとう」と伝えていたのであった。

離反後の原島嵩が「池田大作先生への手紙」と題した自著に、その時のもようを次のように記している。

原島嵩

「一〇月一二日の正本堂落慶奉告大法要が営まれました。（中略）ところが、法要が終わってから、ある一件が起きたのです。下山《げざん》のバスの乗客に池田先生のご伝言が伝えられました。『本日、七百年前の日蓮大聖人の御遺命が達成されました。ありがとう』（中略）

私は、それをいちはやく聞くや、すぐに手を打つことを考えました。しかし、バスはほとんど出てしまっていたのです。これがもしも妙信講の耳に入ったら大変です。その後の諸行事に不測の事態が起こらないとは限りません。（中略）また、理事長談話として社会への公表を裏切ることになります。また会員は広宣流布の目標を失ってしまうことにもなりかねません。たとえ池田先生の言葉でありましても、これは阻止しなければならないと決断いたしました。バスが到着するところに幹部を待機させ、それを一切打ち消すように、首脳に手配していただきました。

私も若気のいたりで、真剣さのあまり少々感情が高ぶっていました。先生の伝言をそのまま伝えたのは、ある首脳でした。私はその人に『責任をとれ』といいました。しかし、そのことが池田先生の逆鱗《げきりん》にふれてしまいました。雪山坊《せっせんぼう》の一階ロビーで『責任をとれとは何だ！正本堂は御遺命の戒壇ではないのか』等々、烈火のような先生の怒りは周りの人々にさえ恐怖感をいだかせたようです。私はせめて『ただ先生をお守りしたいばかりに』というのがせいいっぱいでした。『オレなんか守らなくたっていい、私は牢にいくことも辞さない男だ』（中略）牢に行くことも辞さない決意であることは結構だとしても、それが日蓮正宗の法義にそむくものであったら、その決意は到底容認できることではありません。

しかし私は愚かにもそのときはただ先生のすごい気魄に圧倒されてしまいました。そのあとで首脳その他の人々が雪山坊の三階に集合したときも、池田先生は同じように、今度はねちねちと私を総括されました。（中略）しかし、このときばかりは、先生ご自身の力で七百年の悲願を達成したのだぞ、とのお心が見え見えでした。いかに会員のためとはいえ、日蓮正宗の根本法義に関わり、かつ社会に公表したことに対し、これとは全く逆のことを口コミで流すということは、決してなさるべきではありません」と。

これが池田の本心だった。彼は昭和四十七年の正本堂完成を以て「御遺命は成就、広宣流布は達成」と宣言したかったが、妙信講の諫暁によって阻止された。その鬱憤《うっぷん》を、このような形で晴らしていたのだ。

キリスト教神父を招く

もう一つ驚くべきことがわかった。池田は十月一日に行なった正本堂完工式において、なんとローマ法王庁から二人、米国から二人、計四人のキリスト教神父を招き、法要の最前列に座わらせていたのだ。これ、正本堂を「世界平和を祈る大殿堂」と海外に宣伝し、ノーベル平和賞を狙う工作であった。

まさにこの穢れた正本堂に、戒壇の大御本尊は居《す》えられ奉ったのである。「もし邪法の神父で穢した事実が妙信講の耳に入ったら重大なことになる」――これが、池田大作が隠密裡に御遷座を行なった理由《わけ》であった。

戒壇の大御本尊に対し奉る、この背筋の凍《こお》るような不敬冒涜。私がこの事実を知ったのは、御遷座二年後の昭和四十九年夏であった。

正本堂完工式の最前列に並ぶキリスト教神父たち

昨日、正本堂完工式に出席できましたことは、デュモリン神父および私自身にとりまして非常な喜びであり、また名誉でありました。

ご親切なご招待、まことにありがとうございました。

善意の人々の祈りが、私ども全てが渇望している幸福と平和と正義を人類にもたらすよう願っております。

ローマ法王庁特命全権大使
ブルーノ・ヴェステンベルグ

正本堂完工式に招かれたローマ法王庁特命全権大使とその祝辞

三、第三次諫暁

「御遺命守護の戦い未だ終らず」

御遷座の翌年（昭和四十八年）五月、妙信講は久々の御登山を総本山に願い出た。

ところが、宗務院の早瀬総監から伝えられた返事は、思いもよらぬものであった。

「国立戒壇を捨てなければ登山は許されない。これは猊下の御意向である」と。

国立戒壇の御遺命を守るために正本堂の誑惑を訂正せしめた妙信講に対し、「国立戒壇を捨てよ」とは何ごとか。これが池田の意向であることは明らかである。

池田は、妙信講が国立戒壇を主張し続ければ、やがて、学会が四年前政府に提出した回答書の欺瞞が共産党から追及されると恐れていた。また細井管長も対外的に「国立戒壇の永久放棄」をすでに宣言している――ここに無慚《むざん》の二人は、妙信講の登山願いを逆手に取り、「国立戒壇」を捨てさせようとしたのであった。

国立戒壇を捨てて参詣して、大聖人はお喜び下さるか。かえってお叱りを受けるに違いない。私は講の安穏よりも、大聖人への忠誠を選んだ。

直ちに妙信講総会（第十六回・昭和四十九年五月十九日）を開き、全講員に決意を伝えた。

「国立戒壇を捨てて登山をして、果して大聖人様はお喜び下さるであろうか。御遺命守護の御奉公は未だ終らず、徹底してその悪を断たねばならぬ。師子王の心を取り出して国立戒壇への怨嫉を打ち砕き、政府への欺瞞回答を訂正せしめる。妙信講の行動は仏法・世法ともに出処進退正々堂々であるが、もし国法の落し穴あらば、その責任の一切は私にある」と。

そして五月二十四日、学会の秋谷副会長に「公開討論申し入れ書」を手渡した。秋谷は十日後、拒否する旨の書面を送附してきた。
それならば、国立戒壇の正義を全学会員に教える以外にはない。直ちに「御遺命守護」を特集した顕正新聞を全国で配布した。正義にめざめる学会員が続々と出てきた。
さらに七月二十八日、明治公園に三千人を結集して「立正安国野外集会」を開き、決議文を以て池田大作に
「八月十五日までに、国立戒壇を否定した政府への欺瞞回答を撤回せよ。さもなければ妙信講が政府に対し訂正をする」

明治公園で開催された「立正安国野外集会」

と迫った。これこそ池田の最も恐れるところ。池田が訂正するわけがない。

そこで私は文部大臣に宛て「学会の回答は欺瞞であり、日蓮大聖人の御遺命は国立戒壇である」旨を記した書面を認《したた》め提出した。

解散処分下る

そしてついに、昭和四十九年八月十二日、覚悟のごとく解散処分が下《くだ》った。その宣告書は「日蓮正宗管長・細井日達」の名を以てなされ、処分理由については

「国立戒壇の名称を使用しない旨の宗門の公式決定に違反し、更にまた昭和四十七年四月二十八日付『訓諭』に対して異議を唱えたゆえ」

と記されていた。

まさしく妙信講は国立戒壇の御遺命のゆえに、信徒団体として死罪にも等しい解散処分

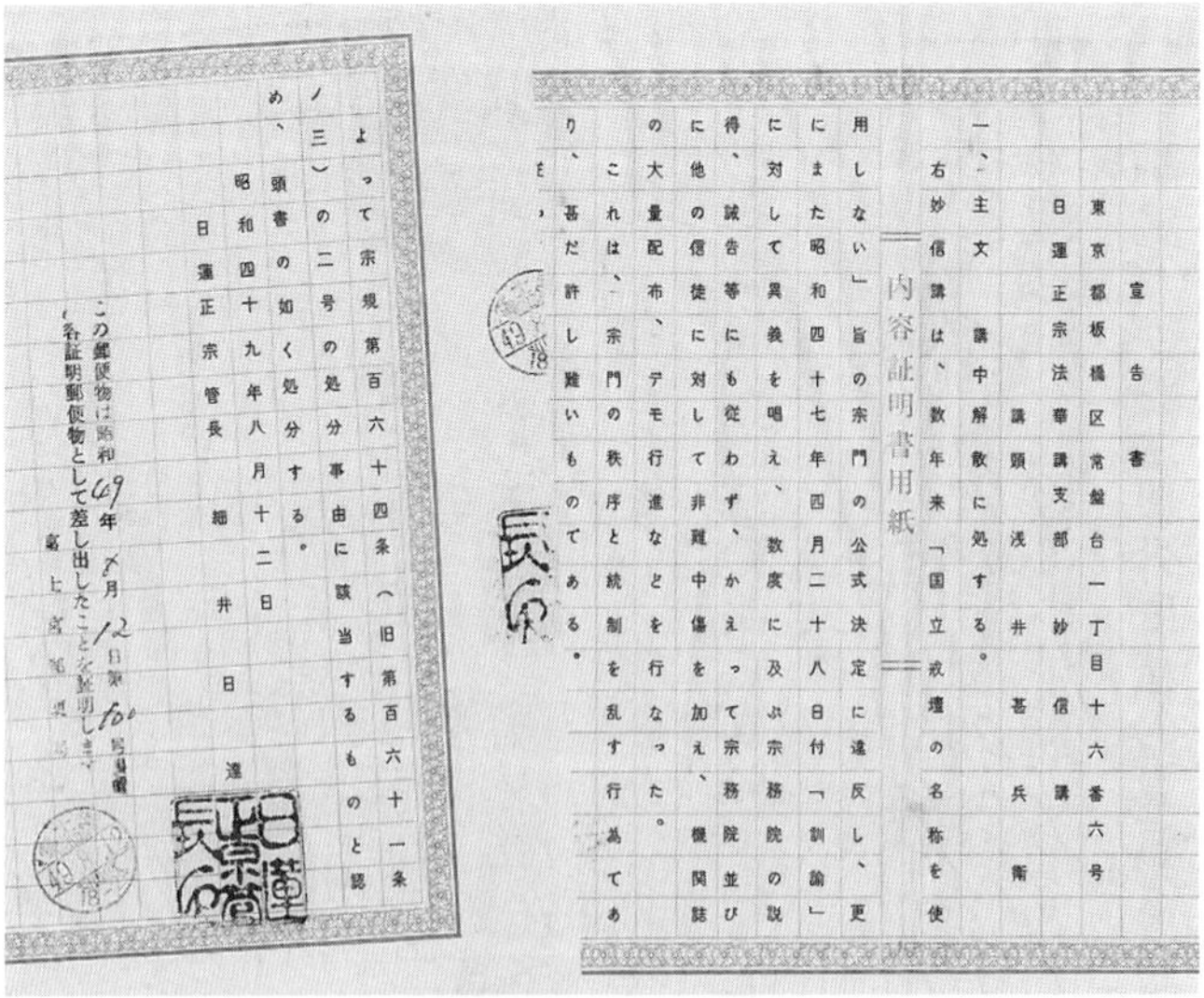

宣告書

東京都板橋区常盤台一丁目十六番六号
日蓮正宗法華講支部妙信講
講頭浅井甚兵衛

一、主文　講中解散に処する。

右妙信講は、数年来「国立戒壇の名称を使用しない」旨の宗門の公式決定に違反し、更にまた昭和四十七年四月二十八日付「訓諭」に対して異義を唱え、数度に及ぶ宗務院の説得、誡告等にも従わず、かえって宗務院並びに他の信徒に対して非難中傷を加え、機関誌の大量配布、デモ行進などを行なった。
これは、宗門の秩序と統制を乱す行為であり、甚だ許し難いものである。

よって宗規第百六十四条（旧第百六十一条ノ三）の二号の処分事由に該当するものと認め、頭書の如く処分する。

昭和四十九年八月十二日
日蓮正宗管長　細井日達

この郵便物は昭和49年8月12日第101号書留内容証明郵便物として差し出したことを証明します

解散処分の「宣告書」

を受けたのである。

この宣告書を手にしたとき

「大事な御遺命が破壊されんとしているとき、妙信講が安穏であってはいかにも大聖人様に申しわけない。これで一分でも申しわけが立つ。御遺命を守るに『懈怠《けたい》の弟子、ゆるき行者』とのお叱りだけは免《まぬか》れる」

との思いが胸に湧いた。

細井管長の破廉恥

解散処分以後の細井日達管長の言動は、まさに破廉恥《はれんち》の一語につきた。それは「毒を食《く》らわば皿《さら》まで」の浅ましさであった。

解散処分のその日、細井管長は「元妙信講員の皆様へ」と題する文書を直筆で認《したた》めた。

その内容は「妙信講が国立戒壇に固執し、かつ正本堂に関する訓諭に異議を唱えたゆえ

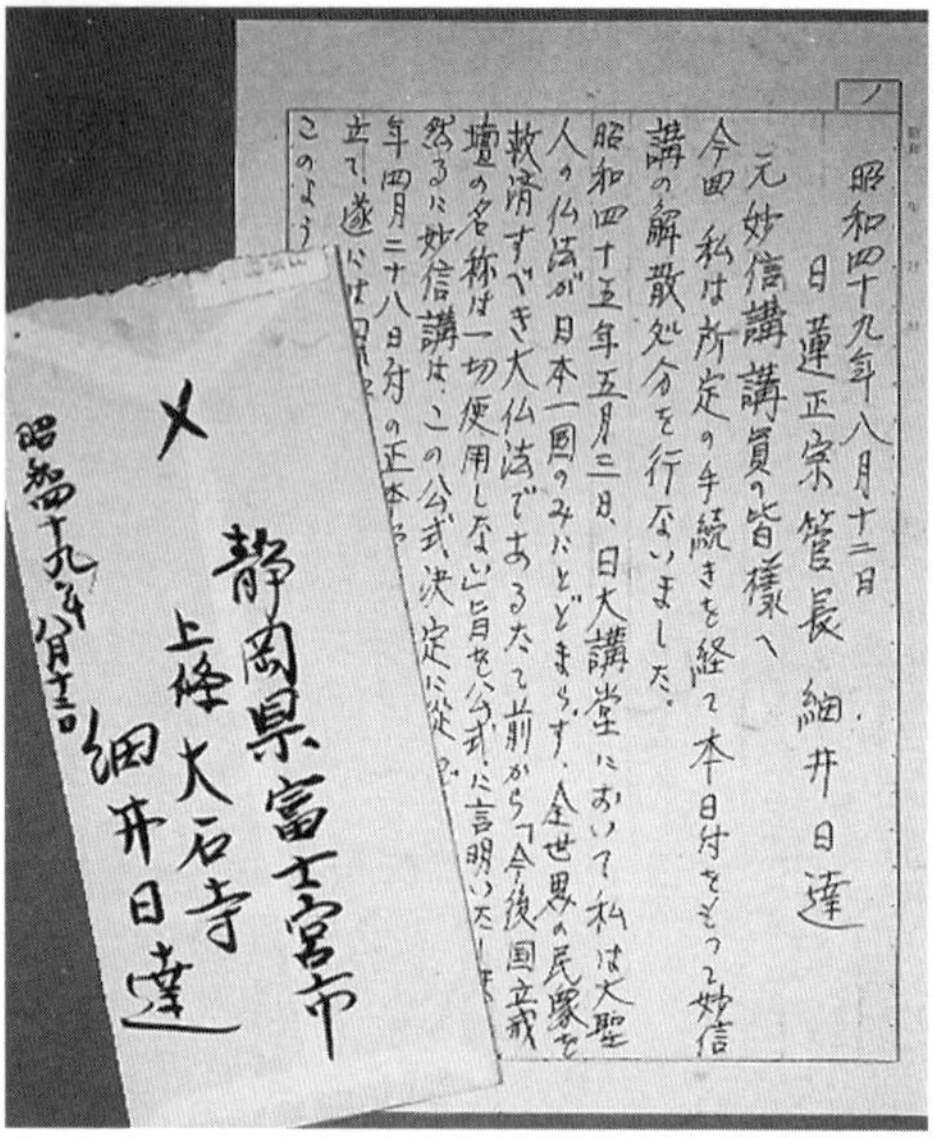

妙信講員に送られてきた細井日達直筆の手紙

に解散処分にした」旨を述べたうえで、全講員に対し「早く脱講して宗門末寺に所属するように」と勧告したものである。

「法主」が直接呼びかければ、全講員は先を争って脱講し妙信講は潰滅する、と思ったのであろう。

これが学会の謀略であったことは言うまでもない。学会謀略部隊はこの直筆の手紙をコピーし、全講員宅に郵送してきた。だが、妙信講員は微動もしない。驚いた学会は、細井管長に第二の手紙を書かせ、再び郵送してきた。妙信講員の護法の決意はいよいよ強まった。

さらに解散処分の翌五十年七月七日、細井管長は総本山に法華講連合会の幹部を召集し、改めて御遺命の戒壇について次のごとく訓示し、「妙信講と戦え」と煽動《せんどう》した。

「**訓諭及び説法以外に私の真意はない。**（中略）御遺命の戒壇について、浅井らは、執拗に〝国立戒壇・国立戒壇〟とくりかえしております。戒壇についての私ならびに本宗の見解は、訓諭をはじめとして既に何回も公にしたとおりであります。（中略）浅井らは何ら教義上の反ばくもなく、ただ先師がどうの、私が昔云ったのと云うだけであります。私は、昔云ったことはあるが、今は云わないと云っておるのであります。私の信念は不動であります。未来永遠にわたり、国立ということはなかろうと確信しておるからであります。浅井らは、人のやることに干渉せず、自分達の力で、やれるものならやってみればよいと思うのであります。但し、**国立というのは本宗の教義ではない**ので、元妙信講が日蓮正宗と名乗ることだけは、今日限りやめてもらいたい」（大日蓮 昭和50年9月号）と。

この期《ご》に及んでなお

「**訓諭以外に私の真意はない。国立戒壇は本宗の教義ではない**」

と公言したのである。何という破廉恥《はれんち》、無節操か。何より細井日達は、大聖人様の御眼を恐れぬ無道心である。ゆえに池田大作に魂を売り渡し、ついに御付嘱状に背いたのである。ここに**御遺命の敵《かたき》**たることは決定《けつじょう》した。

以後、私は、一切の敬称を用いず「細井日達」と呼ぶことにした。阿部日顕もまた同様である。

池田大作は、さらに阿部教学部長に二冊目の悪書「本門事《じ》の戒壇の本義」を書かせた。これは先の「国立戒壇論の誤りについて」に輪をかけた悪書で、三大秘法抄の文々句々を曲会《きょくえ》して、例えば「勅宣・御教書」を「建築許可証」などと云い、「国立戒壇を主張する浅井一派は身延系・田中智学の亜流」とまでの謗言を吐いた。

そのような中にも、御遺命の正義に耳を傾ける僧侶、学会員、法華講員は少なくなかった。不安にかられた池田は、宗門・学会・法華講のそれぞれの議決機関に、妙信講を非難する決議をさせ公表させた。決議の趣旨は

「御法主日達上人猊《げい》下《か》の『戒壇』についての御

創価学会副会長室決議

日蓮正宗第六十六世日達上人猊下は「戒壇」について、未来永遠に亘り誤つことなきよう、あらゆる機会を通じ、宗門全体に対して御説法遊ばされている。かくして「戒壇」の意義は、雲一点なき晴天の如く、瞭々として明白であり、我等創価学会は、猊下の御芳旨を仰ぎ奉り、広宣流布に、いやまして不惜身命の実践を貫く決意である。もはや、これほどまでに大慈大悲を垂れ給い、再三再四に亘り御指南遊ばされたにもかかわらず、これに背き、宗門を撹乱する徒輩は、師敵対の大謗法の者であることは疑う余地がない。茲に創価学会を代表し、猊下の御決定を遵守し奉ることを誓い、決議とする。

昭和五十年十月八日

法華講総講頭
創価学会会長　池田大作
理事長　北條浩
副会長　秋谷栄之助
森田一哉
和泉覚

辻武寿
青木亨
山崎尚見
福島源次郎
柳原延行
上田雅一

「創価学会副会長室決議」

宗会議員決議書

御法主日達上人猊下は、昭和四十七年四月二十八日の訓諭、その他機会あるごとに、戒壇の意義を御説法遊ばされ、私共の進むべき道を御指南下されたのであります。

御法主上人の御教示に絶対随従して信行学に励むのは、宗祖開山以来本宗の根本精神であり、私共は日達上人を中心として団結し、正法広布に精進しているのであります。

然るに近来法主上人の再々の御指南にもかかわらず異義を唱える者がありますが、これこそ大謗法と断ぜざるを得ません。

私共はますます法主上人に対する信伏随従の念を強くし、広宣流布に邁進することを決議いたします。

昭和五十年十月四日

宗会議長　野村学道
宗会副議長　阿部法胤
宗会議員　早瀬義舜
仝　大村寿顕
仝　豊田広栄
仝　菅野慈雲
仝　早瀬義寛
仝　佐藤正英

仝　内藤寿学
仝　早瀬義雄
仝　細井珪道
仝　鈴木秀喜
仝　斉藤普道
仝　河辺慈篤
仝　向島秀浩
仝　佐野知道

「宗会議員決議書」

説法に背く者は、師敵対の大謗法者である」

というものであった。これを承《う》けて八百万学会員、数万の法華講員は目を瞋《いか》らし歯を剥《む》き、「浅井は猊下に背く大謗法者」と口々に罵りの声を上げた。

御在世の信心に還る

だが、このような理不尽な解散処分、悪罵中傷にも、妙信講は微動もしなかった。この悪罵の嵐の中で私は

「今こそ御在世の信行に立ち還《かえ》り、戒壇の大御本尊を遥拝《ようはい》し奉る遥拝勤行《ごんぎょう》で、死身弘法を開始しよう」

と全講員に呼びかけた。並みの信徒団体ならば解散処分を受ければ潰滅して当り前、まして本山登山も叶わず御本尊の下附もなくて、どうして折伏弘通ができようか。

だが妙信講には、この大難を機に、熱原の法華講衆のごとき御在世の信行が蘇ってきたのである——。

御在世には、入信してもたやすくは御本尊を頂戴できなかった。また熱原の方々は大聖人にお目通りを頂く機会もなかった。しかし、大聖人を恋慕渇仰して身命も惜しまぬその

純粋熱烈の信心は、ついに大聖人の御意に叶い、戒壇の大御本尊の「願主」たるを許されたのである。この御在世の信心が、解散処分を機に澎湃《ほうはい》として妙信講に湧き上がってきたのである。このとき講員数は一万二千であった。

学会・宗門に亀裂

この頃より、不思議にも学会・宗門に亀裂が生じてきた。「有徳王《うとく》・覚徳比丘《かくとくびく》」を気どって一体のごとくに見えた池田・細井の両人に、疑心暗鬼が生じ、それが深刻な抗争に発展したのである。

発端は池田大作の憤懣《ふんまん》にあった。彼は、細井日達が私と会うたびに心変わりしたことに、憤りを懐いていた。それが正本堂完成以後、爆発したのだ。

池田は細井日達に思い知らせようとして、経済封鎖に出た。総本山の維持は学会員の登山供養によって成り立っている。細井日達は巨大な正本堂ができれば登山参詣も増え、収入も激増すると目論んでいた。が、その「月例登山」を池田は激減させたのだ。たちまち本山には閑古鳥《かんこどり》が鳴いた。

さらに池田は、正本堂建立一周年記念法要において、法要帰途の細井日達をつかまえ、多くの学会員の面前で「恩しらず」と罵ったうえ、十億円を学会に寄附することを要求した。なんとも横暴な池田の振舞いであるが、細井日達はこの要求を容《い》れ、この三日後、早瀬総監と北条副理事長との間で、宗門から学会に寄附する旨の「覚書」が交わされた。

なぜこのようなことをしたのか、池田は側近の原島嵩教学部長にこう述べている。

「あのとき、なぜ怒ったかといえば、妙信講のとき、猊下はあっちについたり、こっちについたりしたからだ。覚《おぼ》えておけ！」（原島嵩著「池田大作先生への手紙」）と。

まさに妙信講の諫暁が、この自界叛逆をもたらしたのであった。

抗争が始まるや、細井日達のもとには二百余名の活動家僧侶が集まり、「学会と手を切るべし」と気勢を上げた。この反学会僧侶グループが後の「正信会」となる。

このように反学会の機運が宗門に盛り上がるなか、ひとり阿部信雄教学部長だけは、「法主」の動静を探っては池田に密告していた。彼は「妙信講作戦」以来、池田の〝御庭番《おにわばん》〟になっていたのだ。

一方、学会内部にも自界叛逆が起きた。池田大作の懐刀《ふところがたな》としてあらゆる謀略を担当していた弁護士・山崎正友と、側近中の側近であった原島嵩《たかし》教学部長の二人が、揃って池田に反旗を翻《ひるがえ》した。

「生活が立たなければ…」

さて、池田の「月例登山」中止を受けて、細井日達は一山の僧侶を集めて、こう反発した。

「これはもう、このままじゃ話にもならない。もしどこまでも学会が来なければ、それは正本堂を造ってもらって有難いけれども、(中略)もし学会が来なくて、**こっちの生活が立たないと云うならば**、御本尊は御宝蔵へおしまいして、特別な人が来たらば、御開扉願う人があったら、御開帳《ごかいちょう》してよいと云う覚悟を、私は決めた」(宗門の現況と指導会 昭和49年7月27日)と。

細井日達のこの発言は、はしなくも正本堂の正体を暴露している。「こっちの生活が立たないというならば……」とは、何という卑しい言草《いいぐさ》か。所詮、正本堂なる建物は、天魔その身に入りし池田大作が国立戒壇を否定するために、利養貪著《りようとんじゃく》の宗門高僧らを籠絡《ろうらく》して造った偽戒壇にすぎない。

ゆえに落成式ひとつを見ても、虚飾に満ちていた。池田は世界各国から集めてきた学会員の踊り子たちを正本堂の前に並べ、あろうことか大御本尊に背を向けさせ、あられもない姿で踊らせた。そしてこれを見る細井日達以下の高僧たちは、いずれも女房同伴で腑《ふ》抜けた面体《めんてい》を晒していたのである。

正本堂落慶式において、大御本尊に背を向けて踊る醜悪な群舞を、女房同伴で見入る細井日達ら宗門高僧と池田大作

私は憤りを込めて言いたい。

「御遺命を売り渡した高僧たちよ。汝等は大聖人様の御眼《おんめ》おそろしとは思わぬか。もし流罪・死罪を忍び給うた大聖人様の、一期《いちご》の御遺命ついに今『成就』の大儀式であったなら誰人が平然たり得よう。ただ頭《こうべ》を地につけ掌《たなごころ》を合わせ、紅涙《こうるい》大地を濡《ぬ》らすのみではないか」と。

細井日達 急死

学会・宗門の抗争は、「法主」を旗印《はたじるし》とする反学会僧侶らの活動により、初めは宗門が有利であった。池田は形勢不利と見るや「法華講総講頭」を辞して恭順を装《よそお》い、反撃の機を窺《うかが》った。

この抗争に性心《しょうしん》を労した細井日達は、病《やまい》を得て総本山近くのフジヤマ病院に入院した。しかしほどなく回復し、「明日は退院」という昭和五十四年七月二十二日午前五時、突如として激甚の心臓発作に襲われ、大事の「御相承」もなし得ず、急死を遂げてしまった。「一切は現証には如《し》かず」（教行証御書）と。まさに御遺命違背の罰という以外にはないその臨終であった。

貫首としての最大の責務は「御相承」である。この大事がなし得なかったという〝異常事態〟は、宗門七百年の歴史において未だ曽てない。

これ、大聖人様が許し給わなかったのである。御付嘱状の御遺命に背けばすでに「貫首」ではない。このゆえに細井日達は「授」の資格を失い、阿部日顕には「受」の資格が無かったのである。

まさに御遺命違背という未曽有の大悪出来《しゅったい》のゆえに、未曽有の異常事態が出来したのだ。すべては大聖人様の深き深き御仏意による。広布前夜には、このような〝異常事態〟も起こるのである。ゆえに日興上人は遺誡置文に「**時の貫首《かんず》たりと雖も仏法に相違して己義《こぎ》を構えば、之を用うべからざる事**」と仰せられたのである。

ただし、かかる不祥事があろうとも、血脈は断じて断絶しない。もし御遺命を堅持される貫首上人がご出現になれば、忽ちに血脈は蘇《よみがえ》る。下種仏法の血脈は金剛不壊《ふえ》である。ここに大聖人様の甚深の御配慮がましますのである。

四、第四次諫暁

阿部日顕 登座

細井日達の急死は宗門全僧侶に衝撃を与えた。その不安と混乱の中、阿部信雄《しんのう》教学部長（当時総監・昭和54年5月7日就任）が
「実は昨年四月十五日、総本山大奥において、猊下と二人きりの場において、猊下より自分に対し、内々に御相承《ごそうじょう》の儀に関するお言葉があり、これについて甚深の御法門の御指南を賜ったことを御披露する」

と自己申告して、「法主急死」で茫然《ぼうぜん》自失に陥っていた一山大衆を尻目に、あっという間に第六十七世に就任して「日顕」と名乗った。一瞬の出来事だった。この登座が、池田大作と心合わせであったことは申すまでもない。

この〝自己申告〟は偽りに満ちている。

まず、そのころ細井日達と池田大作の仲は最も険悪で、多数の反学会活動家僧侶が細井

日達のもとに押しかけては「学会と手を切るべし」と、協議を繰り返している最中であった。当然、学会と内通している阿部教学部長には、細井日達をはじめ反学会僧侶から厳しい目が注がれていた。阿部教学部長も細井日達から疎《うと》んじられていることを承知している。当時、彼は腹心の河辺慈篤と密談して「G（猊下）は話にならない」「今後の宗門の事ではGでは不可能だ」（河辺メモ）などと鬱憤《うっぷん》を洩らしている。この密談が、彼の云う「内々に御相承」の二ヶ月前の二月七日であった。

また「御相承」があったとされる日の二ヶ月後の六月二十九日には、全国教師指導会が本山で開かれている。ところが阿部教学部長はその内容を即刻、池田に密告している。細井日達はこれを知って激怒し、大勢の僧侶を前にして「阿部はとんでもない。学会にべったりでどうしようもないヤツだ」（時事懇談会記録）と怒りをぶちまけている。

阿部日顕

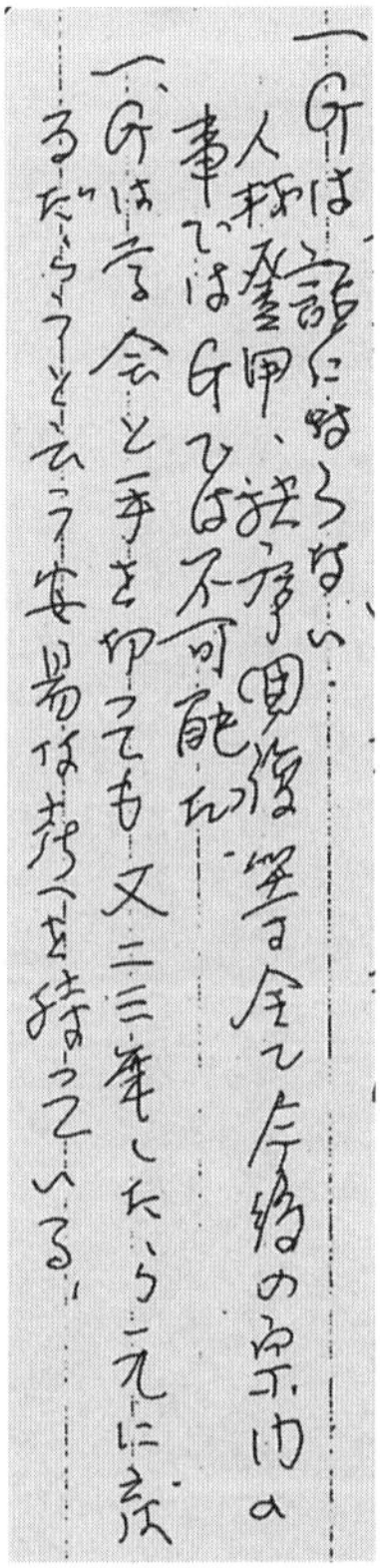

一、Gは話にならない
人材登用、経済問題等全て今後の宗門の
事ではGでは不可能だ
一、Gは学会と手を切っても又二三年したら元に戻
るだろうと云う安易な考えを持っている

「河辺メモ」の一部。このメモには昭和五十三年二月七日、阿部教学部長が河辺慈篤に語った言葉が記されている

このような相互不信の間柄で、どうして「内々に御相承」などがあり得よう。

さらに、御相承があったとす

る「昨年（昭和53年）四月十五日」には、阿部教学部長が本山に登っていた形跡が全くなく、これを立証する証拠もない。ただ自己申告だけだ。ゆえに「総本山大奥において二人きりの場で」というその時刻を衆僧から追及されても、未だに発表できぬままになっている。
まさに偽って猊座に登ったのである。しかしこの詐称《さしょう》が、のちに正信会や学会との抗争において、「詐称法主」「ニセ法主」と言われ、阿部日顕を深刻に苦悩させた。

「早く遷座《せんざ》し奉るべし」

さて、阿部日顕の登座をもっとも喜んだのは池田大作だった。彼は声を大にして「御法主上人猊下を断じてお守りする」と繰り返した。阿部日顕もますます池田に諂い、二人の癒着はいよいよ深くなった。

登座四ヶ月後、私は諫暁を開始した。細井日達に対する諫暁は正本堂の誑惑を訂正せしめることにあったが、阿部日顕への諫暁は、誑惑不浄の正本堂に居《す》えられ奉っている大御本尊を、早く元の奉安殿に遷《うつ》し奉れと迫るにあった。ゆえに第一回の諫暁書（昭和54年11月26日）の末文には

「阿部管長には早く改悔《かいげ》し、速かに正本堂より奉安殿に大御本尊を御遷座申し上げ、以て誑惑を清算、違背の大罪を償《つぐな》われんことを」と記した。

——国立戒壇に安置し奉るべき戒壇の大御本尊を、国立戒壇を否定するための正本堂に居《す》え奉っているのである。大御本尊を辱め奉ることこれより甚しきはない。御本仏の法魂いかで安穏に住し給うべきと思えば、私は一日として心安き日はなかった。以後、阿部日顕への諫暁を連々と続けた。

「顕正会」と改称

解散処分以後もたゆむことなき妙信講の死身弘法は、昭和五十七年秋には六万人に達した。これを機に、妙信講の名称を「日蓮正宗顕正会」と改めた。「顕正」とは、御遺命の正義を顕わす意である。御本仏の御遺命を奉じて一国に国立戒壇の正義を顕わす団体は、顕正会以外にはない。ここに時来《きた》って、その使命を表わす名称を用いたのである。

「本門寺改称」へ二人三脚

阿部日顕の就任により、学会と宗門の亀裂は完全に修復された。

昭和五十七年十月には正本堂建立十周年記念法要が本山で行われ、席上、阿部日顕は、正本堂が百六箇抄の「富士山本門寺本堂」に当るごとくのたばかり説法をするとともに、池田大作の功を讃えて「賞与《しょうよ》本尊」を授与した。またその二年後の一月二日には、池田を「法華講総講頭」職に復帰させている。一月二日は池田の誕生日である。

さらに二ヶ月後の昭和五十九年三月、本山で「大石寺開創七百年記念準備会議」が開かれた。この会議こそ「本門寺改称」という大それた陰謀のスタートであった。席上、池田は「新寺院二百箇寺」の建立寄進を阿部日顕に申し出た。ここに細井日達の時よりもさらに濃密な癒着、悪の二人三脚が始まったのである。

再び悪の二人三脚が始まった

「本門寺改称」とは、大石寺の名称を「本門寺」と改めようという企《たくら》みである。本来「本門寺」とは、広布の暁の国立戒壇を指すことは一期弘法付嘱書に明らかである。ところが池田は、偽りの「広布達成」を宣言した上で、大石寺を「本門寺」と改称しようとしたのである。

その目的は、この改称が実現すれば、大石寺の正本堂がそのまま本門寺本堂ということになり、百六箇抄の「富士山本門寺本堂」すなわち一期弘法付嘱書の「本門寺の戒壇」と偽ることができる。このとき正本堂の誑惑は完結する——これが池田の執念、最後の陰謀であった。

昭和四十七年の正本堂訓諭に「正本堂は広宣流布の暁には本門寺の戒壇たるべき大殿堂なり」とあったのは、この伏線であった。ゆえに池田は、顕正会を解散処分にした三月後、「もう邪魔者はいない」とばかりに、この「本門寺改称」の企《くわだ》てを創価学会総会（昭和四十九年十一月十七日）において、細井日達に発表させている。

席上、細井日達は

「本門事《じ》の戒壇・正本堂の建立されたことは、ひとえに池田先生の庇護《ひご》によるものと深く感謝する」と謝意を表した上で

「日本国の広宣流布はいつかといえば、**日本国の三分の一が入信したときこそ広宣流布したといえる。**その時には、**我が大石寺を、大聖人御遺命の富士山本門寺と改称する**こと

もあり得ると信ずる」（大日蓮 昭和50年1月号）

と述べている。池田の指示のままに、広宣流布を「三分の一が入信したとき」とたばかり、「本門寺改称」を始めてこの日、口にしたのであった。

この説法を承《う》けて、阿部信雄教学部長（当時）はこう云った。

「御法主上人猊下には、**日本全民衆の三分の一が入信した時は広宣流布であり、その時、本門寺と称することもありうる**という、広宣流布の一大指針を御指南あそばされました。（中略）吾々は、法主上人の鳳詔《ほうしょう》を更に深く心に体し、**本門寺実現の大目標**をめざし、邁進《まいしん》致そうではありませんか」（大日蓮 昭和50年1月号）と。

「本門寺改称」はこのとき、宗門の「大目標」となったのだ。だがその後まもなく、前述の宗門・学会の抗争が起きて一時中断、そして阿部日顕の登座により再びこの陰謀が動き出したというわけである。

池田にとって「日本国三分の一の入信」などという欺瞞は何時《いつ》でも発表できる。彼はこの偽りの宣言を、大石寺開創七百年に当る「昭和六十五年」（平成二年）と定め、この年の御大会式に本門寺改称を実現しようと企《たくら》んでいた。

もしこの陰謀が強行されれば、御本仏の御遺命は完全に破壊される。よって昭和六十三年八月の総幹部会において、私は始めてこの陰謀を全顕正会員に知らしめた。

「顕正会が日蓮正宗にある限り、このような〝誑惑の完結〟は断じて許さない。いや、大聖人様がお許しにならない。（中略）不思議にも顕正会の二十万法城は、池田が狙いをつけている昭和六十五年の前半に成しとげられる。これこそ、大聖人様が顕正会をして戦わしむる御仏意である」と。

翌六十四年は改元されて平成となる。池田は大石寺の大客殿前に大広場を造成して、一年後に迫る「本門寺改称」の式典に備えた。

この大広場造成のため、広布の暁に勅使が通る門として、七百年来大客殿の正面前にあった「不開門《あかずのもん》」が取り払われ、日興上人お手植《てうえ》の老杉《ろうさん》も切り倒された。かくて中国の天安門広場とも見まごうばかりの大広場が完成した。

池田はこの大広場で、招待した多数の外国の元首等を「梵天・帝釈」に見立て、正本堂の落慶式にも勝る大規模な儀式を予定していた。そのスケジュールは、まず平成二年九月に「大石寺開創七百年記念文化祭」を開催して「広布達成」を宣言し、翌十月の慶祝法要で「本門寺」の寺号公称を阿部日顕管長に発表せしめるというものだった。この儀式こそ、池田大作の一世一代、最後の大芝居であった。

「正本堂の誑惑を破し懺悔清算を求む」

いよいよ本門寺改称実現の平成二年を迎えた。

この年の四月、顕正会の熱烈な弘通はついに二十万に達した。私はこの死身弘法を背景に、心血を注いで「正本堂の誑惑を破し懺悔《ざんげ》清算を求む」と題する長文の一書を認《したた》め、阿部日顕に送付した。

この書は、阿部日顕が曽て著わした「国立戒壇論の誤りについて」と「本門事の戒壇の本義」の邪義を一々に挙げ、その誑惑の根を完全に断ち切ったものである。その末文に云く

「しかるに今、国立戒壇に安置し奉るべしとて大聖人が留《とど》め置かれた戒壇の大御本尊は、国立戒壇を否定するための誑惑《おうわく》の殿堂、邪法の神父を招いて穢《けが》した不浄《ふじょう》の正

阿部管長に宛てた平成二年の諫状

本堂に居《す》えられ奉っている。大聖人を辱《はずかし》め奉ること、これより甚しきはない。御法魂いかで安穏に住し給うべき。宗開両祖の御悲憤《ごひふん》を思いまいらせれば、その恐れ多さ、ただ背筋の凍《こお》るをおぼえるのみ。

この重大なる不敬を謝し、御遺命違背の大罪を償《つぐな》う道はただ一つ。**速《すみや》かに戒壇の大御本尊を清浄の御宝蔵に遷座《せんざ》し奉り、誑惑《おうわく》の正本堂を撤去《てっきょ》すること。**これ以外には断じてなし。

而してこれを為すべき責務と、為し得る権限は、ひとり阿部管長の一身にある。もし顕正会の言《ことば》を軽んじて一分の改悔《かいげ》なく、さらに『本門寺改称』などの悪事を重ねるならば、現当《げんとう》の大罰いかで免《まぬが》れようか。顕立正意抄に云く『我が弟子等の中にも信心薄《う》淡《す》き者は、臨終の時阿鼻獄《あびごく》の相を現ずべし。其の時我を恨むべからず』」と。

この諫状は阿部日顕の肺腑を抉《えぐ》り、心に怖畏《ふい》を生ぜしめたと思われる。

さらに七月には、顕正会員二万人を結集した大総会を横浜アリーナで開き、私は全員に訴えた。

「もし池田大作が本門寺改称を強行するならば、そのとき、全顕正会員はこぞって大石

「本門寺改称」阻止の総登山を表明した横浜アリーナ大総会

寺に総登山すべきである。二十万顕正会員が、戒壇の大御本尊の御前《おんまえ》に馳せ参じ、大石寺の境内《けいだい》を埋めつくし、信心の力を以て、本門寺改称を断固粉砕しようではないか」

二十万顕正会員の必死護法の決意は、池田の心胆を寒からしめた。彼は予定していた外国の来賓招待をすべてキャンセルし、記念文化祭の規模縮小を、秋谷会長を通して宗門に通告してきた。

「来る九月二日の大石寺開創七百年慶祝記念文化祭については、顕正会がデモをかけてくるとの噂があるので、規模を縮小したい」と。

この通告どおり、記念文化祭は広布達成の宣言もなく、無意味で小規模なものに萎《しぼ》んでしまった。

学会・宗門 再び抗争

そして不思議なことが起こった——。

あれほど一体のごとくに見えた池田大作と阿部日顕の間に、またも細井日達のときと同じような疑心暗鬼が生じてきたのだ。池田は阿部日顕が顕正会の諫暁により変心することを疑い、そうはさせじと圧力を加えた。その手口も、細井日達の時と同じく「月例登山」を激減させることだった。加えて二百箇寺の建立計画をも意図的に遅らせた。だがこの経済的圧力は、かえって阿部日顕を憤激させた。

このような中で平成二年十月十二日、いよいよ大石寺開創七百年慶讃法要が行なわれた。企《たくら》みのごとくならば、この席で「本門寺改称」が阿部日顕より公表されるはずであった。が、阿部日顕は読み上げた慶讃文の中で、わざと池田に当てつけるように「**大本門寺の寺号公称は、広宣流布の未来にある**」と述べたのであった。

この〝裏切り〟を眼前にして、池田大作は怒り心頭に発した。これより報恩抄に仰せの「修羅と悪竜の合戦」そのままの、醜悪にして凄絶《せいぜつ》な大抗争が始まる。

池田が阿部日顕を猊座《げいざ》より引きずり降ろそうと「ニセ法主」「法滅の法主」「天魔日顕」

「極悪日顕」などと悪罵すれば、阿部日顕は池田の法華講総講頭職を剥奪《はくだつ》し、創価学会を破門し、さらに池田大作を除名処分にした。

罪を池田に着せる

この抗争の中で、正本堂についての阿部日顕の姿勢は卑劣そのものだった。共犯的な立場で正本堂の誑惑を進めてきたにもかかわらず

「正本堂を三大秘法抄の戒壇と云い出した一番の元《もと》は、池田大作だ。宗門は巻きこまれただけだ」（大日蓮 平成3年2月号）

と罪を池田一人に着せ、己れは被害者のような顔をした。

その一方で阿部日顕は正本堂の建物自体には執着し、平成三年の虫払法会《むしばらいほうえ》の説法ではこう述べた。

「本宗信徒一同は、正本堂の世界に冠たる素晴らしい建物を仰ぎつつ、その然るに至った広布の相よりして、日達上人の仰せの如く、**三大秘法抄の意義を含む**大功徳が存することと、かつ、戒壇の大御本尊ましますが故に**現時における本門事《じ》の戒壇**であり、（中略）常に参詣し、懺悔滅罪すべきであります」

この発言は、正本堂を看板にして多くの学会員を宗門に取り込もうとの、卑しき心算から発している。所詮、阿部日顕には池田への憎悪はあっても、大聖人に対し奉る懺悔はなかったのである。

翌平成四年十一月、顕正会の三十万達成を機に、私は〝これで最後〟との思いで阿部日顕に諫状を送った。その冒頭に云く

「本門戒壇の大御本尊が誑惑不浄の正本堂に居《す》えられ奉ってよりすでに二十年――。その間、顕正会の連々たる諫暁により誑惑すでに破れたるにも拘《かかわ》らず、阿部管長には未だに大御本尊への不敬を解消し奉らぬこと、痛憤に耐えぬところであります。御本仏この無道心を見て、いかに悲憤《ひふん》あそばし給うか」

そして末文に云く

「直ちに戒壇の大御本尊を清浄の御宝蔵に遷座《せんざ》し奉るべし。御遷座こそ誑惑の完全なる清算である」と。

しかし阿部日顕は黙殺した。

ここに平成七年一月、阪神大震災が発生し、日本の「安全神話」は覆《くつがえ》った。正本堂は二万トンの屋根に覆《おお》われた危険な建造物である。私は即刻「建白書」を認《したた》めた。

「もし戒壇の大御本尊に万一のことがあれば、ことは仏法の破滅、全人類の破滅、これ時に当って一閻浮提《いちえんぶだい》第一の大事であれば、敢《あ》えて強言《ごうげん》を構え、直諫するものであります」

「もしこの重大の諫めをなお蔑《あなず》り無視するならば、御書に云く『法に過ぐれば罰あたりぬるなり』と。すでに御身の亡びること眼前なること、最後に念告するものであります」と。

だが、阿部日顕はなお動かなかった。この上は、諸天の責めを待つほかはなかった。

一国諫暁に立つ

平成九年六月、全顕正会員の赤誠の弘通はついに五十万に達した。そしてこの年の春、御在世以来の最大といわれる大彗星が出現した。

私は日本の亡国を憂え、「**日蓮大聖人に帰依しなければ日本は必ず亡ぶ**」の一書をしたため、謹んで本部会館の御宝前に供え奉り、一国諫暁に立つ旨を奉告申し上げた。その奉告文に云く

御在世以来の最大といわれる「平成九年の大彗星」

「しかしながら、御法魂たる本門戒壇の大御本尊が未だに誑惑不浄の正本堂に居《す》えられ奉っていること、その恐れ多さを思えば身は縮み、未だ御奉公の足らざること、己《おの》れの非力、ただ愧《は》じ入るばかりであります」

この申しわけなさを懐きつつ、一国諫暁に立ったのであった。

「冨士大石寺顕正会」と名乗る

この諫暁をなすに当って、これまで「日蓮正宗」と冠《かん》していたのを、「冨士大石寺顕正会」と改めた。

そのわけは、すでに「日蓮正宗」は国立戒壇の御遺命を放棄している。また学会との醜い抗争で国中の嘲りを受けている。どうしてこの宗名を冠して一国諫暁ができようか。よって正系門家の源流たる日興上人・日目上人の清き流れを表わす「冨士大石寺」を冠して立ったのである。

ちなみに、富士大石寺が「日蓮正宗」の宗名を用いたのは、大正元年以降のわずか一〇三年に過ぎない。そしてこの一〇三年において、僧侶の妻帯、職業化等、今日の腐敗堕落の気運が醸成《じょうせい》されたのであった。「すべからく清らかな源流に戻るべし」——この思いから「冨士大石寺顕正会」と名乗ったのである。

そして「日蓮大聖人に帰依しなければ日本は必ず亡ぶ」の諫暁書は、全顕正会員の献身により、広く全国に配布された。

阿部日顕の憤怒

顕正会の一国諫暁がしんしんと進む中、いよいよ諸天が動き出した。

なんと、阿部日顕が学会を相手取って起こした裁判で、彼は思いもかけず出廷する羽目に陥ったのである。この裁判はいわゆる「シアトル事件」における名誉毀損訴訟であった。

「シアトル事件」とは、学会の言い分によれば——阿部日顕が宗門教学部長当時、学会の要請によってシアトルへ出張授戒に赴いた際、深夜ひとりで宿泊先のホテルを抜け出し、売春婦と金銭上のトラブルを起こして警察沙汰になり、駆けつけた現地の学会婦人部幹部の口添えでやっと助けられた——という事件である。

学会は「日顕憎し」のあまり、この事件を青年部機関紙「創価新報」で繰り返し宣伝した。これに対し阿部日顕が名誉毀損の訴えを起こしたのである。

しかしこの訴訟において阿部日顕は原告となることを避け、「日蓮正宗」と「大石寺」を原告に立てた。自身の出廷を恐れたからである。

だが、学会弁護団は巧みな法廷戦術で阿部日顕を出廷させることに成功した。出廷は三たびに及んだ。

学会弁護団の反対尋問は執拗を極めた。彼らは猫が鼠《ねずみ》を嬲《なぶ》るように、ここぞとばかりに阿部日顕を辱《はずかし》めた。

阿部日顕の瞋恚《いかり》は極限に達した。この屈辱、この憤怒が、池田への復讐《ふくしゅう》となった。それが、池田大作が「仏教三千余年史上空前の偉業」と自讃していた正本堂を打ち壊わすことであった。

そもそも阿部日顕は無道心、卑怯、貪欲《とんよく》の人である。無道心だから正本堂の誑惑に与《くみ》した。卑怯だから仲間割れするや罪を池田ひとりに着せた。そして貪欲だから、学会員に「正本堂参詣」を勧めて檀徒に取り込もうとしたのである。

このような者が、どうして自らの改悔・道念から、戒壇の大御本尊を遷座し奉り、正本堂を取り壊わそうか。

ここに諸天は、阿部日顕を憤怒せしめ、瞋恚《しんに》の力でこれをなさしめたのであった。

戒壇の大御本尊 還御

平成十年四月五日夕刻、突如として本門戒壇の大御本尊は、誑惑不浄の正本堂から元の奉安殿に還御《かんぎょ》あそばされた。

昭和四十七年十月七日に偽戒壇・正本堂に居《す》えられ奉ってより、実に二十六年ぶりの御帰還であられた。

還御の五日後、顕正会は御遺命守護完結奉告式を奉修した。私は本部会館の御宝前に進み出て、謹んで大聖人に言上申し上げた。

「大聖人様――。本門戒壇の大御本尊が恐れ多くも誑惑不浄の正本堂に居《す》えられ奉ってより今日まで、実に二十六年の長き歳月が流れました。しかるところ、嗚呼《ああ》ついに、本年

「御遺命守護完結奉告式」

四月五日の午後四時、大御本尊は、清浄なる奉安殿に還御あそばされました」

あまりの不思議、あまりの有難さ、参列の全幹部は感涙をしたたらせ、嗚咽《おえつ》は場内に満ちた。

正本堂ついに崩壊

次いで、偽戒壇・正本堂が轟音《ごう》とともに打ち砕かれ、その醜悪な姿を地上から消し去った。

凡慮を絶する不思議とはこのことである——。

細井日達は訓諭において「後代《こうだい》の誠証《じょうしょう》となす」とのことわり付きで、「**正本堂は広宣流布の暁には本門寺の戒壇たるべき大殿堂**」と宣言したではないか。また「**この正本堂に戒壇の大御本尊を永久に安置する**」と公言したではないか。

池田大作にいたっては、記念品埋納《まいのう》式において「**七百年後、三千年後、一万年後に、この正本堂地下室を開ける**」とまで壮語していたではないか。

ゆえに八百万学会員はこれを信じ、阿諛《あゆ》の僧侶どもは顕正会の必死の諫暁を嘲笑《あざわら》っていたのだ。だが——正本堂はわずか二十六年で崩壊したのであった。

偽戒壇・正本堂は、完成後わずか二十六年で諸天の鉄槌により打ち砕かれた

凡慮を絶するこの大現証こそ、まさしく大聖人様の御仏意《ごぶっち》であった。

大聖人は「常に此《ここ》に住《じゅう》して法を説く」と仰せられている。しかし信心うすき者には「近しと雖《いえど》も而《しか》も見えざらしむ」である。池田大作および細井日達・阿部日顕の二代にわたる貫首は、信心うすきゆえに大聖人の御眼も恐れず、大事の御遺命を破壊せんとしたのであった。

だが、大聖人様はこの大悪を断じて許し給わず、ゆえに顕正会をして立たしめ諫暁せしめ、諸天をして学会・宗門を自界叛逆せしめ、ついに正本堂を打ち砕き給うたのである。

「日蓮大聖人に背く日本は必ず亡ぶ」

平成九年の一国諫暁から七年を経た平成十六年四月、百万に達した顕正会の死身弘法を背景に、私は第二回の一国諫暁の書である「日蓮大聖人に背く日本は必ず亡ぶ」を著わした。

平成九年の第一回諫暁は大彗星の出現を見てこれをなしたが、第二回の諫暁書は「巨大

平成十六年の「諫暁書」

地震遠からず」を感じて、これを著わした。私はこの書の冒頭に

「日本は今、亡国の前夜を迎えている。その亡国は、どのような災難によってもたらされるのかといえば――まもなく始まる巨大地震の連発を号鐘として、国家破産、異常気象、大飢饉《ききん》、大疫病《やくびょう》等の災難が続発し、ついには亡国の大難たる自界叛逆と他国侵逼が起こるのである」

と記《しる》した。次いで

日蓮大聖人の絶大威徳と大慈大悲を解説した上で、亡国の原因を、一には日本一同が未だに日蓮大聖人に背き続けていること、二には正系門下の御遺命違背と挙げた。そしてこの二悪鼻を並べるゆえに、いま日本国は亡びんとしていると断じ、早く日蓮大聖人を信じて国立戒壇を建立すべし。日本に残された時間は少ない

――と結んだ。

広く日本国民にこれを読ませるべく、すべての全国紙に全面広告を掲載しようと試みたが、学会の圧力があったのであろう、掲載を拒否された。

だが、そのような妨害よりも顕正会の信心の力が勝《まさ》った。全顕正会員の涙ぐましい献身により、なんと一千五百万部という驚異的な部数が、日本国を打ち覆うごとくに配布されたのであった。

阿部日顕に公開対決を迫る

偽戒壇・正本堂が崩壊しても、阿部日顕の無慚無愧《むざんむき》は続いた。

彼は、「日蓮大聖人に背く日本は必ず亡ぶ」において二冊の悪書を挙げて呵責されたのに、いたたまれなかったのであろう、二冊の悪書の幕引きを図った。

その年（平成十六年）の八月二十六日、総本山で開催された全国教師（住職）講習会において、彼はこう述べた。

「昭和四十七年の『**国立戒壇論の誤りについて**』と、五十一年の『**本門事の戒壇の本義**』は私が書いたが、そこにはたしかに、戒壇の建物は広布完成前に建ててよいとか、正本堂が広布時の戒壇の建物と想定するような、今から見れば**言い過ぎやはみ出し**があるけれども、これはあくまでも正本堂の意義を三大秘法抄の戒壇に作り上げようとした創価学会の背景によらざるをえなかったのです。つまり、あの二書は、浅井の色々な問題に対処することも含めておるわけで、強いて言えば全部、正本堂そのものに関してのことなのでありますす。ですから、**正本堂がなくなった現在、その意義について論ずることは、はっきり言って全くの空論である**」と。

なんと卑怯な言い草か。彼は二冊の悪書を、池田の意向があってやむなく書いたと言い逃れ、さらに「言い過ぎやはみ出し」があっても、すでに正本堂が消滅した今となっては、「その意義について論ずることは全くの空論」とうそぶいているのだ。

無慚・無愧とはこのことである。

二冊の悪書は、三大秘法抄の聖文を切り刻み、その一語一語の意をねじ曲げ、「正本堂こそ三大秘法抄に御遺命された戒壇である」と謀《たばか》った大謗法の書である。

例えば「有徳王」を「池田先生」とし、「勅宣・御教書」を「建築許可証」とする等の誑惑の数々。かかる大それた御遺命破壊が「言い過ぎ」や「はみ出し」で許されようか。もしこれが許されるなら、法然の「捨《しゃ》・閉《へい》・閣《かく》・抛《ほう》」も、弘法の「第三戯論《けろん》」も、慈覚・智証の「理同事勝《りどうじしょう》」も許されることになる。

「天親菩薩は舌を切らんと云い、馬鳴《めみょう》菩薩は頭《こうべ》を刎ねんと願い、吉蔵《きちぞう》大師は身を肉橋《にくきょう》と為す」（富木殿御書）と。これが後生《ごしょう》を恐れる智人の改悔《かいげ》の姿である。阿部日顕には、この道念のかけらもなかった。

だが、それにも増して重大な謗言《ぼうげん》を、彼は教師講習会で吐いていた。それは「国立戒壇」を、なお強く否定していることであった。

「道理から言っても、国立戒壇は誤りですから、『国立戒壇論の誤りについて』の中において、国立戒壇が間違いだと言ったことは正しかったと思っております」と。

そもそも偽戒壇・正本堂を建てたのは、国立戒壇を否定することがその目的であった。その偽戒壇は顕正会の呵責によって化《ば》けの皮が剥《は》がれた。しかしなお「国立戒壇」だけは執拗にこれを否定している。この執念こそ、池田と同じく、天魔その身に入るゆえの固執であった。

かかる御遺命に敵対する者が、正系門家の「貫首」として蟠居《ばんきょ》するを、大聖人様がお許しあそばすわけがない。日本の亡国も加速する。

顕正会会長・浅井昭衛

日蓮正宗管長・阿部日顕

私は顕正会の命運を賭して事を一挙に決せんと、改めて阿部日顕の三大謗法を挙げて公開対決を申し入れた。

三大謗法とは次の三つである。

一に、大聖人一期の御遺命たる国立戒壇を否定していること。

二に、戒壇の大御本尊を誹謗している身延派高僧らを幾たびも大石寺に招き入れたこと。

三には、腹心の河辺慈篤を相手に、ひそかに戒壇の大御本尊に対し奉る誹言を吐いたこと。

加えて、正本堂崩壊後に阿部日顕が「奉安堂」という大規模な礼拝施設を正本堂の跡地に建て、法華講員に登山を強要していることに対し、①には戒壇の大御本尊を営利の具とし奉る不敬②には大御本尊に害意を懐く悪人の侵入を容易にするとして、この濫《みだ》りの御開扉を中止して、近き広布の日まで大御本尊を専《もっぱ》ら秘蔵厳護し奉るべしと、強く求めた。

そしてこの公開対決の「約定」を次のごとく定めた。

①**場所**
大石寺大客殿
②**日時**
対決の応諾あり次第、双方の委員協議して速かに決定する。
③**聴衆人数**
双方各二千五百名
④**勝負の判定**
回答不能に陥った者を敗者とする。
⑤**勝負決着後の責務**
○小生が敗れた時は、直ちに顕正会を解散する。
○貴殿が敗れた時は、直ちに御開扉を中止し、貴殿は猊座《げいざ》を退き謹慎する。
なお対決は貴殿と小生の一対一で行うものとするが、万一にも貴殿不都合の場合は、貴殿と同等の責務（⑤項所定）を負うことを条件として、僧侶・信徒を問わず代人を立てるを認める。

諾否の返報は本書面到達後、七日以内とする。

以上の定めを以て対決を申し入れ、平成十七年三月二十五日、阿部日顕のもとに送付した。

四月二日、七日以内の返書が到来した。ところが差出人は「日蓮正宗青年僧侶邪義破折班」とあり、その内容は虚偽と欺瞞と悪口雑言だけを並べた代物《しろもの》であった。そして結論として、私と顕正会を「謗法の徒・謗法団体」と決めつけ「よって対決など受け入れるべき道理はない」と逃げていた。

これでは事は済まない。そこで私は

「かかる見えすいた虚言は、無責任な匿名文書だからこそ書けるのである。果して貴殿はこのような嘘を、小生の眼を見つめて言えるか。公場の対決が必要な所以はここにある。逃げてはいけない。早く対決を実現せよ。貴殿が並べた虚偽の一々、その席において、一《いっ》指《し》を下してこれを劈《つんざ》くであろう」

等と記し、重ねての対決申し入れ書を四月二十七日、阿部日顕に送付した。

七日後、返書が来た。差出人はまたしても「日蓮正宗青年僧侶邪義破折班」であり、内容は、前回にも増して悪口雑言を並べたうえ「御当代法主上人の御内証は、本門戒壇の大御本尊の御内証と而二不二《ににふに》にてまします」などと大それたことを言い、顕正会の命運を賭してのこの対決申し入れを「大悪謗法の謀略に過ぎない」ときめつけ、その結論として

「かかる貴殿の非道極まる〝申し入れ〟などに対し、責任あるお立場の御法主上人がお受け遊ばされることなど、絶対にあり得る筈のない道理である」

また

「本宗僧俗の誰人にせよ、そのような非道な〝申し入れ〟を、御法主上人に代って責任をもって受けることなどは出来よう筈もない」

さらに

「今後、本宗とは無関係の謗法者である貴殿の、過去に囚《とら》われた愚論・迷論に一々取り合う必要はないことを念記しておく」とあった。

まさに精いっぱいの虚勢を張った上での、完全な逃げであった。

阿部日顕 退座

対決が不可能になった以上、改めて文書を以て阿部日顕の三大謗法に止《とど》めを刺し、仏法を守護しなければならぬ。

私は八月二十八日、「最後に申すべき事」と題した一書を阿部日顕に送付した。

阿部日顕に宛てた「最後に申すべき事」

この書は阿部日顕の、大聖人に背き奉る邪智・悪逆の骨髄《こつずい》を断ち、天魔その身に入った正体を白日の下に晒したものである。文末には次のごとく記した。

「これが小生の最後の諫めである。もしこの言《ことば》を卑《いやし》んで一分の改悔もなければ、後生《ごしょう》の大苦こそまさに恐るべし。顕立正意抄の仰せに云く『我が弟子等の中にも信心薄《うす》淡き者は、臨終の時阿鼻獄《あびごく》の相を現ずべし。其の時我を恨《うら》むべからず』と。

以上、用捨は貴殿に任す。小生はただ謹んで御本仏日蓮大聖人に言上し、御裁断を仰ぎ奉るのみである」と。

そして不思議なことが起きた。十一月七日、阿部日顕が御開扉の導師を務めんとしたとき、須弥壇《しゅみだん》の大扉がいかにしても開かず、ついに御開扉中止のやむなきに至ったのである。その翌月、阿部日顕は猊座《げいざ》を退いた。「最後に申すべき事」から三ヶ月後の、平成十七年十二月十五日であった。

かくて阿部日顕は退座した。だが、国立戒壇建立の御遺命だけは、正系門家から消え失せたままである。第六天の魔王の呪縛《じゅばく》は深い——。

そして六年後の平成二十三年三月十一日、日本の観測史上最大といわれる東日本超巨大地震が日本列島をゆるがした。これ平成十六年の諫暁書「日蓮大聖人に背く日本は必ず亡ぶ」の冒頭に「まもなく始まる亡国の号鐘たる巨大地震の連発」と記した、その始めであった。

五、創価学会ついに「本門戒壇の大御本尊」を否定

極限の大謗法

創価学会は、ついに極限の大謗法を犯した――。あろうことか、日蓮大聖人の出世の御本懐たる「本門戒壇の大御本尊」を捨てたのである。

平成二十六年十一月七日、創価学会会長・原田稔は全国総県長会議において「学会の会則の第1章第2条の教義条項を、創価学会の宗教的独自性をより明確にし、世界広布新時代にふさわしいものとするとともに、現在の創価学会の信仰の実践・実態に即した文言《もんごん》にするために、改正した。この改正は、本日、所定の手続きを経て、総務会で議決された」と前置きした上で、教義条項改変を説明し、その結論として

「**大謗法の地にある弘安2年の御本尊は受持の対象にはしない**」（聖教新聞・平成26年11月8日付）と明言した。

「戒壇の大御本尊放棄」を報ずる聖教新聞（11月8日付）。第一面（右）の片隅で「所定の手続」を報じ、第三面（左）で原田の「説明」を目立たぬように掲載している

原田がここで言う「弘安2年の御本尊」とは、大聖人様が弘安二年十月十二日に御所顕あそばされた「本門戒壇の大御本尊」を指している。

何という大それた、何という恐れ多い謗《ほう》言か。一分の信心あり、一分の道念ある者なら、間違っても口にはできない。ただ第六天の魔王その身に入った悪人だけが吐ける魔言である。

最蓮房御返事には

「第六天の魔王、智者の身に入りて、正《しょう》師《し》を邪師となし、善師を悪師となす。経に『悪鬼《あっき》其の身に入る』とは是れなり」と。

念仏宗の法然《ほうねん》が「捨《しゃ》・閉《へい》・閣《かく》・抛《ほう》」（捨てよ・閉《と》じよ・閣《さしお》け・抛《なげう》て）とたばかって人々に法華経を捨てさせたのも、真言宗の弘法《こうぼう》が法華経を「第三の劣」と貶《けな》して法華経を捨てさせたのも、天台宗の座主《ざす》慈覚・智証が「理同事勝《りどうじしょう》」と誑《たぶら》かして法華経を捨てさせたのも、これら智者たちの身に、第六天の魔王が入ったからに他《ほか》ならない。

いま三大秘法広宣流布の前夜、第六天の魔王は政治野心に燃え大慢心の池田大作の身に入って、日蓮大聖人の出世の御本懐・一切衆生の成仏の大良薬たる戒壇の大御本尊を、全学会員に捨てさせんとしたのである。これこそ**極限の大謗法**でなくて何か。

大御本尊否定までの経過

第六天の魔王その身に入った池田大作には、始めから戒壇の大御本尊への信はなかったと思われる。

池田大作

ゆえに彼は、まず御遺命の国立戒壇を否定すべく、偽戒壇・正本堂を建てた。これが謀《たばか》りの第一着手であった。

そして、この正本堂の落成法要にローマ法王庁の高位の神父を招くべく、ローマ法王庁の「信徒評議会」の評議員である安斉伸《あんざいしん》

（上智大学名誉教授）に接触した。

このとき池田は安斉伸に対し、「板漫茶羅《いたまんだら》に偏狭にこだわらない」旨を申し出て、安斉の歓心を買った。「板漫茶羅」とは、邪法の輩の「戒壇の大御本尊」に対する呼称である。まさに池田は「戒壇の大御本尊にこだわらぬ」ことと引き換えに、邪法の神父招待を実現したのであった。

撰時抄には

「法華経より外《ほか》に仏に成る道はなしと強盛《ごうじょう》に信ずる」

と仰せられている。すなわち、戒壇の大御本尊より外に仏に成る道はなしと強盛に信ずるを、始めて戒壇の大御本尊を信ずるというのである。しかるに池田は「偏狭にこだわらない」と言った。これ戒壇の大御本尊を信じてない証拠である。

このような池田であるから、阿部日顕との抗争が始まるや、忽ちに学会版経本の観念文から「本門戒壇の大御本尊」の九文字を削除している。

では、創価学会会則における教義条項が、どのように改変されて戒壇の大御本尊の否定に至ったのか、その経過を説明する。

当初の会則

創価学会の当初の会則は昭和五十四年四月に制定された。この会則では、学会が信受する「御本尊」を、次のように定めている。

「**日蓮正宗総本山大石寺に安置せられている弘安二年十月十二日の本門戒壇の大御本尊を根本とする**」と。

これは正しい。ただしこの文言は、本心を隠した建前《たてまえ》にすぎない。当時の池田は、細井日達との抗争に陥り、形勢不利と見て創価学会会長ならびに法華講総講頭を辞任した直後であった。ゆえに恭順を装ったポーズが、この文言となっているのである。

平成十四年の改変

学会が阿部日顕によって破門されたのが平成三年。その十一年後の平成十四年、池田大作はいよいよ戒壇の大御本尊を学会員に捨てさせるべく、会則所定の本尊を次のように改変した。

「**一閻浮提総与・三大秘法の大御本尊を信受し**」と。

当初の会則にあった「本門戒壇の大御本尊」の九文字がスッポリと抜き取られ、曖昧《あいまい》な文言に差し換《か》えられている。しかし学会員はみな、この曖昧な文言が「本門戒壇の大御本尊」を意味しているものと善意に解釈していた。

だがこの改変の真意を、原田稔は十一月七日の全国総県長会議で次のように説明している。

「当時、宗門との僧俗和合時代に信仰実践に励んできた会員の皆さまの感情や歴史的な経過を踏まえ、この『一閻浮提総与・三大秘法の大御本尊』については、『弘安二年の大御本尊』を指すとの説明を行っていました」と。

つまり、本当はこの時点で「弘安二年の大御本尊」を捨てるとしたかったが、長い間、戒壇の大御本尊を信じてきた会員たちの感情を配慮して、この曖昧な表現にとどめ、これを「弘安二年の大御本尊を指す」と騙《だま》してきた——と説明しているのである。

原田稔・創価学会会長

今回（平成二六年）の改変

そして、いよいよ第六天の魔王の本性を露《あらわ》にしたのが、今回の改変である。

前回の

「一閻浮提総与・三大秘法の大御本尊を信受し」の文言を

「根本の法である南無妙法蓮華経を具現された三大秘法を信じ」

と改変したのである。この文意を原田は次のごとく説明する。

「大聖人は、宇宙と生命に内在する根本の法を南無妙法蓮華経であると明らかにされました。（中略）日蓮大聖人御自身が御図顕された十界の文字曼荼羅と、それを書写した本尊は、全《すべ》て根本の法である南無妙法蓮華経を具現されたものであり、等しく『本門の本尊』であります」と。

つまり原田は、御本尊はどれも同じ。すなわち大聖人が顕わされた御本尊も、歴代上人書写の御本尊も、みな等しく「本門の本尊」である、と言いたいのだ。

その魂胆は、戒壇の大御本尊を捨てて、学会が新総本部として建設した「広宣流布大誓堂」に安置した、第六四世・日昇上人書写の御本尊（昭和二六年五月二〇日授与の創価学会常住御本尊）を、学会の根本の本尊と定めんとしているところにある。

さらに原田は言う。

「創価学会は、大聖人の御遺命である広宣流布を実現するために、宗門と僧俗和合し、弘安二年の御本尊を信受してきました。しかし、宗門はいつしか堕落し、衣《ころも》の権威を笠に着て信者を蔑視《べっし》し、創価学会を破門する暴挙に出ました。さらに法主詐称者《ほっすさしょうしゃ》の出現によって、永遠に法主が不在となり、宗門のいう法主の血脈《けちみゃく》なるものも断絶しました。大石寺はすでに大謗法《だいほうぼう》の地と化し、世界広宣流布を目指《めざ》す創価学会とは全く無関係の存在となったのでありますと。

ここで原田は「創価学会は……弘安二年の御本尊を信受してきました」として、大御本尊信受を過去形にしている。すでに捨てたということである。そしてその理由として

①宗門が堕落し、学会を破門したこと
②法主詐称者（阿部日顕）の出現によって法主の血脈が断絶したこと
③その結果、大石寺が大謗法の地と化したこと

の三つを挙げている。

だが原田はここに、重大な事実を二つ隠している。それは、一には学会が御遺命を破壊せんとしたこと。二には顕正会の連々たる諫暁により学会と宗門の間に亀裂・抗争が起き、ついには正本堂が打ち砕かれたという事実である。

すなわち、まず学会が日蓮大聖人の御遺命たる国立戒壇を否定するために偽戒壇・正本

堂を建てた。宗門の細井日達・阿部日顕は池田に諂《へつら》ってこの大悪事に協力した。これを見て顕正会は身を捨ててこれを諫めた。この諫暁により、学会・宗門に自界叛逆が起きて「学会破門」があり、正本堂も崩壊した。また御遺命違背の罰も顕われて「御相承」もなし得ぬ異常事態が起き、「法主詐称者」も出現したのである。すべては池田大作の御遺命破壊に端を発しているのだ。

原田はこの重大事を故意に隠して、「破門の暴挙」などと被害者を装《よそお》い、戒壇の大御本尊を捨てる理由としている。そのうえで原田は言い切った。

「**大謗法の地にある弘安二年の御本尊は受持の対象にはしない**」と。

ついに学会は、日蓮大聖人出世の御本懐たる本門戒壇の大御本尊を、ここに捨て奉ったのである。大聖人は法然《ほうねん》・弘法《こうぼう》・慈覚・智証等の法華経誹謗《ひぼう》の輩を「**法華経の敵《かたき》**」と仰せられているが、いま池田大作一党はついに「**本門戒壇の大御本尊の敵《かたき》**」となったのである。

思えば、池田大作が、ローマ法王庁に「板漫荼羅に偏狭にこだわらない」と媚《こ》び諂《へつら》ってより、このたびの「弘安二年の御本尊は受持の対象にはしない」の魔言公表まで、実に四十数年を経《へ》ている。蛙を茹《ゆ》でるのに、いきなり熱湯に入れては蛙は驚き飛び出てしまう。しかし水に入れて徐々に加熱すると、蛙は気づかずに茹で上がるという。

いま池田大作は、全学会員に徐々に戒壇の大御本尊を忘れさせ、さらに新入会者や二世・三世の学会員が増加して来た頃合いを見計らって、ついに戒壇の大御本尊を公然と捨てさせる挙に出たのだ。これが第六天の魔王その身に入った池田大作の周到な手口である。

本門戒壇の大御本尊の文証

池田大作一党はいま組織防衛のために、「戒壇の大御本尊の文証はない」などと嘯《うそぶ》いているという。何という無慚《むざん》・無愧《むき》か――。文証は天日のごとく明らかではないか。

まず日蓮大聖人の御教示を拝する。

出世本懐成就御書には
「去ぬる建長五年四月二十八日に、乃至、此の法門申しはじめて今に二十七年、弘安二年なり。

仏は四十余年、天台大師は三十余年、伝教大師は二十余年に出世の本懐を遂げ給う。其の中の大難申す計《ばか》りなし、先々《せんぜん》に申すがごとし。

余は二十七年なり。其の間の大難は各々《おのおの》かつしろしめせり」と。

冒頭の第一段には、建長五年の立宗より「今に二十七年、弘安二年」と仰せられ、出世本懐成就の年《とし》をここに標示されている。

次の段では、釈尊・天台・伝教の三聖が、それぞれ出世の本懐を遂げられた年数を挙げ給うておられる。これ、御自身の出世の本懐を明かされる前提、例証である。

そのうえで第三段において

「**余は二十七年なり。其の間の大難は各々《おのおの》かつしろしめせり**」と。

この「余は二十七年なり」の御意こそ、まさしく「余は立宗より二十七年の弘安二年に出世の本懐を遂げたり」との、重大なる御宣言であられる。

では、弘安二年に遂げ給うた「出世の本懐」とは何か。

申すまでもない。弘安二年十月十二日、熱原の法華講衆を「願主」として御建立あそばされた「本門戒壇の大御本尊」であられる。

ゆえに大御本尊には、大いなる御判形《ごはんぎょう》の直下に「**本門戒壇也**」の五文字が厳然とましまます。

大聖人御真筆の御本尊、数多《あまた》国中に現存するとも、「**本門戒壇也**」と御認《おしたた》めあそばされた御本尊が、日本国のどこにあろうか。

まさしく、出世本懐成就御書の「余は二十七年なり」の聖文《せいもん》と、弘安二年の大御本尊の「本門戒壇也」の金文《こんもん》こそ、大聖人御自らがお示し下された、紛《まご》うかたなき重大なる文証ではないか。これが信じられない輩は、天魔その身に入る師敵対の逆徒である。


大聖人はこの「本門戒壇の大御本尊」を日興上人に付嘱され、国立戒壇建立を御遺命あそばされた。その証が「一期弘法付嘱書」である。

「日蓮一期《いちご》の弘法《ぐほう》、白蓮阿闍梨《びゃくれんあじゃり》日興に之を付嘱す。本門弘通の大導師たるべきなり。国主此の法を立てらるれば、富士山に本門寺の戒壇を建立せらるべきなり。時を待つべきのみ。事《じ》の戒法と謂《い》うは是《これ》なり。就中《なかんずく》我が門弟等此の状を守るべきなり」と。

日興上人はまたこの大御本尊を日目上人に付嘱し給うた。

「日興が身に宛《あ》て給わる所の弘安二年の大御本尊、日目に之を授与す。本門寺に懸《か》け奉るべし」（日興跡条々事）と。「本門寺」とは、広布の暁の国立戒壇である。


さらに第二十六世・日寛上人はこの大御本尊について、観心本尊抄文段には

「就中《なかんずく》、弘安二年の本門戒壇の御本尊は究竟《くきょう》の中の究竟、本懐の中の本懐なり。既に是れ三大秘法の随一なり。況《いわん》や一閻浮提総体の本尊なる故なり」と。

また

「本門戒壇の本尊は、応《まさ》に是れ総体の本尊なるべし。是れ則《すなわ》ち一閻浮提の一切衆生の本尊なるが故なり。自余《じよ》の本尊は応に是れ別体の本尊なるべし。是れ則ち面々各々の本尊なるが故なり」と。

さらに撰時抄文段には

「問う、文底深秘の大法その体如何《たいいかん》。答う、即ち是れ天台未弘《みぐ》の大法・三大秘法の随一、本門戒壇の御本尊の御事《おんこと》なり。故に顕仏未来記に云く『本門の本尊・妙法蓮華経の五字を以て、閻浮提《えんぶだい》に広宣流布せしめんか』等云云。故に此の本尊は広布の根源なり」と。

以上の御文を拝すれば、弘安二年の「本門戒壇の大御本尊」こそ、まさしく日蓮大聖人の本懐中の本懐、文底深秘の大法の実体、三大秘法の随一、一閻浮提の一切衆生への総与にして、広宣流布の暁の国立戒壇に安置し奉るべき大御本尊であられること、明々白々である。

無間地獄の業因

かかる大事の大御本尊を、いま池田大作一党は八百万学会員に捨てさせんとしている。その罪を法華経には

「若し人信ぜずして此の経を毀謗《きぼう》せば、乃至、其の人命終《みょうじゅう》して阿鼻獄《あびごく》に入らん」と。

顕正新聞

創価学会ついに「戒壇の大御本尊」を否定

これぞ極限の大謗法、無間地獄の業因

早く悪師を捨て、成仏願う大道念に立て

会長 浅井昭衛先生講演・十二月度総幹部会／平成26年12月19日

顕正新聞「学会員を救う特集号」

さらに大聖人は顕立正意抄に

「我が弟子等の中にも信心薄《うす》淡《す》き者は、臨終の時、阿鼻獄の相を現ずべし」

と厳しく誡め給うておられる。

「阿鼻獄」とは無間《むげん》地獄のことである。

もし多くの学会員が、池田大作の悪言を信じて戒壇の大御本尊を捨て、その結果、現世には

罰を受け、臨終には悪相を現じ、後生には地獄に堕ちたなら、何とも不憫《ふびん》である。

私は八百万学会員を救うため、平成二十七年一月、「学会員を救う特集号」（顕正新聞1月25日）を発刊した。いま道念ある学会員が、燎原《りょうげん》の火のごとく続々と正義にめざめ、御本仏の御遺命成就に戦う同志となりつつある。やがて全学会員がめざめること疑いない。

「大事に小瑞なし」

日興上人は遺誡置文《ゆいかいおきぶみ》の冒頭に

「富士の立義《りゅうぎ》、聊《いささか》も先師の御弘通に違《い》せざる事」

と記し給うておられる。以来七百年、ただ清純に、大聖人の御法魂たる戒壇の大御本尊を護持し奉り、国立戒壇建立の御遺命を熱願して来たのが、冨士大石寺門流である。

この唯一の正系門家において、なぜ今、国立戒壇の御遺命が否定され、さらに戒壇の大御本尊否定という極限の大謗法まで出来《しゅったい》したのであろうか――。

それは、広宣流布が近いからである。広布前夜のこの大悪こそが、広宣流布・国立戒壇建立の大瑞《だいずい》なのである。

大聖人様は仰せあそばす。

「大事には小瑞《ずい》なし、大悪起《お》これば大善きたる。すでに大謗法《ほうぼう》国にあり、大正法必ずひろまるべし。各々《おのおの》なにをか嘆《なげ》かせ給うべき。迦葉《かしょう》尊者にあらずとも、舞《まい》をも舞いぬべし。舎利弗《しゃりほつ》にあらねども、立ちて踊《おど》りぬべし。上行菩薩の大地より出《い》で給いしには、踊《おど》りてこそ出《い》で給いしか」（大悪大善御書）と。

広宣流布・国立戒壇建立は、御本仏日蓮大聖人の究極の大願であられる。この大事が成るときには小瑞はない。想像を絶する極限の大謗法までついには起きる。そして、その大悪こそが、大事が成る大瑞なのである。

さらに撰時抄には広宣流布の前相を

「其の時、天変地夭盛んなるべし。乃至、前代未聞の大闘諍一閻浮提に起こるべし」と。

すでに世界大闘諍そして他国侵逼の影はいま日本に刻々と迫りつつあるではないか。

また上野抄には

「ただをかせ給へ。梵天・帝釈等の御計《みはから》いとして、日本国一時に信ずる事あるべし」と。

大海の潮《しお》が満ちるように、時いたれば広宣流布は一時に成る——と仰せ給う。その「時」

は、すでに近い。

広宣流布の時には、大聖人様は諸天に申し付けて、日本一同が信ぜざるを得ぬ客観状勢を作らしめ給い、同時に無数の地涌の菩薩に一国を諫暁せしめ給うのである。

すでに二百万の仏弟子の大集団は濁悪《じょくあく》の日本国にあり。その死身弘法はやがて一千万・三千万・六千万となる。この集団は一念も御仏《みほとけ》を忘れ奉らず、ただ大聖人様の御意のままに、身命も惜しまず「早く日蓮大聖人に帰依し奉り、国立戒壇を建立すべし。これより外《ほか》に亡国を遁《のが》れる道はない」と一国を諫暁する。

この諫暁の師子吼が、天下にこだまし一国に満つるとき、日本国一同、一時に信じ、頭《こうべ》を地につけ掌《たなごころ》を合わせて「南無妙法蓮華経」「南無日蓮大聖人」と唱え奉るのである。

すべては日蓮大聖人の絶大威徳による。

この大事の御化導をお手伝いさせて頂ける顕正会は、何と有難い立場であろうか。「舞《まい》をも舞いぬべし」の仰せが胸に湧く。

すでに凡慮を絶する「正本堂崩壊」の大現証は見せて頂いた。御遺命の国立戒壇建立は大地を的とする。いよいよ恋慕渇仰・不惜身命の絶対信に立ち、共に励まし共に労《いたわ》り、最後の御奉公、命かけて貫かせて頂こうではないか——。以上。

基礎教学書
日蓮大聖人の仏法
平成二十七年十月十三日　発行
令和四年四月二十八日　第三版
著者　淺井昭衞
発行所　冨士大石寺顕正会
埼玉県さいたま市大宮区寿能町一—七二一
電話　〇四八（六五〇）八一一一